C·H·Beck

PAPERBACK

Wer versuchen möchte, das moderne Griechenland in all seinen Widersprüchen und Konflikten zu verstehen, sollte sich die Zeit nehmen, seine Geschichte kennenzulernen. Dieses Buch lädt dazu ein.

Es bietet einen kompakten und fundierten Überblick über die bewegte Entwicklung des Landes von der osmanischen Zeit bis in die Gegenwart. Mit den großen historischen Einschnitten des 19. und 20. Jahrhunderts – dem Unabhängigkeitskrieg von 1821 und der Staatsgründung, der Kleinasiatischen Katastrophe von 1922, Besatzung und Bürgerkrieg 1941–1949 sowie dem EG-Beitritt 1981 wird die politische Geschichte in die wirtschaftlichen, gesellschaftlichen und kulturellen Entwicklungen des Landes eingebettet. Auf dieser Grundlage entsteht ein ausgewogenes Gesamtbild, das zum Verständnis der griechischen Gesellschaft an einem neuen Wendepunkt ihrer Geschichte beiträgt.

Ioannis Zelepos ist Historiker und Neogräzist am Zentrum für Mittelmeerstudien der Ruhr-Universität Bochum. Er ist durch zahlreiche Veröffentlichungen als Kenner neugriechischer Geschichte und Kultur ausgewiesen.

Ioannis Zelepos

Kleine Geschichte Griechenlands

Von der Staatsgründung bis heute

C.H.Beck

Mit 15 Abbildungen und 6 Karten

1. Auflage. 2014
2., durchgesehene, aktualisierte und erweiterte Auflage. 2017

Originalausgabe
3., durchgesehene und aktualisierte Auflage. 2023

www.chbeck.de
Umschlaggestaltung: geviert.com, Benjamin Zirnbauer
Umschlagabbildung: Athen. Photo: Ioannis Zelepos
Satz: C.H.Beck.Media.Solutions, Nördlingen
Gesetzt aus der Adobe Garamont Pro
Druck und Bindung: Druckerei C.H.Beck, Nördlingen
Gedruckt auf säurefreiem und alterungsbeständigem Papier
Printed in Germany
ISBN 978 3 406 80250 8

myclimate

klimaneutral produziert
www.chbeck.de/nachhaltig

Für Despina

Inhalt

Vorbemerkung ... 11

Vorbemerkung zur zweiten Auflage ... 12

1. Historischer Rahmen: Die osmanische Zeit ... 13

Herrschaft, Siedlungsstruktur und Identität ... 13
Die Rolle der Orthodoxen Kirche ... 17
Von Händlern zu Statthaltern: Die Fanarioten ... 20
Die griechische Sprache ... 23
Das Osmanische Reich in der Krise ... 24
Auf europäischen Pfaden: Aufklärung und Revolution ... 29
Die Geheimgesellschaft der «Filiki Etaireia» ... 32

2. Der Unabhängigkeitskrieg (1821–1832) ... 37

Auftakt in Rumänien ... 37
Der Aufstand in Griechenland ... 38
Die Akteure ... 40
Etappensiege und Bürgerkriege ... 43
Rückschläge und Internationalisierung ... 46
Kapodistrias ... 50
Anarchie ... 52

3. Staatsgründung und «Bayernherrschaft» (1832–1862) ... 54

Imperialismus und Philhellenismus ... 54
Wirtschaft, Gesellschaft und Politik bis zur Verfassungsrevolte von 1843 ... 56
Die «Große Idee» («Megali Idea») ... 61

4. Modernisierung im Schatten der Nationalen Frage (1862–1912) 66

Anfänge des Wandels 66
Der «König der Hellenen» 68
Irredentismus: Vom Kretischen Aufstand 1866 zum Berliner Kongreß 1878 71
Die Krise der Nationalideologie 74
Die Durchsetzung des Parlamentarismus 76
Die wirtschaftliche und gesellschaftliche Entwicklung unter Charilaos Trikoupis 79
Der «Friedenskrieg» von 1885 82
Staatsbankrott und griechisch-osmanischer Krieg von 1897 84
Kulturkritik und Identitätssuche: Der Sprachstreit 87
Der Makedonienkonflikt 1903–1908 89
Die Militärrevolte von Goudi 1909 93
Venizelos 95

5. Das Kriegsjahrzehnt 1912–1922 99

Die Balkankriege 1912/13 99
Der Konflikt zwischen König und Ministerpräsident 102
Die Nationale Spaltung («Ethnikos Dichasmos») 105
Kriegseintritt und Kleinasienfeldzug 1917–1922 111
Die humanitäre Bilanz des Kriegsjahrzehnts 116
Bevölkerungsaustausch und Lausanner Friedensvertrag von 1923 .. 118
Die Kleinasiatische Katastrophe als griechisches Trauma 121

6. Die Zeit zwischen den Weltkriegen (1923–1940) 124

Die Republik 125
Wirtschaftliche Probleme, Eingliederung der Flüchtlinge und sozialer Wandel 129

Der Umgang mit den Minderheiten ... 134
Zwischen Tradition und Moderne: Griechische Kultur in der Zwischenkriegszeit ... 138
Die Rückkehr von Venizelos 1928–1932: «Goldene Jahre» und Weltwirtschaftskrise ... 141
Krise und Zusammenbruch der Republik 1932–1935 ... 144
Die Metaxas-Diktatur 1936–1940 ... 148

7. Der Zweite Weltkrieg und seine Folgen (1940–1949) ... 153

Das Besatzungsregime ... 156
Widerstand und Besatzungsterror ... 159
Zersplitterung der Widerstandsbewegung und Kollaboration ... 161
Polarisierung am Vorabend der Befreiung: Die Libanon-Konferenz 1944 ... 164
Die «Dezemberereignisse» 1944 ... 167
Das Abkommen von Varkiza und die Verschärfung des Konflikts ... 170
Der Bürgerkrieg 1946–1949 ... 173
Die Bilanz von Besatzungszeit und Bürgerkrieg ... 178

8. Vom Bürgerkrieg zur Diktatur (1950–1974) ... 181

Liberales Intermezzo 1950–1952 ... 181
Antikommunismus und Wiederaufbau: Von Papagos zu Karamanlis ... 185
Der Zypernkonflikt ... 189
Politische Gegensätze und Systemkrise 1963–1965 ... 198
Die Militärdiktatur 1967–1974 ... 204

9. Die Zeit des Systemwechsels (1974–1989) 211
Rückkehr zur Demokratie und europäische Integration 1974–1980 211
Die Regierungsära Papandreou 1981–1989 215

10. Nach der Osteuropäischen Wende 221
Der makedonische Namensstreit 221
Einwanderung als neue Erfahrung 225
Ankunft im 21. Jahrhundert 227

11. Das Krisenjahrzehnt (2009 bis heute): Ein Drama mit offenem Ende? 233
Böses Erwachen und Reformversuche 233
Medienecho und Stereotypenbildung 237
Regierungswechsel 2015 und Eskalation der Krise 240
Von der griechischen zur europäischen Krise 245

Anhang 247
Weiterführende Literatur 247
Bild- und Kartennachweis 253
Personenregister 254
Anmerkung zur Transliteration und Aussprache 256

Vorbemerkung

Als historische Einführung richtet sich dieses Buch in gleicher Weise an allgemein interessierte Leser wie an das Fachpublikum. Der Text ist um sprachliche Anschaulichkeit und hohe Informationsdichte auf wenig Raum bemüht. Die Darstellung unterscheidet sich von älteren Arbeiten dieser Art darin, daß sie auf kulturologische Projektionen von «historischen Erblasten», «orientalisch-okzidentalen Identitätskonflikten» sowie vermeintlich unveränderlichen «Mentalitäten» verzichtet und statt dessen konkrete kulturgeschichtliche Zusammenhänge beleuchtet. Dementsprechend werden eurozentrische Perspektiven verlassen und statt dessen europäische Verflechtungen in den Vordergrund gerückt, die einen Schlüssel zum Verständnis neugriechischer Geschichte liefern. Ferner bricht die vorliegende Darstellung mit überkommenen Geschichtsdeutungen der Nationalhistoriographie zugunsten einer kritischen Betrachtung der Nationalideologie und ihrer politischen wie gesellschaftlichen Wirkungen im historischen Wandel. Auf diese Weise soll ein differenziertes und thematisch ausgewogenes Gesamtbild erstellt werden, das zentrale Aspekte der politischen, wirtschaftlichen und gesellschaftlichen Entwicklung des Landes berücksichtigt.

Diese Arbeit stützt sich auf einschlägige Forschungen griechischer wie internationaler Fachwissenschaftler, die in den letzten drei Jahrzehnten stetig vorangeschritten sind und viele neue Erkenntnisse gebracht haben. Ein kleiner Teil dieser Studien ist am Ende dieses Buches im Hinweis auf weiterführende Literatur vermerkt, der als bibliographische Handreichung zugleich dem Zweck dient, wissenschaftliche Rechenschaft abzulegen, obwohl Auslassungen aufgrund des eng begrenzten Raums dabei unvermeidlich sind. Viele Forscher, denen Anerkennung gebührt, müssen ungenannt bleiben. Besonderer Dank gilt indes Oliver Jens Schmitt für eine wertvolle Anregung.

München, im November 2013 *Ioannis Zelepos*

Vorbemerkung zur zweiten Auflage

Bei Abschluß des Manuskripts der Erstauflage dieses Buches im Herbst 2013 war die griechische Staatsschuldenkrise bereits ein Dauerproblem, für das keine baldige Lösung in Sicht schien. Daran hat sich bis heute, dreieinhalb Jahre später, leider nichts Wesentliches geändert. Allerdings erlebte die Krise in der Zwischenzeit eine dramatische Zuspitzung, die nicht nur Griechenland tief erschütterte, sondern auch ganz Europa in Atem hielt. Wie niemals zuvor in seiner Geschichte stand das Land dabei für Monate im Brennpunkt der internationalen Berichterstattung, aus der es jedoch ebenso plötzlich wieder verschwand, obwohl die Krise keineswegs überwunden war, sondern sich eher noch verschärft hatte; denn Griechenland lag nicht nur finanziell am Boden, sondern war auch in besonderem Maße von der eskalierenden Flüchtlingsproblematik betroffen.

Vor diesem Hintergrund erschien es für die Zweitauflage sinnvoll, die turbulenten Entwicklungen der letzten Jahre in einem gesonderten Kapitel zu behandeln, das an den bereits vorliegenden Text anschließt. Dieser endet mit der Feststellung, daß Griechenland in seiner Geschichte auch schon größere Krisen überstanden hat, was nach wie vor richtig ist. Noch deutlicher als seinerzeit tritt heute jedoch hervor, wie eng die gegenwärtige Krise in einer globalisierten Welt mit dem Schicksal des ganzen Kontinents verbunden ist. Mehr denn je erscheint Griechenland heute als einer der Prüfsteine, an denen die Frage verhandelt wird, was Europa ist und was es in Zukunft sein will.

München, im Mai 2017 *Ioannis Zelepos*

1. Historischer Rahmen: Die osmanische Zeit

Eine Darstellung der Geschichte des modernen Griechenland muß mit einem Blick auf die historischen Rahmenbedingungen beginnen, unter denen sich die Staats- und Nationsbildung vollzog. Das betrifft politische, soziale und kulturelle Aspekte, deren Fernwirkungen teilweise bis in die Gegenwart reichen, sowie die spezifischen Gründe, die zur Unabhängigkeit im 19. Jahrhundert führten.

Herrschaft, Siedlungsstruktur und Identität

In ihrer überwiegenden Mehrheit und für die längste Zeit ihrer Geschichte, nämlich von der Antike bis ins 20. Jahrhundert hinein, lebten Griechen – dieser Begriff wird hier zunächst unhinterfragt gebraucht – als Angehörige multiethnischer Reiche, die einer imperialen Staatsidee folgten und in ihrem Inneren durch ein starkes Gefälle zwischen Zentrum und Peripherie gekennzeichnet waren. Das äußerte sich vor allem in der herausgehobenen Bedeutung, die der Hauptstadt als Orientierungspunkt des politischen, wirtschaftlichen wie kulturellen Lebens zukam. Diese Hauptstadt war seit dem vierten nachchristlichen Jahrhundert das an der Meerenge des Bosporus gelegene Byzanz bzw. Konstantinopel. Nach dem endgültigen Untergang Ostroms fand diese im osmanischen Istanbul eine nahtlose Fortsetzung, so daß sich eine historische Kontinuitätslinie von nahezu zweitausend Jahren ergibt, die natürlich nicht nur die Griechen, sondern alle Völker der Region betraf und in ihrer kulturgeschichtlichen Bedeutung kaum zu unterschätzen ist.

Eng damit zusammen hängt die griechische Siedlungsstruktur, die sich bereits seit der Antike durch eine relativ große räumliche Streuung und entsprechende Zergliederung auszeichnete. Gebiete mit griechischer Bevölkerung erstreckten sich über einen großen Teil des östlichen Mittelmeer- und Schwarzmeerraums: Neben Zypern gehörten dazu Kleinasien mit Schwerpunkten in Kappadokien, Kilikien sowie den westlichen Küstenstreifen vom Marmarameer bis Antalya, ferner die Pontosregion im Nordosten Anatoliens, die außer dem Küstenstreifen von Sinope bis Trapezunt auch das gebirgige Binnenland um die Städte Amasya, Tokat, Gümüşhane und Erzurum umfaßte. Von hier aus kam es seit der Frühen Neuzeit zu verschiedenen Migrationswellen in Richtung Kaukasus sowie an die Nordküste des Schwarzen Meeres, die nach der russischen Eroberung von den Zaren systematisch gefördert wurden. So entstanden Siedlungsschwerpunkte am Asowschen Meer sowie an der Mündung des Don mit den Städten Kertsch, Mariupol, Taganrog und Rostow. Etwas weiter südöstlich davon entstanden in Noworossijsk, Jekaterinodar und Suchumi weitere Zentren. Im Süden der Halbinsel Krim gab es schon früh eine kontinuierliche griechische Besiedlung um die Städte Sewastopol, Simferopol und Jalta. Ebenfalls antike Wurzeln hatten die griechischen Siedlungen auf Sizilien und in Süditalien, wo der Bevölkerungsanteil allerdings seit dem Mittelalter rückläufig war.

Im Kernraum an der Ägäis gab es andererseits kaum einen Landstrich, der ausschließlich von Griechen bewohnt gewesen wäre. Das gilt auch für die Region des «klassischen Hellas» von Thessalien bis zur Peloponnes, die seit dem Mittelalter Ziel verschiedener Migrationsbewegungen wurde, welche das antike Siedlungsgefüge gründlich veränderten. Während die zunächst zuwandernden Slawen durch Byzanz weitgehend assimiliert wurden, blieben die später vordringenden Albaner als eigene Gruppe bis weit ins 20. Jahrhundert hinein bestehen. Der Raum war aber nicht nur in ethnisch-sprachlicher, sondern auch in religiös-konfessioneller Hinsicht heterogen. Neben der orthodoxen Mehrheitsbevölkerung gab es zahlreiche römisch-katholische Gemeinden, die sich – etwa auf den Kykladeninseln – bis heute erhalten haben und teils auf die lateinischen Staatsgründungen infolge des Vierten Kreuzzugs von 1204 zurückgingen, teils aber auch das Ergebnis der Missionspolitik der Päpste im östlichen Mittelmeer seit der Frühen Neuzeit waren. Darüber hinaus existierten schon in der Antike jüdi-

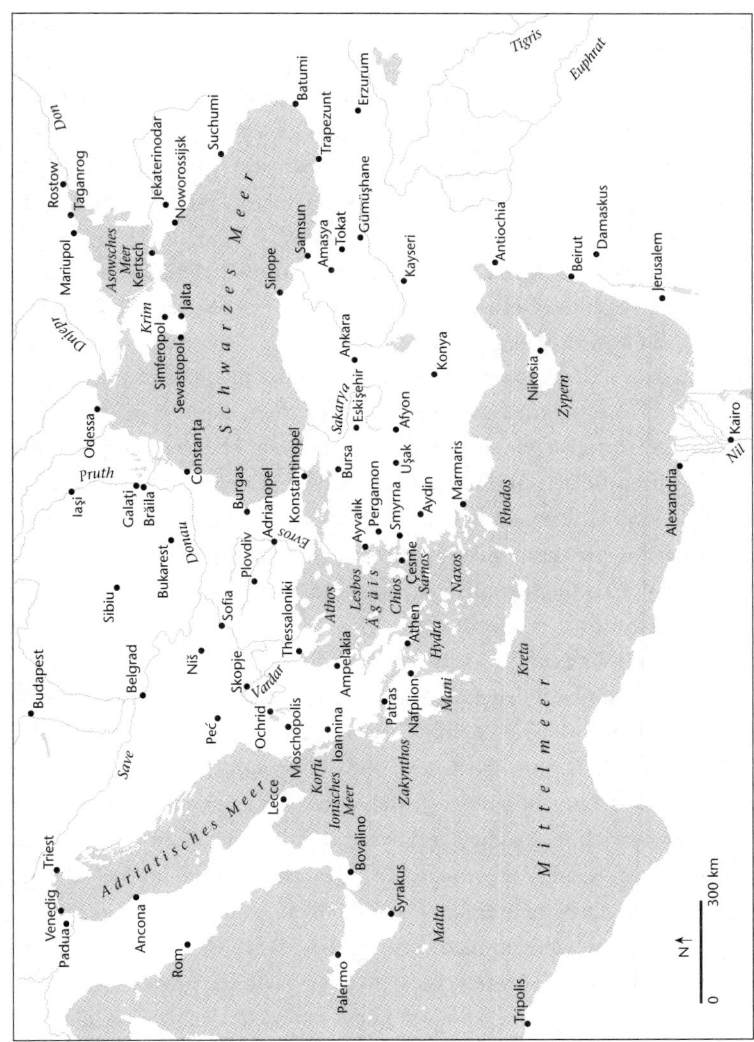

Übersichtskarte Balkan – Ostmittelmeer – Kaukasus

sche Gemeinden, z. B. in Athen und Korinth, wie das Neue Testament zeigt; hinzu kam die Zuwanderung von sephardischen Juden aus dem westlichen Mittelmeerraum seit dem ausgehenden 15. Jahrhundert. Die muslimische Bevölkerung in der Region ging zum einen auf Zuwanderung im Zusammenhang mit der osmanischen Eroberung zurück, zum anderen auf Konversionen einheimischer Christen, die vor allem seit dem 17. Jahrhundert dokumentiert sind.

Damit wird deutlich, daß das Leben in ethnisch, religiös wie sprachlich heterogenem Umfeld viele Jahrhunderte lang für die Griechen wie auch für andere Völker in diesem Raum eine historische Grunderfahrung darstellte. Dieses Bild wird durch die Existenz zahlreicher griechischer Diasporagemeinden noch unterstrichen, die seit dem 16. Jahrhundert zunächst vor allem in Italien, dann im Habsburgerreich sowie im ganzen mittel- und osteuropäischen Raum entstanden. Sie waren keineswegs Exilgemeinden, sondern fester Bestandteil eines grenzüberschreitenden Kommunikationsraums, in dem die griechische Gesellschaft der vormodernen Zeit lebte und sich später auch als Nation formierte.

Im Hinblick auf die Identität ist zunächst anzumerken, daß diejenigen Personen, von denen bislang als «Griechen» die Rede war, sich in vormoderner Zeit selbst üblicherweise nicht als solche bezeichneten, und daß der Begriff «Hellenen» seit der Spätantike als Synonym für «Heiden» gebraucht wurde. Er stand damit in diametralem Gegensatz zu ihrem wichtigsten Zugehörigkeitskriterium, dem Christentum und namentlich dem Bekenntnis zur Orthodoxie. Erst im Verlauf des 18. Jahrhunderts kam es im Zusammenhang mit der Nationalbewegung zu einer Umdeutung dieses Begriffs, vorher aber figurierten «Hellenen» ansonsten allenfalls noch als mythische Riesenwesen in volkstümlichen Legenden. Die Griechen nannten sich hingegen selbst «Romaioi» bzw. «Romioi», d.h. «Römer», was auf das Oströmische Reich zurückverwies und im populären Sprachgebrauch noch bis weit ins 20. Jahrhundert hinein verbreitet war, oder einfach nur «Christen» bzw. «Östliche Christen», was auf die orthodoxe Bekenntnisgemeinschaft verwies.

Die Rolle der Orthodoxen Kirche

Im Osmanischen Reich hatte diese Zugehörigkeit eine handgreifliche formaljuristische Dimension, denn nach islamischem Recht wurden die nichtmuslimischen Untertanen des Sultans, soweit sie Angehörige von Buchreligionen waren, nach ihrer Konfession in «millets» («Nationen») gegliedert, wodurch ihr Status als «zimmis» («Schutzbefohlene») legitimiert wurde. Entsprechend dieser Ordnung, die bis zum 19. Jahrhundert weitgehend unverändert blieb, bildeten die orthodoxen Christen des Reichs das «millet-i-Rum», wobei das Wort «Rum» ebenfalls auf «Rom» bzw. «Römer» zurückgeht. An dessen Spitze hatte Sultan Mehmet II. nach der Eroberung von Byzanz 1453 den orthodoxen Patriarchen von Konstantinopel gesetzt. Als «millet başı» bzw. «Ethnarch» war dieser nun nicht mehr nur religiöses, sondern auch weltliches Oberhaupt der orthodoxen Christen und in dieser Eigenschaft zugleich einer der höchsten Würdenträger des Osmanischen Reichs und dementsprechend mit einer Reihe von Privilegien und Kompetenzen ausgestattet. Die Einsetzung folgte sehr pragmatischen Überlegungen und trug in doppelter Hinsicht zur Stabilisierung der osmanischen Herrschaft bei. Einerseits wurden damit die orthodoxen Untertanen, die in den neu eroberten und noch nicht fest konsolidierten Gebieten Südosteuropas die Mehrheitsbevölkerung stellten, formal in das staatliche Institutionengefüge des Reiches eingegliedert. Andererseits konnte auf diese Weise der Klerus für staatliche Verwaltungsaufgaben, darunter etwa die Erfassung der Einwohner für die Steuererhebung oder Aufgaben der niederen Zivilgerichtsbarkeit, herangezogen werden, welche die osmanischen Eroberer sonst nur schwer mit eigenen Mitteln hätten bewältigen können. Besonders gut funktionierte die Kooperation zwischen osmanischem Staat und orthodoxem Klerus dort, wo letzterer zuvor unter lateinischer Herrschaft unterdrückt worden war und durch die muslimische Eroberung somit eine deutliche Aufwertung erfuhr. Auch für die breite Bevölkerung war der Wechsel von christlicher zu muslimischer Herrschaft in mancherlei Hinsicht mit Vorteilen verbunden, da das osmanische

Steuersystem zumindest in der Anfangszeit vergleichsweise moderat war und für die Betroffenen eine spürbare wirtschaftliche Erleichterung brachte. Zudem kam es in einigen Gebieten, etwa auf den Inseln der Ostägäis, die seit dem Mittelalter notorisch von Piraterie geplagt waren, vielfach zu freiwilligen Unterwerfungen unter die Sultansherrschaft, die nicht zuletzt durch das Bedürfnis nach Sicherheit motiviert waren.

Es wäre allerdings verfehlt, aus solchen und ähnlichen Befunden ein idyllisches Gesamtbild der osmanischen Eroberung Südosteuropas abzuleiten, ging sie doch mit beträchtlichen Zerstörungen einher, die sich neben einem Bevölkerungsrückgang auch im Niedergang orthodoxer Kultur und Bildung in den Städten niederschlugen. Darüber hinaus ist zu berücksichtigen, daß die als «zimmis» anerkannten Nichtmuslime als Untertanen zweiter Klasse zahlreichen Diskriminierungen ausgesetzt waren. Dazu gehörten unter anderem eine regelmäßig zu entrichtende Kopfsteuer, die «cizye», das Verbot, Sakralbauten zu errichten, Pferde zu reiten, Waffen zu tragen sowie Einschränkungen der individuellen Bewegungsfreiheit und restriktive Kleidungsvorschriften. In der Praxis wurden diese Bestimmungen zwar von Region zu Region und von Epoche zu Epoche sehr unterschiedlich gehandhabt und oft auch ganz unterlaufen; nichtsdestotrotz schufen sie für die Betroffenen nicht gerade günstige Voraussetzungen für die Identifikation mit dem osmanischen Staat.

Gleichzeitig wurde damit aber die Bindung an die Konfessionsgemeinschaft der Orthodoxen Kirche gestärkt, die nicht nur das «millet-i-Rum» als zentralen Bezugspunkt kollektiver Zugehörigkeit repräsentierte, sondern auch dem Bedarf an politischer Sinnstiftung entgegenkam, indem sie etwa die osmanische Herrschaft als Prüfung Gottes an seinem auserwählten Volk oder auch als Schutzwall gegen die lateinischen Häretiker darstellte und auf diese Weise heilsgeschichtlich legitimierte. Trotz des tiefen historischen Einschnitts, den die Etablierung der Osmanen als bestimmender Ordnungsmacht in der Region bedeutete, ist somit auch hier eine Kontinuitätslinie zu erkennen, blieb doch die Orthodoxe Kirche unter den Sultanen in vielerlei Hinsicht genau das, was sie schon zu Zeiten der byzantinischen Kaiser gewesen war: integraler Bestandteil des Staatsgefüges und zugleich wichtiges Organ der Systemstabilisierung.

Das amtliche Idiom dieser Kirche war, ebenso wie in byzantinischer Zeit, die griechische Sprache, zumindest was die hierarchische Spitze betraf, die in der Hauptstadt saß. Die Führungsstellung des Patriarchats von Konstantinopel war zunächst allerdings nur ein Würdeprimat, denn die Osmanen erkannten auch andere Träger orthodoxer Kirchenautorität an. Das betraf neben den Patriarchaten im arabischen Raum – Alexandria, Antiochia und Jerusalem – auch die mittelalterlichen slawischen Erzbistümer von Ochrid und Peć, die nach ihrer Neugründung im 15. und 16. Jahrhundert unabhängige Patriarchate im osmanisch beherrschten Westbalkan bildeten. In der Folgezeit gelang es jedoch dem Patriarchat von Konstantinopel, seinen Einfluß auf die übrigen Orthodoxen Kirchen des Reiches auszuweiten und deren Unabhängigkeit faktisch immer mehr zu untergraben. Den Höhepunkt dieser Entwicklung bildete die formelle Auflösung der Patriarchate von Ochrid und Peć in den Jahren 1766/67, womit sämtliche orthodoxe Diözesen im osmanischen Südosteuropa unter die direkte Kontrolle der Kirche von Konstantinopel fielen, deren Oberhaupt nun nicht mehr nur dem Titel nach, sondern auch tatsächlich den Anspruch erheben konnte, «millet başı» der orthodoxen Untertanen des Sultans zu sein.

Dieser Machtzuwachs basierte hauptsächlich auf dem Standortvorteil, der sich aus der Hauptstadtlage und der sich daraus ergebenden Nähe zu den Schalthebeln weltlicher Macht ergab. Darüber hinaus war er aber auch das Ergebnis einer zunehmenden Verflechtung zwischen muslimischem Staat und Orthodoxer Kirche, die von beiden Seiten vorangetrieben wurde. So wurden dem Patriarchat seit dem 17. Jahrhundert etwa so sensible Aufgaben wie die Versorgung der Leibwache des Sultans übertragen, während umgekehrt der osmanische Staat immer häufiger als regulierende Instanz bei innerkirchlichen Auseinandersetzungen auftrat. Nicht zuletzt spiegelte der Machtzuwachs des Patriarchats von Konstantinopel den Aufstieg sozialer Eliten aus dem orthodoxen «millet-i-Rum» wider, die es weitgehend kontrollierten, da sie als einzige in der Lage waren, die bis Mitte des 18. Jahrhunderts kontinuierlich ansteigenden Kirchenabgaben an den Staat finanziell zu tragen.

Von Händlern zu Statthaltern: Die Fanarioten

Grundlage für diesen Aufstieg war der Handel. Dieser hatte mit der relativen Stabilisierung, die auf die osmanische Eroberung Südosteuropas folgte, einen allgemeinen Aufschwung erlebt, an dem vor allem nichtmuslimische Gruppen teilhatten, namentlich Juden, Armenier und Orthodoxe. Diese profitierten dabei im 16. Jahrhundert auch von günstigen politischen Entwicklungen, darunter die Verdrängung der italienischen Seerepubliken aus dem östlichen Mittelmeer – 1566 eroberten die Osmanen Chios von Genua, 1571 Zypern von Venedig – und die Schließung der Meerengen und damit des Schwarzmeerhandels für nichtosmanische Schiffe im Jahre 1592. Bereits um 1600 kontrollierten orthodoxe Kaufleute einen guten Teil des Überlandhandels auf der östlichen Balkanhalbinsel zwischen Bulgarien und der Walachei, der im Zusammenhang mit der Getreideversorgung der Hauptstadt Konstantinopel von großer strategischer Bedeutung war. Ein besonders lukratives Betätigungsfeld bot auch der Handel mit Pelzen, die als Luxusartikel eine wichtige Rolle in den Bekleidungskonventionen der Eliten des Osmanischen Reiches spielten.

Das erste prominente Beispiel eines solchen Aufsteigers aus dem «millet-i-Rum» war der vermutlich im ersten Jahrzehnt des 16. Jahrhunderts geborene Michail Kantakouzinos, der den Beinamen «Şeytanoğlu» («Sohn des Teufels») trug. Sein ungeheurer, durch den Handel erwirtschafteter Reichtum versetzte ihn in die Lage, nicht weniger als sechzig Galeeren der osmanischen Kriegsflotte auf eigene Kosten ausrüsten zu lassen. Dies tat er im Gegenzug dafür, daß ihm der Sultan ein Importmonopol für russische Pelze gewährt hatte, aus dem allein er jährlich einen Gewinn von etwa 60 000 Dukaten zog. Şeytanoğlu verstand es aber auch, sein ökonomisches Kapital in soziales Kapital umzusetzen, indem er sich durch die Heirat mit einer Frau, die zugleich Tochter des Fürsten der Walachei und Enkelin des Fürsten der Moldau war, familiär an die rumänischen Bojarengeschlechter band. Allerdings nahm er ein tragisches Ende: 1578 wurde er festgenommen, von einem osmanischen Gericht wegen Hochverrats zum Tode verurteilt und hingerichtet; sein Besitz wurde konfisziert und versteigert.

Şeytanoğlus Schicksal ist in mancherlei Hinsicht bezeichnend für die Spielräume sozialer Mobilität von Nichtmuslimen unter der Herrschaft des Sultans: Aufstieg war unter bestimmten Voraussetzungen zwar durchaus möglich, aber auch mit hohen Risiken verbunden. Die Gesellschaftspyramide im Osmanischen Reich mochte durchlässiger sein als die im aristokratisch verschichteten Abendland, aber der Staat bot eindeutig weniger Besitzsicherheit, und insbesondere «zimmis» mußten als Untertanen zweiter Klasse damit rechnen, Opfer von Willkür zu werden. Es konnte einfacher sein, ein Vermögen anzuhäufen, als es für die Nachfahren dauerhaft zu sichern. Die einzige Möglichkeit, dem entgegenzuwirken, war eine effiziente Netzwerkbildung. Dies geschah einerseits in Form von Zünften und Kaufmannsgilden, die meist landsmannschaftlich organisiert waren und sich bald zu wichtigen gesellschaftlichen Akteuren im «millet-i-Rum» entwickelten. Des weiteren konnte eine Heiratspolitik, wie sie Şeytanoğlu betrieben hatte, zum Erfolg führen; denn er selbst wurde zwar hingerichtet und sein Vermögen konfisziert, seine Nachfahren aber konnten den von ihm erreichten sozialen Status in der Folgezeit behaupten und ausbauen. Die Familie Kantakouzinos war und blieb Teil eines sich damals formierenden Netzwerks erfolgreicher orthodoxer Unternehmerfamilien, die als «Fanarioten» bekannt geworden sind. Der Name leitet sich von dem Stadtteil «Fanari» bzw. «Fener» ab, wo diese Familien ihre Wohnsitze hatten und wo sich seit 1601 – nicht ganz zufällig – auch der Sitz des orthodoxen Patriarchats von Konstantinopel befindet. Die Fanarioten schmückten sich gern mit klangvollen Familiennamen byzantinischer Adelsgeschlechter wie etwa Kantakouzinos. Dies dürfte zwar in den seltensten Fällen einen realen Hintergrund gehabt haben, ist aber sehr bezeichnend für das prestigebetonte Selbstverständnis dieser Gruppe, die deshalb durchaus treffend als Händleraristokratie bezeichnet wird.

Diese Charakterisierung ist allerdings insofern etwas ungenau, als die Fanarioten in ihrer Blütezeit, die etwa im letzten Drittel des 17. Jahrhunderts begann, schon so weit aufgestiegen waren, daß sie sich gar nicht mehr vornehmlich mit dem Handel selbst beschäftigten, sondern sich noch lukrativeren Tätigkeitsfeldern in der Hochfinanz und in der Politik zuwendeten. Damals begannen Fanarioten, in neuralgische Positionen des osmanischen Staates vorzudringen, wobei sie hohe und höchste Ämter besetzten, die sie bis zum griechischen Unabhängigkeitskrieg von 1821 sogar weitgehend monopolisieren konnten. Sie dienten unter anderem als Dragomane (Dolmetscher) für zivile wie militärische Würdenträger, etwa den Kapudan Paşa, der als Befehlshaber der Kriegsflotte zugleich Statthalter verschiedener Inseln und Küstenprovinzen war. Mit noch weit mehr Einfluß verbunden war das Amt des Großdragomans der Pforte, das in vielerlei Hinsicht dem eines Außenministers gleichkam und insbesondere in der diplomatischen Kommunikation mit den europäischen Staaten eine Schlüsselrolle spielte. Diese wurde um so wichtiger, je weniger sich die Osmanen auf ihre militärische Kraft verlassen konnten, was seit der gescheiterten Belagerung Wiens 1683 und dem Frieden von Karlowitz 1699 zunehmend deutlich wurde. Nachdem das Amt des Großdragomans erstmals 1661 an Panagiotis Nikousios (1613–1673) übertragen worden war, blieb es bis zum griechischen Unabhängigkeitskrieg von 1821 durchgehend in der Hand von Fanarioten. Diese besetzten von 1711 bzw. 1715 an auch die Statthalterthrone der tributpflichtigen Fürstentümer Moldau und Walachei, nachdem die einheimischen Bojaren sich durch ihr vorangegangenes Liebäugeln mit dem nach Süden expandierenden Rußland in den Augen der Pforte als unzuverlässig erwiesen hatten. Der osmanische Staat folgte bei der Vergabe von Ämtern an Fanarioten einem klassischen Prinzip imperialer Herrschaft, da diese als Nichtmuslime ohne eigene Hausmacht abhängig und folglich um so loyaler waren.

Mit ihrem Vordringen in den osmanischen Staatsapparat ging die Kultivierung eines aristokratischen Habitus einher, der sich im Verlauf des 18. Jahrhunderts – insbesondere in den Donaufürstentümern – noch verstärkte. Dort begünstigte nicht zuletzt die geographische

Nähe zu Mitteleuropa die Übernahme entsprechender Vorbilder, was sich beispielsweise an der fanariotischen Herrschaftssymbolik dieser Zeit erkennen läßt. Die Einflüsse beschränkten sich jedoch nicht nur darauf: Überhaupt entwickelten sich die Fanariotenhöfe in Bukarest und Iași im Zeitalter der Aufklärung zu Relaisstationen eines zunehmenden Kultur- und Ideentransfers vom Westen in den Südosten Europas. Darüber hinaus wurden sie zu wichtigen Zentren griechischer Sprache und Bildung, die in diesem Milieu allerdings weniger eine ethnisch-nationale Zugehörigkeit markierten, als vielmehr Bestandteile einer osmanisch-orthodoxen Elitenkultur waren, als deren Repräsentanten die Fanarioten sich selbst sahen. Diese Differenzierung ist wichtig, um unzulässige Rückprojektionen aus dem Zeitalter des Nationalismus zu vermeiden, in dem sprachliche Zugehörigkeit zum zentralen Kriterium einer nationalen Identität erhoben wurde, die damals noch keine Bedeutung hatte.

Die griechische Sprache

Im übrigen war das Griechische in vormoderner Zeit alles andere als eine Nationalsprache, fehlte ihm dafür doch neben anderen Voraussetzungen vor allem die Homogenität. Das gesprochene Griechisch zeichnete sich durch eine außerordentliche dialektale Vielfalt aus, was nicht zuletzt an der räumlich weitgestreuten Siedlungsstruktur lag und die Verständigung etwa zwischen Schwarzmeergriechen und Peloponnesiern oder Sprechern der süditalienischen Dialektgruppe massiv erschwerte. Als überregionale Schriftsprache gab es eine archaisierende Form des Griechischen, die stark auf das Attische des 5. und 4. vorchristlichen Jahrhunderts fixiert war und nahezu unverändert von der Spätantike bis in die Neuzeit tradiert wurde. Als Gelehrtensprache und zugleich selbst Attribut von Gelehrsamkeit, genoß sie hohes kulturelles Prestige, was unter anderem daran zu erkennen ist, daß in der Vormoderne sie allein überhaupt als griechische bzw. hellenische Sprache bezeichnet wurde; die zeitgenössischen Formen des Griechischen nannte man hingegen «Romäisch» oder einfach nur «Vulgärdialekt». Zwischen der Vielzahl volkstümlicher Dialekte und dem archaisierenden Gelehrtengriechisch gab es darüber hinaus ein breites Spektrum von mehr oder weniger erudierten schriftlichen Formen, die sich aus dem praktischen Gebrauch des Griechischen als Amts- und Verwaltungssprache der Orthodoxen Kirche sowie als überregionaler Handels- und Verkehrssprache ergaben. Als Literatursprache entwickelte sich das neuzeitliche Griechisch zunächst vor allem auf der Insel Kreta, die bis 1669 unter venezianischer Herrschaft stand. Hier entstanden im 16. und 17. Jahrhundert Versdichtungen und Dramen mit starken italienischen Einflüssen, darunter etwa der «Erotokritos» von Vincenzo Cornaro (1553–1613/14). Auf Basis des kretischen Dialekts zeigten sich hier erste Ansätze einer neugriechischen Literatur. Diese erfuhren später eine Fortsetzung auf den Ionischen Inseln, die ebenfalls zu Venedig gehörten und niemals von den Osmanen erobert wurden. Innerhalb des Osmanischen Reiches gingen literarische Impulse vor allem von fanariotischen Kreisen aus. Sie äußerten sich unter anderem in Form der im 18. Jahrhundert sehr beliebten «Mismagies», höfischen Liebesdichtungen mit ausgedehnten musikalischen Intermezzi, die zahlreiche Einflüsse aus dem Türkischen aufwiesen, was dem mehrsprachigen Hintergrund ihres Milieus entsprach. Als Bildungssprache spielte Griechisch für die Aufklärung im osmanischen Südosteuropa eine zentrale Rolle. Es diente als Vehikel für die Rezeption moderner Naturwissenschaften, philosophischer und auch politischer Ideen aus Westeuropa, was eine Grundvoraussetzung für den späteren Gedanken an nationale Emanzipation war.

Das Osmanische Reich in der Krise

Die griechische Unabhängigkeitsbewegung empfing wichtige Impulse aus diesem Rezeptionsprozeß, allerdings lagen die wesentlichen Ursachen für ihre Entstehung in der tiefgreifenden Krise, die das Osmanische Reich seit dem 18. Jahrhundert durchlief. Sein Expansionsdrang hatte sich schon im letzten Drittel des 17. Jahrhunderts endgültig erschöpft und wurde von einem zunehmenden außenpolitischen Machtverfall abgelöst, der als «Orientalische Frage» bekannt geworden ist. Anfangs äußerte sich dieser noch nicht direkt in territorialen Einbußen, obwohl der dauerhafte Verlust Ungarns, Siebenbürgens und Podoliens durch den Frieden von Karlowitz 1699 einen großen Rückschlag bedeutete. In den zahlreichen folgenden Kriegen mit den europäischen Mächten konnte das Osmanische Reich jedoch seine Nordgrenze ohne weitere gravierende Verluste aufrechterhalten und sogar vereinzelt Rückgewinne erzielen. So wurde im Frieden von Passarowitz 1718 die zuvor an Venedig abgetretene Peloponnes wiedererobert, und im Frieden von Belgrad 1739 erhielten die Osmanen die zuvor an Österreich verlorenen Gebiete der kleinen Walachei und Nordserbiens zurück. Die anschließende Friedensperiode bis 1768 gehört mit fast dreißig Jahren zu den längsten dieses Jahrhunderts und ist insofern zutreffend als «Pax Ottomanica» in Südosteuropa bezeichnet worden. Auch aus den beiden Kriegen mit Rußland in den Jahren 1768–1774 und 1787–1792 ging das Osmanische Reich weitgehend ohne Gebietsverluste hervor, ebenso wie aus dem französischen Ostmittelmeerfeldzug von Napoleon Bonaparte 1798–1802. Die eigentliche territoriale Demontage des Osmanischen Reiches setzte erst später ein.

Was die Kriege dieser Zeit jedoch offenlegten, war die zunehmende innere Schwäche des Staates und seiner Institutionen. Das betraf an erster Stelle das Militär, dessen Ineffizienz teils auf den immer größer werdenden technologischen Rückstand gegenüber den europäischen Armeen zurückging, teils auch auf den Niedergang der feudalen Sipahi-Kavallerie infolge des Verfalls des Timar-Lehenssystems. Ein wichtiger Grund war ferner die Verwandlung der einstmals gefürchteten Janitscharentruppe in eine militärisch unbedeutende Körperschaft steuerlich Privilegierter mit allen Eigenschaften eines parasitären Staates im Staate. Der schleichende Verfall beschränkte sich indes nicht nur auf das Militär, sondern betraf große Teile der staatlichen Verwaltung. Die abnehmende Effizienz der osmanischen Bürokratie führte dazu, daß die Staatsführung zur Umsetzung ihrer Politik in den Provinzen immer stärker auf die Vermittlung einflußreicher Lokalpotentaten angewiesen war, die jedoch häufig dazu neigten, sich von der Zentralregierung unabhängig zu machen und zu rebellieren.

Die Erosion der Zentralgewalt hatte neben verwaltungstechnischen auch wirtschaftliche Gründe, was sich besonders an der Besteuerungspraxis zeigt. Schon zu Beginn des 17. Jahrhunderts hatte es sich eingebürgert, Steuern nicht selbst einzutreiben, sondern den Zugriff auf bestimmte Steuerbezirke und/oder Einzelsteuern für bestimmte Zeit an den Meistbietenden zu versteigern. Die Steuerpächter waren wiederum bemüht, aus ihrer Investition möglichst viel Gewinn zu ziehen, und erhoben daher üblicherweise weit höhere Abgaben als die im Steuerregister vorgesehenen. Wenn diese Abgaben zudem nicht in Naturalien, sondern in Geldform eingefordert wurden, gerieten die Besteuerten regelmäßig in einen Teufelskreis der Verschuldung. In Kombination mit einer inflationären Zunahme verschiedenster Sonderabgaben, die im 18. Jahrhundert bereits ein Vielfaches der Grundsteuer, des «haraç», ausmachten, bedeutete die Steuerpacht somit eine schwere Bürde für den überwiegenden Teil der Bevölkerung und bildete zugleich eine wesentliche Ursache für die wachsende Unzufriedenheit. Auch für den Staat war dieses System nachteilig, da es eine Quelle der Korruption darstellte und den Zugriff auf vorhandene Geldquellen verstopfte. Die Situation verschlimmerte sich noch dadurch, daß die osmanische Regierung seit Anfang des 18. Jahrhunderts dazu überging, Steuerpachten nicht mehr nur für begrenzte Zeit zu versteigern, sondern auch lebenslang zu vergeben. Dies führte nicht nur zu spürbaren finanziellen Einbußen für die Staatskasse, sondern stärkte mittelfristig auch die lokalen Machthaber mit ihren zentrifugalen Neigungen, da sie die Hauptnutznießer der Steuerpachten auf Lebenszeit waren. Solche Rahmenbedingungen setzten einer Modernisierungspolitik denkbar enge Grenzen, was das wirtschaftliche und technologische Entwicklungsdefizit gegenüber Mittel- und Westeuropa zusätzlich vergrößerte. Langfristig führte dieses Defizit in Abhängigkeitsverhältnisse mit semikolonialem Charakter, wovon andererseits jedoch der südosteuropäische Handel profitierte. Dieser erlebte im 18. Jahrhundert einen beispiellosen Aufschwung. Damals etablierten sich Kaufleute und Unternehmer aus Thessalien, Epirus und Makedonien im Überlandhandel mit dem Habsburgerreich, wobei sie zunächst von den relativ langen Friedensphasen in der ersten Hälfte des 18. Jahrhunderts profitieren konnten, später auch von günstigen gesetzlichen Rahmenbedingungen, die von Kaiserin Maria Theresia und ihren Nachfolgern zur gezielten Förderung des Handels in der Region geschaffen wurden. Sie zogen entweder Vorteile aus ihrem Status als osmanische Grenzgänger oder ließen sich fest nieder und wurden österreichische Untertanen, was insbesondere in Ungarn zur Bildung großer und prosperierender Diasporagemeinden führte. Ein besonderes Beispiel für den Erfolg dieses Überlandhandels bildet der thessalische Gebirgsort Ampelakia, der mit Fabrikation und Export von rotem Garn nach Mitteleuropa im letzten Viertel des 18. Jahrhunderts zu beachtlichem Wohlstand kam, welcher 1812 jedoch ein abruptes Ende erlebte, als billigere Konkurrenz aus Westeuropa auftauchte.

Einen starken Wirtschaftsaufschwung erlebte in dieser Periode auch der Ägäisraum. Dort gab es bereits länger florierende Zentren wie etwa Smyrna, das seit Mitte des 17. Jahrhunderts der wichtigste Handelshafen des Osmanischen Reiches am Mittelmeer war, oder die Insel Chios, die als Versorgungsquelle für Mastix direkt dem Harem unterstand und entsprechende Privilegien genoß. In der zweiten Hälfte des 18. Jahrhunderts erlebten aber auch kleinere, bis dahin unbedeutende Inseln eine Blüte. Ihren Erfolg im überregionalen Seehandel verdankten sie nicht zuletzt verschiedenen kriegerischen und politischen Entwicklungen. So drangen sie etwa in Lücken vor, die durch die Verdrängung des französischen Handels aus dem östlichen Mittelmeer während des Siebenjährigen Krieges (1756–1763), des amerikanischen Unabhängigkeitskrieges (1775–1783) und der Französischen Revolutionskriege (1792–1802) entstanden. Darüber hinaus profitierten sie von den Bestimmungen des 1774 zwischen Rußland und dem Osmanischen Reich geschlossenen Friedensvertrags von Küçük Kaynarca, der Rußland als Schutzmacht der orthodoxen Christen unter osmanischer Herrschaft anerkannte und unter anderem die freie Durchfahrt von Schiffen unter russischer Flagge durch die Meerenge des Bosporus vorsah. Das ermöglichte es griechischen Seehändlern, sich von den russischen Konsulaten mit Pässen ausstatten zu lassen und sich im Schwarzmeerhandel zu betätigen, wo sie anfangs äußerst günstige Bedingungen vorfanden; denn das Zarenreich hatte in seinen damals gerade erst neu-

Nikodimos Agioreitis aus Naxos (1749–1809, Heiligsprechung 1955) gehört zu den einflußreichsten griechischen Kirchenschriftstellern der Neuzeit und war eine Leitfigur der Kollyvadenbewegung, die sich Mitte des 18. Jahrhunderts auf Athos formierte. Als Angehörige der aufstrebenden Unternehmerschicht wollten die führenden Kollyvaden die Hegemonie der Fanarioten über die Amtskirche brechen und kämpften um religiöse Deutungshoheit, indem sie eine Rückkehr zu den Traditionen der Orthodoxie forderten. Dabei entwickelten sie jedoch neuartige Verbreitungsstrategien, zu denen nicht zuletzt ein umfangreiches Publikationsprogramm volkssprachlicher Schriften gehörte, die sich an ein breites Lesepublikum richteten. Obwohl erklärte Traditionalisten, trugen die Kollyvaden somit zum gesellschaftlichen Wandel im Zeitalter der Aufklärung bei.

erworbenen Gebieten an der Schwarzmeerküste weder eine eigene Handelsmarine noch eine einheimische Händlerschicht. Die Zaren waren vielmehr bemüht, die Entstehung einer solchen Händlerschicht zu fördern, was auch zur Gründung des Handelshafens Odessa im Jahre 1794 führte. Ebendort wurde zwanzig Jahre später die Geheimgesellschaft «Filiki Etaireia» («Gesellschaft der Freunde») gegründet, die bei der Vorbereitung des griechischen Unabhängigkeitskrieges eine wichtige Rolle spielte.

Auf europäischen Pfaden: Aufklärung und Revolution

Im 18. Jahrhundert formierte sich vor dem Hintergrund der fortschreitenden Systemkrise des Osmanischen Reiches eine neue Elite orthodoxer Kaufleute und Unternehmer; diese konnten nicht mehr ins Milieu der Fanarioten vordringen, das damals schon fest zum osmanischen Establishment gehörte und sich entsprechend seinem aristokratischen Habitus nach außen hin abgrenzte.

Der soziale Aufstieg der neuen Elite war im Unterschied zu den Fanarioten eng mit dem wachsenden ökonomischen und politischen Einfluß der europäischen Mächte im Osmanischen Reich verknüpft, beruhte zum guten Teil sogar auf diesem. Ihre Angehörigen waren zugleich die eifrigsten Rezipienten zeitgenössischer Geistesströmungen der europäischen Aufklärung. Anders als für die Fanarioten ging es dabei für die Aufsteiger weniger um die Befriedigung philosophisch-wissenschaftlicher Neigungen, als vielmehr um den Erwerb praktisch anwendbarer Kenntnisse und Fähigkeiten, von deren Nutzbarmachung der eigene gesellschaftliche Status abhängen konnte.

Neben Astronomie und Physik kam vor allem der Geographie in diesem Zusammenhang eine Schlüsselrolle zu. Geographische Werke westeuropäischer Autoren wurden damals eifrig zusammengetragen und ins Griechische übersetzt, wobei die Bearbeiter, wenn es um das osmanische Südosteuropa ging, ihre Textvorlagen meist mit eigenen Informationen ergänzten. In diesem Adaptionsprozess spielte «Europa» die Rolle einer zivilisatorischen Vergleichsgröße, an der die osmanische Realität gemessen wurde, was ihre Negativwahrnehmung stark beförderte, in mancher Hinsicht aber auch überhaupt erst begründete. Geographische Abhandlungen gehören darum zu den ältesten griechischen Texten, in denen säkulare Kritik an den bestehenden politischen und sozialen Verhältnissen im Osmanischen Reich artikuliert wurde. Ein in vielerlei Hinsicht aufschlußreiches Beispiel ist die «Moderne Geographie» («Geografia Neoteriki») von Daniil Filippidis und Grigorios Konstantas, in der es unter anderem heißt:

«Unter den Türken könnten die heutigen Griechen sehr glücklich leben wegen vieler guter Dinge, die sie anderswo entbehren müssen [...] wenn zwei Dinge fehlen würden, das eine beiden gemein, das andere aber nur den Herrschenden zu eigen: Wenn der religiöse Haß fehlen würde, den die Griechen gegen die Türken und die Türken gegen diese hegen. Die Unwissenheit ist auch hierfür der Grund. [...] Das andere ist die despotische Regierung, die im gesamten großen Staatsgebiet der Türken verbreitet ist und großes Übel für das Reich bringt, aber ebenso auch für jeden Einzelnen, Türken, Griechen und alle Einwohner. [...] Ach! Was für ein Reich könnte die Türkei sein! Wie furchteinflößend nach außen und wie glücklich im Inneren, wenn es nur gut verwaltet wäre. [...] Wenn der Sultan (im Original «Kaiser») *mit jedem bekannt wäre, würde er seinen Schaden sicherlich erkennen und eine Korrektur herbeiführen, aber für ihn ist die Welt nur die Hauptstadt und das Reich nur seine Paläste. [...] Der Sultan* (im Original «Kaiser») *[...] könnte die doppelten Einnahmen des Königs von Frankreich haben, wenn er eine andere Verwaltung hätte und das Land so kultiviert würde, wie es möglich wäre; in diesem Zustand hat er aber kaum ein Drittel davon.»*

Dieser Text wurde 1791 in Wien gedruckt, das sich damals zu einem Brennpunkt griechischer Publizistik entwickelte. Im selben Jahr erschien die erste griechische Zeitung, die kurzlebige «Efimeris», und etwas später, 1797, wurde dort auch das erste griechische Revolutionsmanifest mit dem Titel «*Neue politische Verwaltung der Einwohner Rumeliens, Kleinasiens, der mittelmeerischen Inseln und der Walacho-Moldau*» verfaßt. Es hatte die «Moderne Geographie» von Filippidis und Konstantas zum direkten Vorbild, trat aber anders als diese nicht mehr für Reformen ein, sondern rief zum allgemeinen Aufstand gegen die Herrschaft des Sultans auf. Stark an die französische Revolutionsverfassung von 1793 angelehnt, wurde darin die Schaffung eines als «Hellenische Republik» bezeichneten Staates propagiert, an dem alle Einwohner ohne Ansehen von Herkunft und Religion beteiligt sein sollten. Sein Verfasser, der aus Thessalien stammende Rigas Velestinlis bzw. Feraios (1757–1798), war als Sekretär in fanariotischen Diensten über Konstantinopel in die Donaufürstentümer gelangt, von wo er Anfang der 1790er Jahre nach Wien ging, um sich dort fortan als Übersetzer und Publizist zu betätigen. Zusammen mit seinem Verfassungsentwurf brachte Rigas auch eine Landkarte in Umlauf, auf der die ungefähren Grenzen seiner «Hellenischen Republik» abgebildet waren, zusammen mit einer Detailkarte von Konstantinopel und Umgebung sowie Lageplänen verschiedener berühmter Stätten des antiken Griechenland. Schon vorher hatte er ein Kriegslied verfaßt, den «Thourios», der in den folgenden Jahren große Popularität erlangte und in verschiedene Sprachen übersetzt wurde, darunter Serbisch, Russisch und Deutsch. Als Rigas sich Anfang 1798 mit einigen Gefährten aufmachte, um seine revolutionäre Botschaft im Osmanischen Reich zu verkünden – Hintergrund war die französische Ostmittelmeerexpedition unter Napoleon Bonaparte –, wurde er kurzerhand von der österreichischen Polizei festgenommen und den osmanischen Behörden übergeben, die ihn im Sommer desselben Jahres in Belgrad hinrichten ließen. Die Folge war, daß er schon bald als nationaler Märtyrer für die Sache der griechischen Freiheit wahrgenommen wurde.

Rigas' revolutionäre Publikationen bildeten den Auftakt zu einer ganzen Reihe ähnlicher Schriften, die ebenfalls stark unter dem Eindruck der Französischen Revolution und der durch sie ausgelösten politischen Umwälzungen standen. Dazu gehörten etwa das motivisch an den «Thourios» anknüpfende Gedicht «Kriegslied der in Ägypten für die Freiheit kämpfenden Griechen» von 1800 und das Pamphlet «Kriegsfanfare» von 1801. Verfasser beider Texte war Adamantios Korais (1748–1833), der als Leitfigur der griechischen Aufklärung und Wegbereiter der Nationalbewegung bekannt geworden ist. Er veröffentlichte 1803 auch ein politisches Essay mit dem Titel «Mémoire sur l'état actuel de la civilisation dans la Grèce», das in diesem Zusammenhang einen Schlüsseltext darstellt. Korais, der einer Händlerfamilie aus Chios entstammte, war, nachdem er für einige Jahre deren Kontor in Amsterdam geleitet hatte, nach Frankreich gegangen, um Medizin zu studieren. 1788 zog er nach Paris, wo er bis zu seinem Lebensende blieb und somit die Revolutionsperiode aus nächster Nähe miterlebte. Seine umfangreiche Publikationstätigkeit verfolgte ein didaktisches Programm im Sinne der Aufklärung, das jedoch ausdrücklich dem politischen Ziel der nationalen Emanzipation seiner Landsleute dienen sollte. Dies zeigt sich besonders in seinen systematischen Editionen altgriechischer Klassiker, deren Werke auf diese Weise einem breiten Lesepublikum zugänglich gemacht werden sollten; Korais versah sie zudem mit ausführlichen Vorworten, in denen er seine politische Programmatik erläuterte.

Der bei Rigas wie bei Korais zu beobachtende Rückgriff auf die Antike entsprach in hohem Maße dem damaligen europäischen Zeitgeist, der von einer idealisierten Wahrnehmung der griechischen Klassik und ihrer Erhebung zum universellen kulturellen und ästhetischen Paradigma gekennzeichnet war. Während dieses Idealbild im Westen jedoch vor allem als Bezugsgröße für ein okzidentales Europakonzept in Abgrenzung zum «unzivilisierten» Rest der Welt diente, erhielt es im Südosten eine akute politische Brisanz, weil es hier mit einer Wahrnehmung der modernen Griechen als Nachfolger der antiken Hellenen einherging. Diese Identifizierung im Sinne ungebrochener historischer Kontinuität wurde zu einem Kernelement griechischer Nationalideologie. Sie bildete die Grundlage dafür, die Herrschaft der osmanischen Türken nicht nur als ein historisches Unrecht wahrzunehmen, sondern ihre zukünftige Abschüttelung auch mit der Erwartung einer kulturellen Wiedergeburt der Griechen zu verbinden und ihre nationale Unabhängigkeit somit gar zu einem Anliegen der «zivilisierten» Welt zu erheben. Das Motiv der Wiedergeburt fand einen allegorischen Bildausdruck in der mythischen Figur des seiner eigenen Asche entsteigenden Vogels Phönix, der zu einem häufig verwendeten Emblem griechischer Nationalsymbolik wurde.

Die Geheimgesellschaft der «Filiki Etaireia»

Die Wiener Restaurationsordnung von 1815 schuf zwar zunächst ungünstige Bedingungen für nationalrevolutionäre Bewegungen jeder Art, jedoch hatte die vorausgegangene Phase der Kriege und politischen Umwälzungen auch eine erhebliche Schwächung der osmanischen Staatsmacht in Südosteuropa mit sich gebracht. Die Donaufürstentümer Moldau und Walachei waren nach langjähriger Besetzung

Zeitgenössische Allegorie von Hellas als einer in Lumpen gekleideten und von Wunden übersäten Frauengestalt vor antiken Ruinen, die durch Korais (links) und Rigas (rechts) aufgerichtet und zur Freiheit geleitet wird. Ein populäres Bildmotiv, das in zahlreichen Varianten kursierte.

durch Rußland (1806–1812) per Vertrag entmilitarisiert worden und standen somit nur noch theoretisch unter der Kontrolle der Pforte. Serbien, das erstmals 1804 revoltiert hatte, genoß seit dem zweiten Aufstand (1815–1817) eine faktische Teilautonomie und befand sich auf dem Weg zu einem souveränen Fürstentum. Schon vorher war es außerdem verschiedenen osmanischen Provinzmachthabern gelungen, beachtliche Teile des Balkanraums über lange Zeiträume der Kontrolle durch die Zentralregierung zu entziehen und eigene Herrschaften zu errichten. Osman Pazvantoğlu von Vidin (1758–1807) zum Beispiel rebellierte 1794 und beherrschte zeitweise ein Gebiet von der Ausdehnung des heutigen Bulgarien und Ostserbien. Pazvantoğlus Rebellion lieferte damals unter anderem Inspirationsstoff für die revolutionäre Vision von Rigas Velestinlis, der in seinem Kriegslied «Thourios» auch namentlich auf ihn verwies. Ali Tepedelenli (1741–1822) wiederum, der nach seiner Einsetzung als Pascha von Ioannina im Jahre 1788 mit Südalbanien, Epirus, Westmakedonien und Thessalien den gesamten Südwestbalkan unter seine Kontrolle brachte, regierte von 1807 an als de facto souveräner Alleinherrscher und unterhielt sogar diplomatische Beziehungen mit einigen europäischen Staaten. Erst 1822 konnte ihn die osmanische Zentralregierung nach langwierigen Kämpfen besiegen, woraufhin sein Kopf als Trophäe nach Konstantinopel gebracht wurde. Von der Rebellion Ali Paschas ging eine wichtige Beispielfunktion für den griechischen Unabhängigkeitskrieg von 1821 aus, zumal einige seiner prominentesten militärischen Anführer, darunter etwa Odysseas Androutsos (1790–1825), vormals in Alis Diensten gestanden hatten und somit aus eigener Anschauung wußten, daß die Macht des Sultans ihre Grenzen hatte. Zur Entstehung einer revolutionären Situation gehörte jedoch neben dem Bewußtsein der prinzipiellen Möglichkeit einer Revolte auch der Wille, sie aktiv herbeizuführen.

Voraussetzung dafür war eine deutliche Zunahme der Unzufriedenheit. Diese läßt sich im zweiten Jahrzehnt des 19. Jahrhunderts vor allem bei der aufstrebenden Unternehmer- und Intellektuellenschicht beobachten, die in engem Kontakt mit Mittel- und Westeuropa stand. Ihr Aufstieg beruhte in verschiedenster Hinsicht auf diesem Kontakt, einige hatten dabei auch in beachtlichem Maße von den Nebenwirkungen der Kriegsperiode profitieren können, die mit der Französischen Revolution von 1789 eingeleitet wurde und deren Ende sie mit der Perspektive drohender ökonomischer Rückschläge konfrontierte.

Deutliche Hinweise für diese Zusammenhänge liefert die bereits erwähnte, 1814 im russischen Odessa gegründete «Filiki Etaireia». Es handelte sich um eine Geheimgesellschaft, die in ihrem Aufbau vom Vorbild der Freimaurerlogen geprägt war und Ähnlichkeiten mit den italienischen Carbonari aufwies. In der Entwicklung der griechischen Nationalbewegung markiert sie einen Wendepunkt, denn sie war die erste Organisation, deren einziges Ziel erklärtermaßen in einem allgemeinen Aufstand zur Befreiung des Vaterlandes von der osmanischen Herrschaft bestand. Wenn dabei auch recht unklar blieb, welche konkrete politische Form diese Befreiung haben sollte und auf welches Gebiet sie sich bezog, d.h. was unter «Vaterland» eigentlich zu verstehen war und welche Grenzen es haben sollte, lag darin ein wesentlicher Unterschied zu den griechischen Bildungsvereinen, die etwa zur gleichen Zeit in beachtlicher Zahl an verschiedenen Orten entstanden. Deren Gründer waren oftmals illustre Persönlichkeiten, ihre Programmatik zielte auf die Verbreitung der Bildung im aufklärerischen Sinne und hatte somit nur eine latent nationalrevolutionäre Stoßrichtung.

Beispiele für solche Vereine sind die 1810 vom Metropoliten Ungarns und der Walachei, Ignatios, und dem Bojaren Grigori Brâncoveanu in Bukarest gegründete «Graiko-Dakiki Etaireia» («Gräko-Dakische Gesellschaft») oder die 1814 vom Bevollmächtigten des Zaren in Wien, Ioannis Capo d'Istria bzw. Kapodistrias, gegründete «Filomousos Etaireia Viennis» («Gesellschaft der Musenfreunde Wiens»).

Demgegenüber handelte es sich bei den Gründern der «Filiki Etaireia», Emmanouil Xanthos (1772–1852), Nikolaos Skoufas (1779–1818) und Athanasios Tsakalof (1788/90–1851), ebenso wie bei ihren ersten Mitgliedern ausnahmslos um Kaufleute mit eher mäßigem bis schlechtem Geschäftserfolg, die über keinen besonders ausgeprägten Bildungshintergrund verfügten. Sie bildeten somit eine Gruppe, für die der Gedanke an einen radikalen politischen Umsturz nicht zuletzt deswegen attraktiv erschien, weil sie keinen besonders hohen wirtschaftlichen und sozialen Status quo zu verteidigen hatten. Ihre stärkste Basis hatte die «Filiki Etaireia» nicht in den Gebieten, die später den griechischen Nationalstaat bildeten, sondern in Rußland sowie in den Donaufürstentümern Moldau und Walachei, wobei der Anteil von Personen, die sich erst vor kurzem dort niedergelassen hatten, beachtlich war. Erst mit großem Abstand folgten die Peloponnes mit einem guten Fünftel der dokumentierten Mitglieder sowie die seit 1815 unter britischem Protektorat stehenden Ionischen Inseln mit einem knappen Siebtel. In allen übrigen Zielgebieten, d. h. in Mittelgriechenland, Thessalien, Epirus, Makedonien, den Ägäisinseln und Westkleinasien, konnte die «Filiki Etaireia» dagegen höchstens zwei-, oftmals auch nur einstellige Mitgliederzahlen verzeichnen. Als nationale Befreiungsbewegung im eigentlichen Sinne kann die «Filiki Etaireia» somit entgegen ihrem eigenen Anspruch und Selbstverständnis nicht ohne weiteres bezeichnet werden, fehlte ihr dafür doch die notwendige Massenbasis. Mit Hilfe freimaurerischer Attitüden und Verschleierungspraktiken gelang es ihrer Führung aber immerhin, bei ihren Adressaten zumindest das Erscheinungsbild einer Massenorganisation mit straffer Hierarchie zu vermitteln und darüber hinaus erfolgreich das Gerücht zu verbreiten, daß an ihrer Spitze niemand Geringerer als der russische Zar stehe. In Wahrheit hatte es 1816 nur eine Kontaktaufnahme mit dem damaligen russischen Staatssekretär für Äußere Angelegenheiten, Ioannis Kapodistrias, gegeben, der die Aufstandspläne der Gesellschaft jedoch als unrealistisches Ansinnen von sich wies. Ihr Kontaktmann, Nikolaos Galatis (1792–1819), der wie Kapodistrias aus Korfu stammte, wurde übrigens wenige Jahre später auf Betreiben der «Filiki Etaireia» ermordet, weil er Führungsansprüche angemeldet und gedroht hatte, die Existenz der Gesellschaft offenzulegen.

Die Projektion auf den Zaren mochte zwar faktisch gegenstandslos sein, erfolgte aber keineswegs aus Zufall; seit den Zeiten Peters I. (1672–1725) traten die russischen Herrscher nämlich als potentielle Befreier ihrer orthodoxen Glaubensbrüder unter osmanischer Herrschaft auf. Diese in erster Linie politische Rhetorik nahm während der Kriege Katharinas II. (1729–1796) gegen das Osmanische Reich (1768–1774 und 1787–1792) und unter dem Vorzeichen ihres «Griechischen Projekts», der Schaffung einer orthodoxen Monarchie mit Konstantinopel als Hauptstadt, zwischenzeitlich durchaus konkrete Dimensionen an. So hatte etwa die russische Flottenexpedition in die Ägäis, die 1770 zum Seesieg bei Çeşme führte, einen allgemeinen Aufstand auf der Peloponnes und in Teilen Mittelgriechenlands ausgelöst, der zwar niedergeschlagen wurde, aber noch für Jahrzehnte als großes Ereignis im Gedächtnis der griechischen Öffentlichkeit verankert blieb. Mit ihrem Hinweis auf vermeintliche Beziehungen zu Rußland bediente die «Filiki Etaireia» somit eine latent vorhandene Erwartungshaltung zum Zweck der politischen Mobilisierung. In dieser Katalysatorfunktion lag ihre wesentliche Bedeutung für den griechischen Unabhängigkeitskrieg. Nach dessen Beginn konnte sie dagegen kaum noch Einfluß auf den Verlauf der Ereignisse nehmen und verschwand bald im Reich der nationalen Legende.

2. Der Unabhängigkeitskrieg (1821–1832)

Vor dem Hintergrund, daß wesentliche Impulse für die Nationalbewegung von den Diasporagemeinden ausgingen, ist es vielleicht bezeichnend, daß auch der griechische Unabhängigkeitskrieg nicht etwa auf dem Gebiet des nachmaligen Staates begann, sondern in einer Gegend, die weder damals noch später als griechisches Nationalterritorium betrachtet wurde.

Auftakt in Rumänien

Am 22. Februar 1821 überquerte Alexandros Ypsilantis (1792–1828) von Bessarabien aus mit einer etwa fünfhundert Mann starken Freiwilligentruppe den Fluß Pruth und fiel in das Fürstentum Moldau ein. Ypsilantis war ein in russischen Diensten stehender Offizier aus illustrer fanariotischer Familie, der als einer der wenigen Angehörigen dieses Milieus der «Filiki Etaireia» beigetreten war und im Jahr zuvor auch deren Leitung übernommen hatte. Nach erfolgreicher Flußüberquerung erreichte er mit seiner Einheit, die als «Heilige Kompanie» bekannt wurde, zwei Tage später die moldauische Hauptstadt Iași, die er ohne Gegenwehr einnahm. Sein nächstes Ziel war Bukarest, die Hauptstadt der Walachei, die er am 17. März 1821 erreichte und ebenfalls kampflos einnahm. Lange konnte er sich dort allerdings nicht halten, denn schon nach kurzer Zeit sah er sich weit überlegenen osmanischen Truppen gegenüber, die mittlerweile von Süden die Donau überquert hatten und mit russischer Erlaubnis in die entmilitarisierten Donaufürstentümer vorrückten. Die zurückweichende «Heilige Kompanie» wurde schließlich im oltenischen Drăgășani gestellt und im Juni 1821 vernichtend geschlagen.

Ypsilantis' Feldzug in den Donaufürstentümern sollte den Anstoß zu einer allgemeinen Erhebung gegen die osmanische Herrschaft geben, wie sie Rigas Velestinlis einst in seinem revolutionären Verfassungsentwurf propagiert hatte. Das erhoffte Echo blieb jedoch aus, da die große Masse der rumänischen Bevölkerung dem Aufstand verhalten bis negativ gegenüberstand, zumal sie als ihre eigentlichen Unterdrücker weniger die osmanischen Türken als vielmehr die einheimischen Bojaren und insbesondere die griechischen Fanarioten betrachtete. Auch ein ursprünglich geplantes Zusammengehen mit dem Pandurenführer Tudor Vladimirescu (ca. 1780–1821), der zeitgleich einen Aufstand in der Walachei begonnen hatte und im März 1821 mit Ypsilantis in Bukarest zusammentraf, erwies sich aus diesem Grund bald als illusorisch. Vladimirescu hatte im russisch-osmanischen Krieg von 1806–1812 als Irregulärer auf russischer Seite gekämpft und stand seit etwa 1819 in Kontakt mit der «Filiki Etaireia», die zu dieser Zeit auch zu anderen südosteuropäischen Revolutionären Verbindungen unterhielt, darunter dem Anführer des Ersten Serbischen Aufstands, Đorđe Petrović bzw. Karađorđe (ca. 1762–1817), sowie zu Fürst Miloš Obrenović (1783–1860). Nachdem Vladimirescu im März 1821 Verhandlungen mit den militärisch weit überlegenen Osmanen aufgenommen hatte, wurde er – vermutlich auf Veranlassung von Ypsilantis, der dies als Verrat betrachtete – umgebracht. Dieser Vorgang weist auf die Grenzen überregionaler Kooperation unter den osmanischen Balkanchristen hin und läßt das Scheitern der griechischen Revolte in den Donaufürstentümern als vorgezeichnet erscheinen.

Der Aufstand in Griechenland

Ganz anders verhielten sich die Dinge jedoch im Süden der Balkanhalbinsel, wo mittlerweile eine allgemeine Erhebung im Gange war. Sie wird üblicherweise auf den 25. März 1821 datiert, der als religiöses Fest von Mariä Verkündigung heute zugleich griechischer Nationalfeiertag ist, obwohl ihr tatsächlicher Beginn einige Tage früher gelegen haben dürfte. Die aufständischen Griechen formierten sich zeitlich abgestimmt an verschiedenen Orten der Peloponnes und Mittelgriechenlands, und es gelang ihnen relativ schnell, den Großteil dieses Gebiets unter ihre Kontrolle zu bringen. Die osmanischen Lokaltruppen wurden auf wenige Festungen zurückgedrängt, wo sie sich nach kurzer Belagerung ergaben. Nur das arkadische Tripolis, ziviles und militärisches Verwaltungszentrum der Osmanen, leistete länger Widerstand und konnte erst Ende September 1821 in einem blutigen Angriff eingenommen werden, der in ein brutales Massaker an der größtenteils muslimischen Stadtbevölkerung mündete. Noch im Frühjahr 1821 weitete sich der Aufstand auf die Ägäisinseln aus, allen voran Hydra, Spetses und Psara, die in den folgenden Jahren eine entscheidende Rolle im Seekrieg spielen sollten. Auch in Thessalien, Südwestmakedonien, auf der Halbinsel Chalkidiki, in Thrakien und anderen Gebieten bildeten sich Aufstandsherde, die jedoch zu schwach und isoliert waren, um reale Erfolgsaussichten zu haben, und deshalb schnell zerschlagen wurden.

Als sich die Nachricht von der Erhebung auf der Peloponnes verbreitete, kam es in verschiedenen Städten des Osmanischen Reiches zu Ausschreitungen gegen die griechische Bevölkerung, zu deren prominentesten Opfern der Patriarch von Konstantinopel, Gregor V. (1745–1821), gehörte. Dieser hatte zwar gemäß seiner Amtsverpflichtung als «millet başı» bzw. «Ethnarch» der orthodoxen Untertanen des Sultans die Aufständischen umgehend exkommuniziert; dennoch wurde er am Ostersonntag in vollem Ornat von einem hauptstädtischen Mob gelyncht, der sich dabei zumindest der wohlwollenden Billigung der osmanischen Staatsorgane sicher sein konnte. Ähnliches spielte sich im Juli 1821 auf der Insel Zypern ab, wo neben dem Erzbischof auch der gesamte höhere Klerus umgebracht wurde.

Diese Vorgänge zeigen, abgesehen von der Gewalttätigkeit, die den griechischen Unabhängigkeitskrieg insgesamt kennzeichnete, daß ihm auch von osmanischer Seite von Beginn an ein überregionaler Charakter zugeschrieben wurde, der über die Dimensionen einer lokalen Revolte hinausging. Zugleich machen sie deutlich, daß der Konflikt neben der nationalen auch eine religiöse Aufladung hatte. Tatsächlich verstanden ihn viele der aufständischen Griechen durchaus als einen Glaubenskrieg zwischen Christen und Muslimen, eine Sichtweise, die keineswegs nur in bildungsfernen Kreisen verbreitet war und sehr bald auch in eindeutigen Symbolen ausgedrückt wurde. Das sichtbarste war die Festlegung des Kreuzes als Zeichen des Aufstands, woraus später das Staatswappen und die Staatsflagge Griechenlands hervorgingen.

Sie wurde bereits im Rahmen der am 1. Januar 1822 verabschiedeten Revolutionsverfassung von Epidavros beschlossen, dem ersten derartigen Dokument mit gesamtnationalem Geltungsanspruch, das zugleich die erste offizielle Selbstbezeichnung der Aufständischen als «Hellenen» enthielt. Sie markiert somit einen wichtigen Schritt in der Entwicklung der Revolte zur nationalen Erhebung. Andererseits stellte sie jedoch nur eine Zwischenstation in einem Verfassungsgebungsprozeß dar, der schon in den ersten Monaten des Aufstands begonnen hatte und in der Folgezeit weitergeführt wurde. So bildeten sich bereits im ersten Kriegsjahr verschiedene Aufstandsregierungen, die ihre eigenen Lokalverfassungen verabschiedeten: eine auf der Peloponnes, zwei in Mittelgriechenland sowie weitere auf den Inseln. Erst im März 1823 wurden diese Lokalverfassungen formal annulliert, während die Lokalregierungen, die sie geschaffen hatten, noch jahrelang fortbestanden.

Die Akteure

Dies weist auf die außerordentlich starken Partikularkräfte im Lager der Aufständischen hin, die den Unabhängigkeitskrieg in seinem gesamten Verlauf maßgeblich prägten und ein wesentlicher Grund dafür waren, daß er wiederholt an den Rand des Scheiterns geriet. Das spiegelte nicht zuletzt die Heterogenität der einzelnen Teile des Aufstandsgebiets wider, die sehr unterschiedliche Eliten- und Klientelstrukturen aufwiesen, deren historische Wurzeln zum Teil weit in die Vergangenheit zurückreichten und die auch nach der Unabhängigkeit Griechenlands noch lange Zeit fortwirkten. Als Hauptregionen mit jeweils unterschiedlichem Profil lassen sich dabei die Peloponnes bzw. Morea, das mittelgriechische Festland bzw. Roumeli sowie die Ägäischen Inseln ausmachen.

Auf der Peloponnes dominierte eine Grundbesitzerelite ziviler Notabeln, die sogenannten Kotzampasides, die seit Anfang des 18. Jahrhunderts einen festen Bestandteil der osmanischen Herrschaft bildeten und über entsprechende Privilegien verfügten. Ihr Interesse bestand folglich in erster Linie darin, im Rahmen des Aufstands keine Veränderungen der Besitzverhältnisse an Grund und Boden zuzulassen und ihre Privilegien aus der Zeit vor dem Unabhängigkeitskrieg nach Möglichkeit zu verteidigen. Es ist daher kein Wunder, daß landsmannschaftlicher Partikularismus bei dieser Gruppe besonders stark ausgeprägt war. Dasselbe gilt für die Halbinsel Mani, die einen Sonderfall auf der Peloponnes darstellte, da sie wegen ihrer unzugänglichen Lage niemals unter direkte osmanische Kontrolle gelangt war und faktisch von einem Familienclan namens Mavromichalis beherrscht wurde.

Das mittelgriechische Festland hatte demgegenüber eine ganz andere Sozialstruktur. Sie war von kleinteiligem Grundbesitz, insgesamt schwacher Urbanisierung und eingeschränkter Anbindung dieser in weiten Teilen zerklüfteten Bergregion an das Meer geprägt. Hier dominierte eine militärische Elite irregulärer Krieger, die sogenannten Armatolen. Dabei handelte es sich um christliche Milizen, die von den Osmanen in Dienst genommen wurden, um die öffentliche Sicherheit auf Straßen und Wegen aufrechtzuerhalten; in der Regel taten sie dies jedoch eher schlecht als recht, da sie fließende Übergänge zu den von ihnen verfolgten Räuberbanden aufwiesen. Sie waren unter Druck geraten, als die Osmanen nach dem Orlow-Aufstand von 1770 begonnen hatten, bei der Vergabe solcher Milizaufträge muslimische Albaner zu favorisieren. Im Grunde stellte aber der Ausbruch des Unabhängigkeitskrieges für sie keine einschneidende Wende dar, zumal viele von ihnen schon vorher an der Revolte Ali Paschas von Ioannina beteiligt gewesen waren. Er bedeutete für sie kaum mehr als einen etwas veränderten Rahmen für die Fortführung ihres traditionellen Gewerbes als unabhängige Kriegsunternehmer, nicht aber einen radikalen Bruch mit der alten Ordnung. Dies erklärt auch, warum es besonders in diesem Milieu häufig zu Absprachen einzelner Truppenführer mit den Osmanen kam, die von individuell vereinbarter Waffenruhe bis hin zu temporären oder gar dauerhaften Seitenwechseln reichten.

Anders wiederum verhielten sich die Dinge auf den Ägäischen Inseln, die von allen drei Regionen in den Jahrzehnten vor dem Unabhängigkeitskrieg wirtschaftlich den stärksten Wandel erlebt hatten. Hier dominierte eine Elite eben jener Seekaufleute, die sich seit der zweiten Hälfte des 18. Jahrhunderts zunehmend erfolgreich im überregionalen Handel betätigt und dabei von günstigen außenpolitischen Entwicklungen wie dem 1774 geschlossenen Vertrag von Küçük Kaynarca profitiert hatten. In dieser Periode erlebten die Ägäisinseln nicht nur ein beachtliches Bevölkerungswachstum, sondern auch die Anhäufung von zum Teil beträchtlichen Privatvermögen, die in den Aufbau einer Handelsmarine investiert wurden und 1821 das finanzielle Rückgrat für den Seekrieg bildeten. Räumliche wie soziale Mobilität, nicht zuletzt aber auch der enge Kontakt zu Westeuropa machten diese Seekaufleute zu prädestinierten Rezipienten fortschrittlicher Ideen und beförderten in ihrem Milieu die Ausbildung einer Mentalität, die im weiteren Sinne durchaus als bürgerlich bezeichnet werden kann.

In dieser Hinsicht hatten sie Berührungspunkte mit der zahlenmäßig kleinen, aber wichtigen Gruppe der griechischen Intelligenzija aus den Metropolen des Osmanischen Reichs und den europäischen Diasporagemeinden, die sich nach Ausbruch des Aufstands eingefunden hatte, um daran mitzuwirken. Ihre Bildung qualifizierte sie für wichtige politisch-organisatorische Aufgaben, aber auch für diplomatische Funktionen; denn sie war das Sprachrohr des Aufstands in Westeuropa, was mit der Zeit ein Faktor von größter Bedeutung wurde. Als Zugewanderte, sogenannte «Heterochthone», ohne eigene Klientelnetze vor Ort, wurden sie allerdings von den einheimischen Eliten, den «Autochthonen», bald als Konkurrenten um Macht und Einfluß betrachtet, womit Konflikte vorprogrammiert wurden, die noch viele Jahre nach der Staatsgründung eine Rolle spielten.

Neben den bisher genannten Gruppen spielten auch solche Personen eine Rolle, die sich erst während des Aufstands als Freischärlerführer profilierten und deren Einfluß auf militärischem Prestige und persönlichem Charisma basierte, bei einigen aber auch darauf, daß sie als Wortführer der Besitzlosen auftraten. Ein Beispiel ist der aus ärmsten Verhältnissen stammende Ioannis Makrygiannis (1797–1864), der vor dem Unabhängigkeitskrieg Krämer gewesen war und nahezu als Analphabet Memoiren verfaßte, die als herausragendes historisches wie auch literarisches Dokument bekannt geworden sind. Ein anderes Beispiel ist Theodoros Kolokotronis (1770–1843), ein peloponnesischer Räuberhauptmann, der vor dem Aufstand einige Jahre auf den Ionischen Inseln beim britischen Militär gedient hatte und später zur wichtigsten militärischen Leitfigur des Aufstands wurde.

Zum Verständnis solcher Karrieren wie auch der zahlreichen inneren Konflikte im Lager der Aufständischen ist zu berücksichtigen, daß der griechische Unabhängigkeitskrieg weitgehend von Freischärlern getragen wurde, die keiner zentralen Leitung unterstanden und deren einziger Zusammenhalt auf der persönlichen und dementsprechend wechselhaften Loyalität der Mannschaften gegenüber ihrem jeweiligen Anführer («Kapetan») beruhte, dessen Loyalität gegenüber dem Aufstand in einigen Fällen ebenfalls wechselhaft war.

Etappensiege und Bürgerkriege

Immerhin gelang es den Aufständischen mit diesen Truppen 1822, den ersten großen Gegenangriff der Osmanen abzuwehren und den Unabhängigkeitskrieg vor einem frühen Scheitern zu bewahren. Nachdem Anfang des Jahres Ali Pascha in Ioannina endgültig besiegt worden war, zog ein osmanisches Heer von Epirus nach Süden, lief sich aber vor der westmittelgriechischen Stadt Messolongi fest, die sich der Belagerung widersetzen konnte, solange sie von See aus versorgt wurde. Eine weitere osmanische Streitmacht erreichte von Thessalien aus die Peloponnes ohne Widerstand, erlitt jedoch im Juli des Jahres in der Dervenakia-Schlucht bei Korinth eine vernichtende Niederlage gegen die von Kolokotronis geführten Aufständischen. Abgesehen von den beiden Landheeren entsandte die Pforte auch eine Kriegsflotte, die Ende März 1822 auf Chios landete, wo sie bis zum Sommer vor Anker lag, bis sie Ziel von Branderangriffen der Aufständischen wurde und sich schließlich in die Meerengen zurückzog. Während des langen Aufenthalts der osmanischen Flotte wurde die reiche Insel Ziel ausgiebiger

Plünderungen, an denen sich bald auch Gruppen vom gegenüberliegenden kleinasiatischen Festland beteiligten. Die dabei verübten Greueltaten an der Bevölkerung lösten einen Aufschrei der Empörung in der europäischen Öffentlichkeit aus und verliehen der dort bereits vorher schon vorhandenen philhellenischen Strömung einen gewaltigen Auftrieb. An vielen Orten kam es zu Spendenaktionen und zur Gründung von Unterstützungsvereinen für die Griechen. Großbritannien drohte der Pforte mit Abbruch der diplomatischen Beziehungen und erkannte die Aufständischen erstmals als kriegführende Partei an. Das Massaker von Chios wurde darüber hinaus von Dichtern wie Victor Hugo oder Adelbert von Chamisso literarisch verarbeitet und erlangte nicht zuletzt durch das berühmte gleichnamige Gemälde von Eugène Delacroix aus dem Jahre 1824 Bekanntheit. Es steht damit zugleich richtungweisend für die Entwicklung des griechischen Unabhängigkeitskrieges zu einem europäischen Medienereignis, was seinen weiteren Verlauf nicht unerheblich prägen sollte; denn zum ersten Mal in der neueren Geschichte Europas wurde die öffentliche Meinung zu einem Faktor, der politische Entscheidungen beeinflußte. Dabei hatte die Solidarisierung mit den aufständischen Griechen im Rahmen der repressiven Wiener Restaurationsordnung von 1815 für viele europäische Zeitgenossen durchaus auch eine politische Ventilfunktion.

Mit ihren militärischen Erfolgen des Jahres 1822 hatten sich die Aufständischen behauptet und zumindest bis auf weiteres Luft verschafft; allerdings brachen nun mit um so größerer Heftigkeit innere Konflikte hervor. Diese entzündeten sich an einem Verfassungsdisput, der 1823 und 1824 in zwei aufeinanderfolgende Bürgerkriege mündete. Nach der 1822 verabschiedeten Verfassung von Epidavros, die stark von der französischen Revolutionsverfassung von 1795 inspiriert war, sollte die zentrale Staatsgewalt von zwei einander völlig gleichgestellten Gremien ausgeübt werden: dem aus allgemeinen Wahlen hervorgehenden Parlament («Vouleftikon») und der «Exekutive» («Ektelestikon»), die in Anlehnung an das französische Direktorium aus fünf Mitgliedern bestand. Dieses vom Gedanken der Machtbalance geprägte Staatskonzept mochte geeignet sein, bei demokratisch gesinnten Kreisen in der europäischen Öffentlichkeit Sympathien zu wecken und dem Unabhängigkeitskrieg insgesamt ein westlich-modernes Außenprofil zu verleihen. Für die praktische Anwendung erwies sich jedoch das, was schon in Frankreich nicht funktioniert hatte, sehr schnell als völlig unbrauchbar, da es keinen Bezug zu den tatsächlichen Gegebenheiten im aufständischen Griechenland hatte. Deswegen war die zweite griechische Nationalversammlung, die Ende März 1823 im peloponnesischen Astros zusammentrat, bemüht, eine Korrektur durchzuführen, indem sie das Parlament stärkte. Der dabei zum Ausdruck kommende Zentralisierungsversuch scheiterte in der Praxis, weil er in hohem Maße vom Interessenkonflikt zweier Lager geprägt war: einerseits der «Archonten», die sich aus den zivilen Eliten zusammensetzten und das Parlament dominierten, andererseits der «Militärs», die in der «Exekutive» die Oberhand hatten. Die Entmachtung der «Exekutive» bedeutete insofern also auch einen Sieg der etablierten Eliten über die militärischen Aufsteiger, die sich damit jedoch nicht ohne weiteres abfanden.

Ihre Gegenreaktionen führten zum ersten Bürgerkrieg, der von November 1823 bis Juni 1824 dauerte. Den Auftakt lieferte die gewaltsame Vertreibung des Parlaments von seinem Tagungsort in Argos. Daraufhin wichen die Abgeordneten in das gegenüber der Insel Hydra gelegene Küstendorf Kranidi aus, wählten im Dezember 1823 eine neue «Exekutive» und schufen damit eine eigene Regierung. Die Militärs begaben sich im Gegenzug ins arkadische Tripolis, wo sie Anfang 1824 ein eigenes Parlament bildeten und somit eine zweite Regierung ins Leben riefen. Diese stand weitgehend unter peloponnesischem Einfluß, während die Regierung von Kranidi von den Insulanern und dem mittelgriechischen Freischärlerführer Ioannis Kolettis (1774–1847) dominiert wurde, der sich damals als feste Größe griechischer Parteipolitik etablierte. Unter Hinweis auf die Nationalversammlung von Astros konnte die Regierung von Kranidi größere Legitimität für sich beanspruchen als die von Tripolis; sie verstand es aber vor allem, diesen Anspruch auch im europäischen Ausland geltend zu machen, wo der Aufstand von einer zunehmend philhellenisch gesinnten Öffentlichkeit mit wachsender Anteilnahme verfolgt wurde. Dies ermöglichte ihr den Zugriff auf eine erste europäische Geldanleihe, die im Frühjahr

1824 unter Vermittlung britischer Banken in London für die Sache der griechischen Freiheit vereinbart wurde. Dieses Geld – genauer gesagt: die Aussicht auf dieses Geld, von dem später allerdings nur ein Bruchteil tatsächlich nach Griechenland gelangte – ermöglichte es ihr, Soldzahlungen in Aussicht zu stellen, worin der Schlüssel für ihren Sieg über die Gegenregierung in Tripolis lag.

War der damit beendete erste Bürgerkrieg vom Konflikt zwischen Militärs und zivilen Eliten geprägt, bildete der zweite Bürgerkrieg, der von November bis Dezember 1824 dauerte, in erster Linie einen Zusammenstoß zwischen den von den Insulanern unterstützten Mittelgriechen auf der einen und den Peloponnesiern auf der anderen Seite. Die Peloponnesier waren nach dem ersten Bürgerkrieg politisch weitgehend kaltgestellt worden und hatten deswegen ein Bündnis gebildet, das die zentrale und westliche Peloponnes kontrollierte. In Reaktion darauf entsandte die Regierung Truppen, die aus einer Koalition mittelgriechischer Freischärlerführer unter der Leitung von Kolettis bestanden und die Gegend in einem beispiellosen Plünderungsfeldzug verwüsteten. Die besiegten Peloponnesier wurden daraufhin entweder zur Flucht auf die neutralen Ionischen Inseln gezwungen oder, wie etwa Kolokotronis, kurzerhand ins Gefängnis gesteckt. Eine dauerhafte Stabilisierung stellte sich dadurch jedoch nicht ein, denn nur wenige Wochen später verschlechterte sich die militärische Position der aufständischen Griechen dramatisch.

Rückschläge und Internationalisierung

Im Februar 1825 landete im Südwesten der Peloponnes ein 17 000 Mann starkes ägyptisches Expeditionskorps, das modern bewaffnet und von französischen Militärinstrukteuren nach europäischen Standards ausgebildet worden war. Es wurde von Ibrahim Pascha (1789–1848) geführt, dem Sohn des damals nur noch formal dem Osmanischen Reich unterstehenden Vizekönigs von Ägypten, Muhammad Ali (1769–1849), dem die Pforte für seine militärische Hilfe die Insel Kreta und die Peloponnes versprochen hatte. Die Landung Ibrahims

Der Exodus von Messolongi, Ölgemälde von Theodoros Vryzakis 1855. Im oberen Bildteil streckt der thronende Christus seine Arme aus, während heranschwebende Engel Märtyrerkränze bereithalten. Religiöse Zuschreibungen waren von Beginn an Bestandteil der Medialisierung des Unabhängigkeitskrieges.

bedeutete ein Fanal für die Aufständischen, die diesen Truppen außer Störmanövern nach Guerillataktik nichts entgegenzusetzen hatten. Nachdem die Ägypter ihren Brückenkopf bei der Bucht von Navarino ungestört ausgebaut hatten, machten sie sich an die Eroberung der Peloponnes; im Juni 1825 besetzten sie das arkadische Tripolis und erreichten wenige Tage später die Stadt Argos im Nordosten der Halbinsel. Ein Durchmarsch bis zum Isthmus von Korinth wurde durch eine erfolgreiche griechische Gegenwehr bei den Mühlen von Lerna sowie logistische Probleme verhindert. Daraufhin zog das Korps in nordwestlicher Richtung durch die Peloponnes, um die Belagerung von Messolongi zu unterstützen, die von den Osmanen im Frühjahr 1825 wieder aufgenommen worden war. Anders als 1822 gelang es ihnen diesmal, die Stadt von der Seeversorgung abzuschneiden und auszuhungern. Messolongi fiel im April 1826, nachdem die Verteidiger in aussichtsloser Lage einen Sturmangriff unternommen hatten, bei dem die Mehrzahl von ihnen ums Leben kam, während die in der Stadt Zurückgebliebenen sich selbst in die Luft sprengten.

Der Exodus von Messolongi markierte einen militärischen Wendepunkt, denn nach der Einnahme dieser Stadt gelang es den Osmanen recht schnell, das mittelgriechische Festland wieder unter ihre Kontrolle zu bringen. Erleichtert wurde ihnen das durch den Umstand, daß einige Kapetane dieser Region keinen Widerstand leisteten, sondern die Verständigung suchten oder sogar überliefen. Im Juli 1826 erreichten die Osmanen Athen und belagerten die Akropolis. Damit waren die aufständischen Griechen von Norden und Süden in die Zange genommen und kontrollierten abgesehen von den Inseln – soweit diese nicht wie Kreta unterworfen oder wie Kasos und Psara zerstört worden waren – nur noch einen schmalen Gebietsstreifen im Nordosten der Peloponnes um die Städte Nafplion und Korinth.

Der Exodus von Messolongi markierte aber auch einen politischen Wendepunkt, denn der Untergang dieser Stadt, an deren Verteidigung viele namhafte Philhellenen teilgenommen hatten, darunter der berühmte englische Dichter Lord Byron (1788–1824), löste in Europa ein öffentliches Echo aus, das noch stärker war als vier Jahre zuvor nach dem Massaker von Chios. Erstmals zogen nun auch die europäischen Großmächte eine politische Intervention zugunsten der aufständischen Griechen in Erwägung. Schon am 4. April 1826, wenige Tage vor dem Ende der Belagerung, hatten Großbritannien und Rußland in St. Petersburg ein Protokoll unterzeichnet, das die Schaffung eines autonomen griechischen Staates unter osmanischer Oberherrschaft vorschlug, mit dem sich die beiden Großmächte aber zugleich auch als zentrale Vermittler für die Lösung des Konflikts aufstellten. Das Petersburger Protokoll, das im Jahr darauf durch eine entsprechende Vereinbarung zwischen Großbritannien und Frankreich ergänzt wurde, bildet somit den formalen Auftakt für den Positionswechsel dieser Staaten von interessierten Beobachtern zu beteiligten Akteuren und leitete zugleich eine Entwicklung ein, an deren Ende 1830 bzw. 1832 die Schaffung des Königreichs Griechenland als Produkt europäischer Großmachtdiplomatie stand.

Die Intervention der Großmächte beschränkte sich nicht allein auf das Feld internationaler Diplomatie, sondern nahm bald auch sehr viel handgreiflichere Formen an. Im Oktober 1827 versenkte ein britisch-französisch-russisches Geschwader, das bereits einige Monate lang in der Ägäis kreuzte, die ägyptische Invasionsflotte Ibrahims in der Bucht von Navarino. Mit dieser letzten Seeschlacht des Segelschiffzeitalters fiel eine erste wichtige Vorentscheidung für die griechische Unabhängigkeit. Sie wurde noch unterstrichen, als Rußland im Jahr darauf dem Osmanischen Reich den Krieg erklärte, mit seiner Armee fast bis Konstantinopel vorstieß und ihm 1829 den Friedensvertrag von Adrianopel aufzwang, der neben anderen Bestimmungen auch die Autonomie Griechenlands nach serbischem Vorbild enthielt.

Auch innerhalb des griechischen Aufstandsgebietes kam es in dieser Phase zu einer deutlichen Verstärkung des Engagements der drei Großmächte, die damals konsularische Vertretungen in den größeren Orten einrichteten – Rußland hatte solche allerdings schon seit dem Frieden von Küçük Kaynarca 1774 – und damit den Aufständischen eine quasistaatliche Anerkennung erteilten. Diese hatten im Herbst 1825 Wahlen zur Bildung einer dritten Nationalversammlung ausgerufen, die Anfang April 1826 im peloponnesischen Piada zusammentrat, ihre Arbeit jedoch kurz darauf wieder einstellen mußte. Wieder einmal lag der Grund in massiven Interessenkonflikten zweier Lager, die sich nun aber bezeichnenderweise nach den Großmächten nannten, denen sie sich verbunden sahen: das «englische» unter Führung von Ioannis Kolettis und das «russische» mit Theodoros Kolokotronis an der Spitze. Im August 1826 zerfiel die Nationalversammlung in zwei Fraktionen mit jeweils eigenen Tagungsorten. So begab sich die «englische» auf die Insel Ägina und die «russische» in das nahe bei Kranidi gelegene Dorf Ermioni. Erst nach langwieriger, von wiederholten bewaffneten Zusammenstößen der verfeindeten Lager unterbrochener Vermittlungstätigkeit britischer Diplomaten und Offiziere gelang es, die Abgeordneten zu einer gemeinsamen Versammlung zu bewegen, die im März 1827 im peloponnesischen Troizina zusammentrat.

Kapodistrias

Diese wählte kurz darauf einstimmig Ioannis Kapodistrias (1776–1831), den früheren russischen Staatssekretär für Äußeres, zum ersten Regenten («Kyvernitis») Griechenlands mit einer siebenjährigen Amtszeit. Kapodistrias hatte die Pläne der «Filiki Etaireia» seinerzeit zwar als unrealistisch abgelehnt, solidarisierte sich aber später mit seinen Landsleuten und warb in Westeuropa für den Aufstand. Mit ihm betrat ein Staatsmann von europäischem Format die politische Bühne, dem man zutrauen konnte, daß es ihm gelingen würde, der Sache der griechischen Unabhängigkeit nach innen wie nach außen Kontur zu verleihen. Er traf Anfang 1828 in Nafplion ein und begann unverzüglich ein umfangreiches Aufbauprogramm, das angesichts der schwierigen Rahmenbedingungen, die er vorfand, außerordentlich ehrgeizig, rückblickend vielleicht sogar etwas zu ehrgeizig war. So umfaßte es grundlegende Bereiche wie die Verwaltungsgliederung des Staates nach zentralistischem Muster, die Vereinheitlichung der Rechtsprechung sowie die Schaffung eines professionellen Militärs, das nicht nur in der Lage sein sollte, den Krieg fortzuführen, sondern auch die Regierungspolitik gegen innere Widerstände durchzusetzen. Kapodistrias schuf außerdem die ersten Ansätze eines staatlichen Bildungswesens sowie einer öffentlichen Sozialfürsorge und setzte darüber hinaus richtungweisende wirtschafts- und finanzpolitische Impulse. Dazu gehörten wichtige Neuerungen in der Landwirtschaft, darunter etwa die Einführung des Kartoffelanbaus, die Wiederbelebung des nach Jahren des Krieges darniederliegenden Seehandels unter anderem durch gezielte Bekämpfung der Piraterie, ferner die Gründung einer staatlichen Geschäftsbank sowie die Einführung einer Landeswährung mit dem symbolträchtigen Namen «Phönix». Dieser hatte allerdings keinen Bestand und verwandelte sich – um im Bilde zu bleiben – bald wieder in die Asche zurück, aus der er entstiegen war.

Für die Verwirklichung seines ambitionierten Programms konnte Kapodistrias sich auf kaum mehr stützen als auf Sachkenntnis und persönliches Ansehen, denn im Land gab es keine nennenswerten Finanzmittel, und von einem Auslandsdarlehen, das man ihm in Europa vor Annahme der Regentschaft unverbindlich in Aussicht gestellt hatte, wurde nach erheblicher zeitlicher Verzögerung lediglich ein Bruchteil ausbezahlt. Schlimmer noch: Für die Londoner Geldanleihe von 1824, auf die 1825 noch eine weitere gefolgt war, die ebenso wie die erste zum großen Teil in den Taschen griechischer Vermittler und europäischer Philhellenen versickerte, standen Rückzahlungen aus. 1829 mußte der Schuldendienst für diese offiziell eingestellt werden, so daß Griechenland das seltene Beispiel für einen Staat liefert, der schon vor seiner eigenen Unabhängigkeit in den Finanzbankrott geriet.

Angesichts der desolaten Ausgangslage war Kapodistrias um so mehr darauf bedacht, sich zumindest im Inneren uneingeschränkte Handlungsfreiheit zu sichern und etwaige Opposition nach Möglichkeit auszuschalten. Zu seinen ersten Amtshandlungen gehörte darum 1828 die Aussetzung der Verfassungsordnung, woraufhin er alle zentralen Entscheidungsbefugnisse auf sich selbst vereinigte. Die Errichtung seiner faktischen Alleinherrschaft geschah anfangs durchaus im Einvernehmen mit den einheimischen politischen Kräften; so hatte das Parlament der Aussetzung der Verfassung ausdrücklich zugestimmt und sich bei dieser Gelegenheit gleich selbst aufgelöst. Mittelfristig fand aber sein autokratisch-paternalistischer Regierungsstil immer weniger Zustimmung, und der Widerstand gegen sein rigides Modernisierungsprogramm wuchs stetig an. Die Opposition gegen ihn erhielt nach der französischen Julirevolution von 1830 noch zusätzlichen Auftrieb und kostete ihn schließlich das Leben. Im September 1831 fiel er einem Attentat zum Opfer, das von Angehörigen der Familie Mavromichalis verübt wurde. Diese hatte zuvor eine lokale Revolte auf der Mani begonnen, die Kapodistrias mit russischer Hilfe niederschlug, wobei er das Familienoberhaupt, Petrobey Mavromichalis (1765–1848), inhaftieren ließ. Der Mord an Kapodistrias mag als Akt atavistischer Blutrache eines traditionellen Clandenkens erscheinen, hatte jedoch weiterreichende politische Hintergründe; denn die Attentäter konnten bei ihrem Vorgehen auf die wohlwollende Unterstützung der britischen und französischen Konsulatsvertreter zählen, die möglicherweise sogar Drahtzieher des Anschlags waren.

Das Interesse Großbritanniens und Frankreichs richtete sich dabei auf eine Eindämmung des russischen Einflusses in Griechenland, als dessen Vertreter sie Kapodistrias ansahen. Dieses strategische Kalkül hatte bereits eine Rolle gespielt, als im August 1828 ein 14000 Mann starkes französisches Armeekorps unter Leitung von General Nicolas-Joseph Maison (1770–1840) auf die Peloponnes entsandt wurde, wo es bis 1833 stationiert blieb. Sein offizieller Auftrag bestand in der Entwaffnung des ägyptischen Expeditionskorps, tatsächlich sollte es jedoch auch als Gegengewicht zum wachsenden Einfluß Rußlands dienen, das zu jener Zeit Krieg gegen das Osmanische Reich führte und im Begriff war, es militärisch niederzuringen.

Anarchie

Nach Kapodistrias' Tod wurde die Regierungsgewalt von einem Triumvirat übernommen, das sich aus Theodoros Kolokotronis, Ioannis Kolettis sowie Avgoustinos Kapodistrias (1778–1857), dem jüngeren Bruder des ermordeten Regenten, zusammensetzte. Nachdem dieser zum Präsidenten ernannt worden war, machte er sich umgehend daran, seine beiden Konkurrenten kaltzustellen, was bald zu einer erneuten Spaltung führte. Kolettis sprach der Regierung von Avgoustinos Kapodistrias ihre Legitimität ab und begab sich mit seinen Anhängern nach Perachora bei Korinth, wo er seine eigene Regierung bildete. Wieder einmal standen sich somit zwei verfeindete Aufstandsregierungen gegenüber, auf der einen Seite die «Regierungsanhänger» («Kyvernitikoi») um Avgoustinos Kapodistrias und auf der anderen die «Konstitutionalisten» («Syntagmatikoi») um Kolettis. Den nachfolgenden Bürgerkrieg entschieden die «Konstitutionalisten» durch ihren Sieg in der Schlacht am Isthmus im März 1832 für sich.

Im Juni des Jahres beriefen sie erneut eine Nationalversammlung in Argos ein, die allerdings bald darauf gezwungen war, auszuweichen und den Tagungsort immer wieder zu verlegen, da das Aufstandsgebiet mittlerweile in allgemeiner Anarchie versank. Zu ihren letzten Amtshandlungen gehörte im Juli 1832 die einstimmige Bestätigung der zuvor von Großbritannien, Frankreich und Rußland beschlossenen Einsetzung Ottos von Wittelsbach (1815–1867) zum zukünftigen König von Griechenland. Als sie kurz darauf die Ausarbeitung einer neuen Verfassung für den unabhängigen Staat ankündigte, stieß dies auf eindeutige Ablehnung seitens der Großmächte, die im August des Jahres über ihre konsularischen Vertreter für die gewaltsame Auflösung der Nationalversammlung sorgten. Damit beseitigten sie jedoch zugleich das einzige noch verbliebene politische Vertretungsorgan des griechischen Unabhängigkeitskrieges.

3. Staatsgründung und «Bayernherrschaft» (1832–1862)

Die Staatsgründung Griechenlands war das Ergebnis einer Kette internationaler Verträge zwischen Großbritannien, Frankreich, Rußland und dem Osmanischen Reich. Nachdem 1829 in Adrianopel zunächst nur die Autonomie mit einem christlichen Fürsten unter osmanischer Oberhoheit vereinbart worden war, folgte im Londoner Protokoll vom 3.2.1830 die Festlegung auf einen souveränen Staat, der eine Erbmonarchie sein sollte. Als König wurde im Londoner Vertrag vom 7.5.1832 der damals noch minderjährige Sohn des Königs von Bayern bestimmt und zugleich Großbritannien, Frankreich und Rußland als Garantiemächte eingesetzt. In einem gesonderten Abkommen folgte zwei Monate später die Festlegung der Staatsgrenzen, die mit der Peloponnes, dem mittelgriechischen Festland sowie den Kykladen und Nördlichen Sporaden in etwa den historischen Raum des «klassischen Hellas» umfaßten. Diese Vertragskette hatte ihre Ursache im Unabhängigkeitskrieg und wäre ohne ihn sicher niemals zustande gekommen. Einmal in Gang gebracht, folgte sie jedoch ihren eigenen Mechanismen, die vom Krieg selbst allenfalls indirekt beeinflußt wurden, geschweige denn seinen tatsächlichen Verlauf widerspiegelten, denn ein beachtlicher Teil des Staatsgebiets befand sich bei Ende der Kampfhandlungen unter osmanischer Kontrolle.

Imperialismus und Philhellenismus

Die griechischen Unabhängigkeitsverträge folgten sowohl machtpolitischen als auch ideologischen Motiven, was auf den ersten Blick im Widerspruch zu stehen scheint, sich tatsächlich aber ergänzte. Erstere bezogen sich auf die Absteckung von Einflußsphären der Großmächte im südosteuropäisch-ostmediterranen Raum vor dem Hintergrund des Niedergangs des Osmanischen Reiches als regionaler Ordnungsmacht.

Die Schaffung eines christlichen Protektorats an der Südspitze der Balkanhalbinsel entsprach insofern langfristigen strategischen Interessen der beteiligten Staaten, obwohl vorerst noch offenblieb, wer sich dort mittelfristig als stärker erweisen würde: die Kontinentalmacht Rußland oder die maritimen Mächte Großbritannien und Frankreich. Diese Offenheit spiegelte sich nicht zuletzt in der Auswahl des Monarchen wider; denn mit dem bayerischen Prinzen wurde der Vertreter einer neutralen Mittelmacht eingesetzt, die einerseits keine allzu engen Bindungen zu einer der beteiligten Schutzmächte hatte, von der andererseits aber auch keine eigenen hegemonialen Bestrebungen in der Region zu befürchten waren.

Neben solchen machtpolitischen Überlegungen kam bei dieser Auswahl jedoch auch ein ideologischer Aspekt zum Tragen. Otto von Wittelsbach war der Sohn eines der prominentesten Philhellenen seiner Zeit, König Ludwigs I. von Bayern (1786–1868), der aus Begeisterung für die griechische Antike begonnen hatte, seine Residenzstadt mit klassizistischen Repräsentationsbauten zu schmücken. Er wollte überlieferungsgemäß «nicht ruhen, bis München aussieht wie Athen», war aber zudem entschlossen, aus Griechenland ein «Musterkönigreich» zu machen, das, wenn schon nicht direkt an den Glanz des antiken Hellas anknüpfen, so doch wenigstens bald in den Kreis der zivilisierten Staaten aufrücken und ein Leuchtturm europäischer Kultur im Orient sein sollte. Dieser Gedanke prägte die Vorstellungswelt romantischer Philhellenen in Westeuropa damals ebenso sehr wie die nationale Selbstwahrnehmung griechischer Bildungseliten. Einen symbolträchtigen Ausdruck fand dieses Programm in der 1833 beschlossenen Verlegung der Hauptstadt Griechenlands vom peloponnesischen Nafplion ins damals kaum besiedelte Athen, das daraufhin zu einer Residenzstadt mit klassizistischem Erscheinungsbild ausgebaut wurde, um ebenfalls «wie Athen» auszusehen, also der Imagination der glorifizierten griechischen Antike zu entsprechen.

Ludwig war aber durchaus kein verträumter Phantast. Zur Realisierung des griechischen Staatsbildungsprojekts stellte er seinem damals noch minderjährigen Sohn eine dreiköpfige Regentschaft aus einschlägig ausgewiesenen Fachleuten zur Seite und versäumte es auch nicht, ein 3500 Mann starkes Militärkontingent mitzuschicken, das für die nötige Durchsetzungskraft sorgen sollte und bis 1838 stationiert blieb. Bis zur Volljährigkeit Ottos im Jahre 1835 führten der vormalige bayerische Finanz- und Außenminister, Joseph Ludwig von Armansperg (1787–1853), der Professor für Rechtsgeschichte, Georg Ludwig von Maurer (1790–1872), sowie der Oberstleutnant Carl Wilhelm von Heideck (1788–1861) die Regierungsgeschäfte. Sie schufen in relativ kurzer Zeit wesentliche institutionelle Grundlagen des griechischen Staates, von denen einige bis heute Bestand haben. Vieles von dem, was Kapodistrias zuvor erfolglos versucht hatte, wurde nun verwirklicht. Allerdings hatte die bayerische Regentschaft dafür auch ungleich wirksamere Mittel zur Hand. Denn abgesehen von dem Militärkontingent, das sich bald als unverzichtbarer Garant für ihren Bestand erwies, konnte sie auch über einen Aufbaukredit von 60 Mio. Goldfrancs verfügen, den die Großmächte im Rahmen des Londoner Vertrags von 1832 bewilligt hatten. Ihre dauerhaftesten Verdienste lagen in der staatlichen Verwaltung, in der Rechtsordnung sowie im Bildungswesen. Neben der 1834 eingeführten allgemeinen Schulpflicht ist in diesem Zusammenhang die Gründung der Universität Athen im Jahre 1837 zu erwähnen, die als erste Bildungseinrichtung dieser Art in Südosteuropa zugleich ein wichtiges Prestigeprojekt im Sinne des «Musterkönigreichs» darstellte.

Wirtschaft, Gesellschaft und Politik bis zur Verfassungsrevolte von 1843

Die Erfolge, welche in den ersten Jahren der Unabhängigkeit in den genannten Bereichen erzielt wurden, dürfen jedoch nicht über die gewaltigen Schwierigkeiten hinwegtäuschen, mit denen der neue Staat konfrontiert war. Das Land war nach mehr als einem Jahrzehnt Krieg verwüstet, und die deutlich unter eine Million zählende Bevölkerung schrumpfte in den ersten Jahren aufgrund von Abwanderung. Bei ihrer Ankunft im Februar 1833 fand die bayerische Regentschaft Tausende beschäftigungsloser Kriegsveteranen vor, von denen ein akutes Sicherheitsrisiko ausging. Zu ihren ersten Amtshandlungen gehörte darum die Auflösung sämtlicher Freischärlerverbände aus der Revolutionszeit. Damit war das Problem aber nicht gelöst, denn stehendes Heer und Gendarmerie, die zur gleichen Zeit gegründet wurden, konnten, obwohl für die Verhältnisse eines Kleinstaats eindeutig überdimensioniert, nur einen Bruchteil dieser Veteranen absorbieren. Die Folge war eine massive Zunahme des Räuberunwesens, das die Regierung lange Zeit kaum in den Griff bekommen konnte.

Die Landwirtschaft, Lebensgrundlage für den überwiegenden Teil der Bevölkerung, stagnierte trotz verschiedener Reformversuche. So scheiterte etwa die bereits von Kapodistrias versuchte Verteilung der Nationalländereien – es handelte sich um vormals muslimischen Besitz, der im Zuge des Unabhängigkeitskrieges verstaatlicht worden war – am hartnäckigen Widerstand der einheimischen Grundbesitzerelite. Maßnahmen zur Kreditvergabe an landlose Bauern blieben ohne Ergebnis, während das aus osmanischer Zeit stammende System der Steuerpacht intakt blieb. Einziger Entwicklungssektor der griechischen Volkswirtschaft war und blieb für lange Zeit der Seehandel, dessen kontinuierlicher Aufschwung von staatlichen Maßnahmen wie der Gründung von Handelskammern und dem Aufbau eines Netzes von Konsulaten wirksam flankiert wurde. Zu den wichtigsten finanzpolitischen Schritten der bayerischen Regentschaft zählte die Einführung der Drachme als Landeswährung im Februar 1833 sowie die Gründung eines Rechnungshofes im Herbst desselben Jahres. Erst viel später kam es auch zur Einrichtung einer Nationalbank, die von 1842 an als erstes und für die folgenden Jahrzehnte einziges Kreditinstitut in Griechenland zugleich Noten- wie auch Geschäftsbank war. Dabei ist es bezeichnend, daß ihre Gründung nur durch die maßgebliche Mitwirkung des Schweizer Bankiers und Philhellenen Jean-Gabriel Eynard (1775–1863) ermöglicht wurde, der die Bank später zudem vor dem Zusammenbruch rettete, nachdem sie 1847 unter Druck britischer Kreditgeber geraten war.

Neben der starken Abhängigkeit von außen machten sich auch schwerwiegende innere Integrationsprobleme bemerkbar. Die regionalen Gegensätze, die während des Aufstands wiederholt zu Bürgerkriegen geführt hatten, waren mit der Unabhängigkeit ja keineswegs aufgehoben, sondern nur in zivilere Kanäle geleitet worden. Sie spiegelten sich in den drei sogenannten Auslandsparteien wider, deren Formierung bereits im Krieg begonnen hatte und die das politische Geschehen bis zur Mitte des 19. Jahrhunderts prägten. Ihre Bezeichnung als «englische», «französische» und «russische» Partei drückte eine allgemeine außenpolitische Orientierung ihrer Anhänger aus, darf jedoch nicht zum Fehlschluß verleiten, daß sie lediglich verlängerte Arme der Schutzmächte gewesen seien. Tatsächlich handelte es sich um Interessengruppen mit klar unterscheidbarem programmatischem Profil und mit jeweils unterschiedlichen Klientelen, die bis zu einem gewissen Grade regional zugeordnet werden können.

Die «englische» Partei stand für innere Konsolidierung und Modernisierung des Landes nach westeuropäischem Muster und sprach gesellschaftliche Kreise an, die im weiteren Sinne als liberal-bürgerlich charakterisiert werden können. Ihre stärkste regionale Basis hatte sie auf den Inseln und ihr bedeutendster politischer Vertreter war Alexandros Mavrokordatos (1791–1865), der bereits die erste Nationalversammlung von Epidavros geleitet hatte und später mehrfach Ministerpräsident wurde.

Die «französische» Partei vereinigte dagegen vor allem die irredentistischen Kräfte, die in der Abwägung zwischen innerer Konsolidierung und äußerer Expansion für letzteres eintraten. Sie sprach unter anderem Veteranen an, von denen viele die Staatsgründung gar nicht als das Ende des Unabhängigkeitskrieges begriffen, sondern eher als einen Waffenstillstand, auf den weitere Kämpfe folgen würden. Es ist vermutlich kein Zufall, daß die «französische» Partei ihre stärkste regionale Basis in Mittelgriechenland hatte, wo die Nordgrenze verlief und die jenseitigen Gebiete quasi in Sichtweite lagen. Geführt wurde sie von Ioannis Kolettis, der sich bereits im Unabhängigkeitskrieg einschlägig politisch profiliert hatte.

Die «russische» Partei schließlich war das Sammelbecken konservativer Kreise. Ihre stärkste regionale Basis lag auf der Peloponnes und als ihr politischer Vertreter trat Theodoros Kolokotronis, die militärische Leitfigur des Unabhängigkeitskrieges, hervor. Ihre Anhänger standen dem säkularen Staatskonzept des unabhängigen Griechenland mit tiefer Skepsis gegenüber. Insbesondere lehnten sie die 1833 per Regierungsdekret erfolgte Gründung der autokephalen griechisch-orthodoxen Kirche ab, an deren Spitze nach Muster protestantischer Landeskirchen der König als Staatsoberhaupt stand – um so mehr noch, als dieser König römisch-katholisch war und keinerlei Anzeichen machte, zur Orthodoxie überzutreten. Ihrer Meinung nach sollte die griechisch-orthodoxe Kirche dem Patriarchat von Konstantinopel unterstellt werden, das sie nach wie vor als ihr wahres Oberhaupt ansahen. Dieses hatte die Aufständischen 1821 in aller Form exkommuniziert und erkannte die griechische Autokephalie ebenfalls nicht an, woraus sich ein Konflikt ergab, der erst 1852 mit der Aufnahme regulärer Beziehungen beider Kirchen beigelegt wurde. Bis dahin blieb die Kirchenfrage in Griechenland ein Kernthema konservativer Kritik und diente zugleich als Vehikel für antiwestliche Ressentiments und modernisierungsfeindliche Strömungen. Eine Gruppe namens «Philorthodoxe Gesellschaft» bereitete 1839 sogar einen Staatsstreich vor, der sich gegen die Person des Königs richtete. Dieser wurde letztlich vereitelt, allerdings ist es bezeichnend, daß die Verschwörer, zu denen neben prominenten Kriegsveteranen auch der Innenminister gehörte, nicht hart verfolgt wurden. So konnte die «Philorthodoxe Gesellschaft» noch für mehr als ein Jahrzehnt weiterbestehen und insbesondere auf der Peloponnes ihre propagandistischen Aktivitäten entfalten. Die große Zurückhaltung der Regierung gegenüber den «Philorthodoxen» weist auf die Sensibilität der religiösen Thematik in der griechischen Gesellschaft hin, verdeutlicht aber auch das labile Kräfteverhältnis zwischen der Staatsführung und den einheimischen politischen Kräften.

Diese mochten unterschiedliche Klientele repräsentieren und große Abweichungen in ihrer Programmatik aufweisen, in dem Wunsch nach politischer Teilhabe jedoch stimmten sie überein. Mit der bayerischen Regentschaft war 1833 ein Regime installiert worden, das im wesentlichen per Dekret regierte und so gut wie keine Spielräume für eine demokratische Willensbildung zuließ. Diese absolutistische Regierungspraxis wurde nahtlos von König Otto fortgeführt. Bei Erreichen seiner Volljährigkeit 1835 richtete er zwar einen Staatsrat ein, dieser hatte jedoch rein beratende Funktion und bestand nur aus von ihm selbst ernannten Personen. Nachdem Armansperg als ehemaliger Leiter der Regentschaft 1837 entfernt worden war und sein Nachfolger, der bayerische Jurist Ignaz von Rudhart (1790-1838), noch im selben Jahr wieder das Weite gesucht hatte, setzte Otto seit 1838 zwar regelmäßig einheimische Politiker als Ministerpräsidenten ein, übte aber die Regierungsverantwortung praktisch alleinverantwortlich aus. Dies entsprach seiner ausgeprägten Neigung, möglichst viele Kompetenzen an sich zu ziehen, und seinem entsprechenden Unwillen, selbst unwichtige Regierungsabläufe zu delegieren. Die Berufung von Alexandros Mavrokordatos zum Ministerpräsidenten im Jahr 1841 läßt sich als halbherziges Zugeständnis an die wachsende einheimische Forderung nach politischer Teilhabe deuten, sie scheiterte aber genau daran, daß Mavrokordatos mehr Befugnisse forderte, als Otto zu übertragen bereit war.

Die Opposition gegen den königlichen Absolutismus nahm von dieser Zeit an stetig zu, wobei die Forderung nach einer Verfassung als gemeinsamer Nenner wirkte, der die Differenzen der verschiedenen politischen Lager zumindest zeitweise überbrückte. Dieses Ansinnen kam nicht von ungefähr, hatte es doch ein konkretes Vorbild in den Verfassungen des Unabhängigkeitskrieges, die den meisten Zeitgenossen noch in lebendiger Erinnerung waren. Außerdem konnten sie sich darauf berufen, daß die Einsetzung Ottos als König 1832 mit der ausdrücklichen Empfehlung der Großmächte einhergegangen war, eine Verfassung für Griechenland auszuarbeiten, einer Empfehlung, die allerdings unverbindlich gewesen war und daher von der Regentschaft leicht ignoriert werden konnte.

Am 3. September 1843 kam es zu einer von Politikern lancierten Revolte der Militärgarnison von Athen, die von der Bevölkerung unterstützt wurde und Otto dazu zwang, eine Verfassung zu gewähren. Mit ihrer Verabschiedung im März 1844 wurde Griechenland eine konstitutionelle Monarchie und erhielt ein parlamentarisches System, das für die Verhältnisse der Zeit als sehr fortschrittlich zu bezeichnen ist. So erfolgte damals bereits die Einführung des allgemeinen (Männer-) Wahlrechts, das in den meisten europäischen Staaten erst erheblich später realisiert wurde. Das demokratische Erscheinungsbild auf institutioneller Ebene wird noch durch den Umstand untermauert, daß angesichts des Fehlens einer effektiven staatlichen Zensurpolitik schon zu jener Zeit praktisch unbeschränkte Pressefreiheit herrschte. Von der Verfassungswirklichkeit wurde dies allerdings in vielerlei Hinsicht konterkariert, zumal es Otto in der Folgezeit immer wieder gelang, die Spielregeln demokratischer Mitbestimmung zu unterlaufen. Auf diese Weise führte er sein autokratisches Regime de facto fort, wobei er regelmäßig auf die Mitwirkung einheimischer Politiker zählen konnte. Einer von ihnen war der Führer der «französischen» Partei, Ioannis Kolettis, dessen Amtszeit als Ministerpräsident von 1844 bis zu seinem Tode 1847 nicht zu Unrecht als parlamentarische Diktatur von Königs Gnaden charakterisiert worden ist.

Die «Große Idee» («Megali Idea»)

Derselbe Kolettis hatte Anfang 1844 in einer Rede vor der verfassungsgebenden Nationalversammlung erstmals den Ausdruck «Megali Idea» («Große Idee») als politisches Motto verwendet, das bald zum Leitmotiv des griechischen Nationalismus wurde. Die zentralen Aussagen dieser Rede sind in vielerlei Hinsicht aufschlußreich, auch wegen ihrer direkten Bezugnahme auf den Unabhängigkeitskrieg von 1821:

«Ich erschaudere, wenn ich mich an jenen Tag erinnere, an dem wir den Eid für die Freiheit des Vaterlandes geleistet haben [...] Viele von denen, die damals geschworen haben, leben heute noch. Wie sehr müssen wir das Gewicht dieses Eides in dieser Stunde spüren, in der wir zusammengekommen sind, die Verfassung zu schreiben, dieses Evangelium unserer politischen Existenz, auf daß wir zukünftig zwei Evangelien haben mögen, das unserer Religion und das unserer politischen Existenz. Nach seiner geographischen Lage ist Griechenland das Zentrum Europas, es hat zur Rechten den Osten und zur Linken den Westen, und es ist ihm bestimmt, durch seinen Fall den Westen zu erleuchten, durch seine Wiedergeburt aber den Osten. Das erste haben unsere Vorväter schon erfüllt, das zweite aber ist

uns aufgetragen. Im Geiste dieses Eides und dieser Großen Idee kommt […] die Nationalversammlung zusammen, um nicht allein über das Schicksal Griechenlands, sondern des ganzen griechischen Geschlechts zu entscheiden. […] dieser Großen Idee des Vaterlandes, die erstmals im Lied des Rigas ausgedrückt wurde […] Wir schworen auf die Freiheit aller Christen unseres Bekenntnisses und aller Griechen, aber verschiedene Umstände haben uns auf ein kleines Gebiet beschränkt. Die Protokolle der drei Mächte gaben zwar uns die Unabhängigkeit, [nicht aber] unseren Brüdern, die außerhalb Griechenlands geblieben sind, obwohl sie wie wir den heiligen Kampf geführt haben […] nicht nur in den Provinzen Griechenlands, sondern auch in der europäischen Türkei und in Asien, denn auch dort erklang das Lied des Rigas.»

Die nationale Rhetorik der hier zitierten Passagen dürfte den Nerv vieler griechischer Zeitgenossen getroffen haben, wie die Karriere des Schlagworts «Megali Idea» in der Folgezeit belegt. Zugleich machen sie aber deutlich, daß es sich dabei weniger um ein konkretes außenpolitisches Programm handelte als vielmehr um einen Oberbegriff für verschiedene Ideen bzw. Visionen, die insgesamt nur wenig mit politischem Pragmatismus zu tun hatten. Dazu gehörte neben der starken Betonung des religiösen Bezuges vor allem das Motiv der «Erleuchtung des Ostens» als historischer Mission Griechenlands. Bezeichnenderweise hatte auch die Forderung nach Befreiung der «Brüder außerhalb» keinen konkreteren territorialen Bezug als die europäische Türkei und Asien, was potentiell das gesamte Osmanische Reich einschloß. Das Fehlen einer deutlicheren inhaltlichen Programmatik machte jedoch gerade die Stärke der «Megali Idea» aus. Da dieses Motto unterschiedliche Auslegungen zuließ, konnte es als ideologisches Bindeglied in einer Gesellschaft dienen, die ansonsten noch kaum integriert und von starken inneren Gegensätzen geprägt war.

Wirklich eindeutig war die «Megali Idea» eigentlich nur in der Botschaft, daß die Nationale Frage noch nicht gelöst sei und das Königreich Griechenland in seinen gegenwärtigen Grenzen nur ein Zwischenstadium darstelle, das überwunden werden mußte. Diese Auffassung blieb bis 1922 ein Grundaxiom des griechischen Nationalismus, wobei allerdings die Vorstellungen über die praktische Umsetzung lange Zeit auseinandergingen und keineswegs nur um territoriale Expansion kreisten. Das erklärt sich zum Teil daraus, daß angesichts der machtpolitischen Gegebenheiten im 19. Jahrhundert eine Gebietserweiterung Griechenlands zumindest aus eigener Kraft lange Zeit keine realistische Option war und es folglich nahelag, nach Alternativen zu suchen. Dazu gehörte etwa die Schaffung einer christlichen Balkanföderation oder die Hellenisierung des Osmanischen Reiches «von innen heraus», was der Wiedererrichtung des Byzantinischen Reiches gleichgekommen wäre, eine Vorstellung, die noch bis ins 20. Jahrhundert hinein die politischen Träume griechischer Nationalisten beflügelte.

Die in solchen und anderen Gedanken zum Ausdruck kommende Distanz zum griechischen Nationalstaat war indes nicht nur eine Folge seiner machtpolitischen Schwäche im 19. Jahrhundert, sondern hatte tiefere Wurzeln. Sie reflektierten auf ihre Weise die Tatsache, daß der unabhängige Staat damals nur einen kleinen Teil des griechischen Volkes umfaßte, das in seiner überwiegenden Mehrheit weiterhin als osmanische Untertanen lebte. Auch die wichtigsten Zentren griechischer Stadtkultur lagen jenseits der Staatsgrenzen. Das war neben Smyrna an der Westküste Kleinasiens vor allem Konstantinopel, dem als symbolischem «nationalem Zentrum» fast mythischer Stellenwert im Motivkanon der «Megali Idea» zukam. Schon die griechische Unabhängigkeit hatte nicht bloß unter dem Vorzeichen politischer Autonomie für ein kleines christliches Balkanvolk gestanden, sondern war von Beginn an mit Vorstellungen kultureller Wiedergeburt und damit verbundenen Missionen von geradezu weltgeschichtlicher Tragweite einhergegangen. Eine Schlüsselrolle spielte dabei der Rückgriff auf die glorifizierte griechische Antike, zu dem sich seit etwa Mitte des 19. Jahrhunderts auch entsprechende Projektionen auf das orthodoxe Byzanz gesellten. Diese fußten auf dem Gedankenkonstrukt der «helleno-christlichen» Zivilisation, einem Begriff, der bis weit ins 20. Jahrhundert hinein Kernstück nationaler Systemideologie in Griechenland blieb. Er wurde 1852 vom Hegelschüler Spyridon Zampelios (1815–1881) geprägt und dann vom Historiker Konstantinos Paparrigopoulos (1815–1891) in ein teleologisches Geschichtskonzept gefügt, das die

Kontinuität der griechischen Nation von den Anfängen bis zur Gegenwart betonte und zugleich den theoretischen Unterbau für die «Megali Idea» lieferte.

Mit derart prestigeträchtigen Referenzen wurde allerdings zugleich ein Erwartungshorizont geschaffen, vor dem der existierende griechische Staat im Grunde kaum mehr als eine Komparsenrolle beanspruchen konnte, sei es als Provisorium oder als Ausgangsbasis für historische Missionen – in jedem Fall aber nur als Mittel für höhere nationale Zwecke, nicht als nationaler Zweck an sich. Die «Megali Idea» war insofern vor allem eine gewaltige ideologische Hypothek. Wenn die Ideologie des Nationalismus anderswo zur staatlichen Integration beitrug und damit letztlich auch einen Beitrag zur Modernisierung leistete, wirkte sie in Griechenland eher in entgegengesetzte Richtung, da sie die Identifizierung von Nation und Staat stärker behinderte als förderte. Auf praktischer politischer Ebene äußerte sich das in einem notorischen Desinteresse, das nationale Aktivisten in dieser Periode gegenüber Belangen der Staatsräson an den Tag legten.

Dies zeigte sich während des Krimkriegs 1853–1856, der als internationaler Konflikt zugleich den ersten großen Testfall des griechischen Nationalismus seit der Staatsgründung markierte. Die militärischen Anfangserfolge Rußlands lösten in Griechenland Begeisterung aus, da sie das Ende der osmanischen Herrschaft in Südosteuropa anzukündigen schienen und daher als Gelegenheit zu radikalen politischen Umwälzungen, möglicherweise gar zur Verwirklichung der «Megali Idea» gedeutet wurden. Es kam bald zu einer Reihe lokaler Aufstände auf dem Gebiet der griechischen Irredenta nördlich der Staatsgrenzen, das heißt in Thessalien, Epirus und Makedonien, die von privaten Akteuren aus Griechenland in die Wege geleitet wurden. Diese Revolten waren militärisch chancenlos und dürften von der Hoffnung auf eine diplomatische Intervention der Großmächte motiviert gewesen sein. Was sich im Unabhängigkeitskrieg von 1821 auch tatsächlich als Schlüssel zum Erfolg erwiesen hatte, funktionierte nun jedoch nicht mehr, da sich die Mächtekonstellation gründlich verändert hatte. Die drei europäischen Staaten, die Griechenland gut zwanzig Jahre zuvor unabhängig gemacht hatten, waren jetzt Kriegsgegner. Großbritannien war nun vor allem darauf bedacht, den russischen Expansionsdrang nach Südosteuropa sowie zu den Meerengen einzudämmen, und hatte deshalb ein Interesse am Erhalt des Osmanischen Reiches und seiner territorialen Integrität. Für die griechischen Aspirationen war diese strategische Doktrin, die bis zum Ersten Weltkrieg mehr oder weniger unverändert blieb, natürlich ungünstig, wie man in Athen auch bald zu spüren bekam. Obwohl die Staatsführung sich – abgesehen von verbalem Säbelrasseln Ottos – strikt an die von London verordnete Neutralität hielt, wurde sie für die Aufstände haftbar gemacht. 1854 besetzten Großbritannien und Frankreich unter Berufung auf ihren Status als Schutzmächte Piräus und blockierten die übrigen Handelshäfen, womit sie die Wirtschaft des Landes lahmlegten. Diese Blockade wurde bis 1857, ein Jahr nach Ende des Krimkrieges, aufrechterhalten und demonstrierte unübersehbar, wo die Grenzen der Souveränität Griechenlands lagen. Es war übrigens nicht die erste Intervention dieser Art. Schon 1850 waren anläßlich der sogenannten Don Pacifico-Affäre griechische Häfen von Großbritannien blockiert worden, das auch in der Folgezeit nicht vor dem Einsatz solch handgreiflicher Mittel zurückscheute, um seinen Interessen als Hegemonialmacht Geltung zu verschaffen.

4. Modernisierung im Schatten der Nationalen Frage (1862–1912)

Die Vorgänge während des Krimkriegs lassen sich in mancherlei Hinsicht als Präzedenzfall des griechischen Irredentismus bezeichnen, der im weiteren Verlauf des 19. Jahrhunderts noch viele Neuauflagen erlebte. Das betrifft insbesondere den nationalen Aktionismus von privaten Akteuren und einer leicht zu mobilisierenden Öffentlichkeit, der mit politischem Pragmatismus wenig bis nichts zu tun hatte, aber im Zweifelsfall immer wieder die Oberhand über die Gebote staatlicher Vernunft erlangen konnte. Die Nationale Frage wirkte auf diese Weise als schwerwiegendes Hindernis für die innere Konsolidierung und Modernisierung des Landes.

Anfänge des Wandels

Erste Anzeichen von Modernisierung machten sich zu Beginn der 1860er Jahre bemerkbar, wofür unter anderem das Bevölkerungswachstum ein Indikator ist. Die Einwohnerzahl des Landes überstieg 1861 dauerhaft die Millionengrenze – gegenüber vier Millionen Griechen jenseits der Staatsgrenzen – und nahm von da an stetig zu. Dieser Zuwachs ging mit einem überdurchschnittlichen Anstieg der Stadtbevölkerung einher, in dem sich ein beginnender Wandel der Gesellschaftsstruktur abzeichnete. So ist es kein Zufall, daß in derselben Zeit auch die Anfänge einer Industrialisierung liegen, die sich allerdings fast ausschließlich auf der Ebene kleiner Betriebe vollzog und noch nicht zur Formierung einer Industriearbeiterschaft als sozialer Klasse führte. Den wichtigsten Wirtschaftssektor für Kapitalbildung stellte ohnehin nicht die Industrie dar, sondern nach wie vor die Handelsschiffahrt. Allerdings gewann auch die Ausbeutung von Bodenschätzen an Bedeutung und zog, wie im Fall der metallurgischen Vorkommen von Lavrion in Attika, ausländisches Kapital an. Dieses stammte oftmals von Diasporagriechen, die das Land damals als Investitionsfeld für sich entdeckten, was für die einheimische Wirtschaft allerdings zuweilen einen zweifelhaften Segen bedeutete. Insgesamt waren die Spielräume der Modernisierung begrenzt und mit strukturellen Problemen behaftet. Das betraf insbesondere die stetige Ausdehnung des öffentlichen Sektors, die ebenfalls in dieser Periode begann und eine der Ursachen für das Anwachsen der Städte war. Bereits damals geriet der Staat zunehmend in die Rolle eines der wichtigsten Arbeitgeber im Lande, was mittel- bis langfristig negative Auswirkungen auf die Entwicklung der Wirtschaft hatte.

Auch auf politisch-institutioneller Ebene setzte in den 1860er Jahren ein tiefgreifender Wandel ein. Nach dem Krimkrieg, dessen Nebenwirkungen zu Recht als nationale Schlappe wahrgenommen wurden, hatte König Otto nicht nur seine Popularität bei der Bevölkerung, sondern auch die Sympathien Großbritanniens endgültig eingebüßt. Im Herbst 1862 wurde er durch einen Offiziersputsch zum Verlassen des Landes gezwungen, woraufhin eine Übergangsregierung gebildet und eine Nationalversammlung einberufen wurde. Diese machte sich an die Ausarbeitung einer neuen Verfassung, die allerdings erst 1864 verabschiedet wurde, da die innenpolitische Lage instabil war und es zu Unruhen kam, die im Sommer 1863 sogar bürgerkriegsähnliche Züge annahmen. Sie waren Ausdruck eines vorübergehenden Machtvakuums, denn die Offiziere hatten zwar geputscht, waren aber – wie bereits 1843 – nicht in der Lage oder auch nur gewillt, selbst die Macht zu übernehmen. Auf der zivilen politischen Ebene hatte dagegen eine tektonische Verschiebung stattgefunden, da die «Auslandsparteien» sich im vorangegangenen Jahrzehnt aus verschiedenen Gründen erschöpft hatten. Das lag teils an inhaltlichem Profilverlust, teils an einer allgemeinen Diskreditierung europäischer Vorbilder nach dem Krimkrieg, nicht zuletzt aber auch am Generationswechsel, der sich ein Vierteljahrhundert nach der Staatsgründung bemerkbar machte. An ihre Stelle trat nun eine Konstellation zweier Parteien, die sich «Berg» und «Tal» nannten. Während der «Berg» einem parlamentarisch-demokratischen Staatskonzept anhing, strebte das «Tal» unter der energischen Führung von Dimitrios Voulgaris (1802–1878) ein bonapartistisch-autoritäres Modell an, das sich am zeitgenössischen französischen Vorbild Napoleons III. orientierte. Voulgaris' Versuche, die Macht zu ergreifen, führten zu gewalttätigen Auseinandersetzungen in Athen, die eine weitere Intervention der Schutzmächte auslösten. Deren Botschafter erzwangen die Einstellung der Kämpfe sowie die Bildung einer Übergangsregierung aus beiden Parteien.

Der «König der Hellenen»

Zum neuen Staatsoberhaupt war bereits im März 1863 der dänische Prinz Wilhelm von Sonderburg-Glücksburg (1845–1913) gewählt worden, der im Oktober als Georg I. den Thron bestieg. Anders als sein Vorgänger, der als «König von Griechenland» regiert hatte, lautete Georgs offizieller Titel «König der Hellenen», was symbolträchtig war, wurde damit doch der konstitutionell-demokratische Charakter der Monarchie unterstrichen. Tatsächlich lag ein zentraler Unterschied der Verfassung von 1864 gegenüber ihrer Vorgängerin in der festen Verankerung des Prinzips der Volkssouveränität. Während die Konstitution von 1844 ihrem rechtlichen Charakter nach nur ein Zugeständnis des souveränen Monarchen an das Volk gewesen war, wurde nun eindeutig das Volk als Quelle aller Staatsgewalt definiert. Nach diesem Konzept, das auch als «gekrönte Republik» bezeichnet wurde, sollte der König herrschen, aber nicht regieren – ein Prinzip, das allerdings in der Praxis bis zum endgültigen Ende der Monarchie im Jahre 1974 oftmals unterlaufen wurde. Zudem blieb zunächst unklar, welche Rolle das Parlament bei der Regierungsbildung spielen sollte, was zehn Jahre später zu einem Verfassungskonflikt führte. Insgesamt ist jedoch festzuhalten, daß Griechenland 1864 nicht nur formal, sondern auch tastsächlich zu einer konstitutionellen Monarchie wurde.

Der Titel «König der Hellenen» war jedoch auch noch in anderer Hinsicht symbolträchtig; er artikulierte nämlich indirekt einen Vertretungsanspruch für die griechische Irredenta jenseits der Staatsgrenzen. Tatsächlich erlebte das Land 1864 seine erste Gebietserweiterung seit der Staatsgründung, bezeichnenderweise jedoch nicht durch einen bewaffneten Aufstand, sondern durch einen diplomatischen Federstrich. Die bis dahin unter britischem Protektorat stehenden Ionischen Inseln wurden gewissermaßen als «Mitgift» für den neuen König übertragen, da mit Georg der Wunschkandidat Großbritanniens gewählt worden war. Seine Thronbesteigung markiert insofern auch die endgültige Durchsetzung Großbritanniens als dominierender Schutzmacht, eine Rolle, die es bis in die Zeit nach dem Zweiten Weltkrieg mehr oder weniger ungebrochen aufrechterhielt.

Mit den Ionischen Inseln kam ein Gebiet dazu, das bereits 1800 Eigenstaatlichkeit erlangt hatte und kulturell stark durch seine jahrhundertelange Zugehörigkeit zu Venedig geprägt war. Hier war die Heimat des Dichters Dionysios Solomos (1798–1857), dessen 1823 verfaßte «Hymne an die Freiheit» zum Text der griechischen Nationalhymne wurde. Er repräsentierte gemeinsam mit Andreas Kalvos (1790–1869), einem engen Freund von Ugo Foscolo (1778–1827), eine literarische Schule, die sich an der lebendigen Volkssprache orientierte und damit ein Gegengewicht zur Athenischen Literatur dieser Zeit bildete, welche von hochsprachlichen Konventionen dominiert war. Auch Platon Drakoulis (1858–1934) war hier beheimatet, ein früher Vertreter radikaler Gesellschaftsutopien und Herausgeber der ersten sozialistischen Zeitung in Griechenland, die unter dem Titel «Ardin» erstmals 1885 erschien. Der Anschluß der Ionischen Inseln trug somit auch zum Wandel des gesellschaftlichen und kulturellen Profils des Landes bei.

Dieser Wandel machte sich seit Mitte der 1860er Jahre in den verschiedensten Bereichen bemerkbar, wofür unter anderem der rasante Aufschwung des Vereinswesens ein Indikator ist. In den ersten Jahren nach dem Dynastiewechsel kam es zu einer regelrechten Welle von Vereinsgründungen, die zeitgenössische Beobachter ironisch als «Vereinswahn» («Syllogomania») charakterisierten. Diese Entwicklung wurde durch den Umstand begünstigt, daß die Verfassung von 1864 die Gründung von Vereinen erstmals ausdrücklich als Bürgerrecht verankerte. Sie hatte indes eine eigene Dynamik, in der zivilgesellschaftliche Impulse zum Tragen kamen, die jedoch weitgehend auf die Städte beschränkt blieben. Traditionelle Klientelbeziehungen, die auf zweisei-

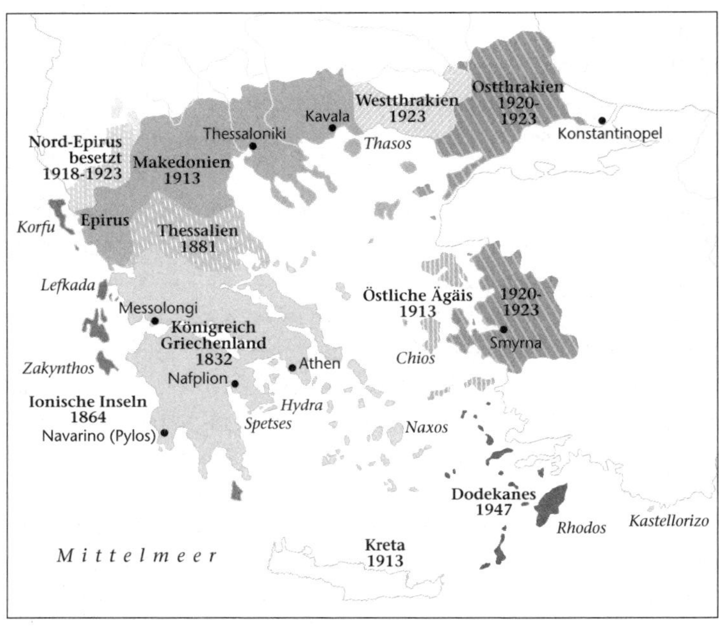

Die territoriale Entwicklung Griechenlands

tigem Austausch von Patron und Klient beruhten und informellen Charakter hatten, wurden auf diese Weise zwar nicht abgelöst, aber durch eine neuartige und komplexere Form gesellschaftlicher Netzwerkbildung ergänzt.

Die in Griechenland damals aus dem Boden schießenden Vereine hatten direkte Vorbilder in Smyrna und Konstantinopel, worin ein deutlicher Hinweis für die ungebrochene Bedeutung dieser beiden Zentren griechischer Stadtkultur jenseits der Ägäis liegt. In der osmanischen Hauptstadt war 1861 der «Griechische Philologische Verein von Konstantinopel» gegründet worden, der in vieler Hinsicht als ein Prototyp gelten kann. Als Bildungsverein erlangte er in der Folgezeit großen Einfluß auf die Organisation des griechischen Schulwesens im Osmanischen Reich, womit er zugleich das traditionelle Monopol der

Orthodoxen Kirche in diesem Bereich in Frage stellte. Sein Athenisches Gegenstück war der 1869 ins Leben gerufene «Verein zur Verbreitung Griechischer Literatur», dessen Aktivitäten allerdings von Beginn an viel stärker national-irredentistisch geprägt waren. Dies entsprach dem herausragenden Stellenwert, den die Nationale Frage damals in der öffentlichen Diskussion einnahm, ein Umstand, der den amerikanischen Botschafter in Athen, Charles Tuckerman, 1873 zu der Bemerkung veranlaßte, die «Megali Idea» sei nicht nur die bestimmende, sondern sogar die einzige Ideologie Griechenlands.

Irredentismus: Vom Kretischen Aufstand 1866 zum Berliner Kongreß 1878

Dabei ist zu berücksichtigen, daß die politischen Entwicklungen im Osmanischen Reich zu dieser Zeit auch immer wieder akute Anlässe dafür lieferten, die nationale Thematik ins Zentrum der öffentlichen Aufmerksamkeit zu rücken. Ein solcher war der Kretische Aufstand von 1866–1869, der sich ursprünglich an lokalem Unmut darüber entzündet hatte, daß das Hatt-ı-Hümayun von 1856, ein infolge des Krimkriegs erlassenes Reformedikt der Pforte, das die rechtliche Gleichstellung aller Untertanen ohne Ansehen der Religion vorsah, auf der Insel nicht umgesetzt wurde. Die aufständischen Kreter forderten «Enosis», Anschluß an Griechenland, wie zwei Jahre zuvor die Ionischen Inseln, oder zumindest politische Unabhängigkeit nach dem Vorbild der Insel Samos, die seit 1832 ein autonomes Fürstentum unter osmanischer Oberhoheit war. Die Erhebung hatte kaum Erfolgsaussichten, und schon nach wenigen Monaten zeichnete sich die militärische Niederlage ab. Ihr Fanal war die Selbstsprengung der Aufständischen im Kloster von Arkadi im November 1866, die im nationalen Gedächtnis bald einen ähnlichen Stellenwert erlangte wie der Exodus von Messolongi. In Griechenland hatte schon der Ausbruch des Aufstands ein gewaltiges Echo ausgelöst. In kürzester Zeit waren zahlreiche nationale Komitees entstanden, die Geld, Waffen und Material zu seiner Unterstützung sammelten, aber auch politischen Einfluß nahmen, indem sie dafür sorgten, daß die Rebellen ihre Maximalforderung nach «Enosis» aufrechterhielten, und maßgeblich dazu beitrugen, daß die aussichtslosen Kämpfe bis ins Jahr 1869 fortgesetzt wurden. Das Ende des Kretischen Aufstands von 1866–1869, der Teil einer langen Kette von Revolten auf dieser Insel war (1841, 1858, 1877/78, 1889, 1895–1898, 1906), ließ die Nationale Frage nur vorübergehend aus dem Fokus des öffentlichen Interesses rücken, zeichnete sich doch bald darauf ein neuer Konflikt ab, der sich mittelfristig als viel tiefgreifender erweisen sollte als die Kretafrage.

1870 wurde mit der Gründung des Bulgarischen Exarchats eine vom Patriarchat von Konstantinopel unabhängige bulgarisch-orthodoxe Nationalkirche geschaffen, die nach osmanischem Recht den Status eines eigenständigen «millets» hatte. Die Pforte kam damit einer zentralen Forderung der bulgarischen Nationalbewegung entgegen, die schon seit mehr als zwei Jahrzehnten um Befreiung von der kirchlichen Bevormundung durch Konstantinopel kämpfte, in der sie vor allem eine griechische Bevormundung sah. Dieser Kirchenkampf hatte mit dem Hatt-ı-şerif von 1839 begonnen und sich im weiteren Verlauf des Tanzimat verschärft. Allerdings lagen seine Wurzeln tiefer, denn schon im 18. Jahrhundert hatte der Mönch Paisij Chilendarski (1722–1773) für die Emanzipation seiner bulgarischen Landsleute von griechischer Bevormundung plädiert. Die Errichtung des Exarchats war insofern ein wichtiger Zwischenerfolg der bulgarischen Nationalbewegung, daran änderte auch der Umstand nichts, daß es vom Patriarchat von Konstantinopel nicht anerkannt und 1872 für schismatisch erklärt wurde; denn dies zementierte letztlich nur die neue Situation. Da dem Exarchat auch diejenigen Diözesen übertragen wurden, die mehrheitlich von Bulgaren bewohnt waren, lag darin zugleich eine Vorstufe zur Eigenstaatlichkeit Bulgariens, die in der Folge der großen Orientkrise von 1875–1878 Wirklichkeit wurde. Auch hier erwies sich der Einfluß der europäischen Großmächte als maßgeblich.

Nachdem 1875 in Bosnien-Herzegowina Unruhen ausgebrochen waren und Serbien und Montenegro dem Osmanischen Reich den Krieg erklärt hatten, kam es 1876 zu einem Aufstand in Bulgarien, dessen blutige Niederschlagung durch die Osmanen große Empörung in der westeuropäischen Öffentlichkeit auslöste und die Großmächte auf den Plan rief. Eine in Konstantinopel einberufene Botschafterkonferenz erhielt den Auftrag, die Pforte zu Reformen zugunsten der Balkanchristen zu bewegen. Zeitgleich jedoch traf Rußland Kriegsvorbereitungen und erklärte dem Osmanischen Reich im April 1877 den Krieg. Nachdem die russischen Truppen bis vor die Tore Konstantinopels vorgerückt waren, wurde Anfang 1878 ein Waffenstillstand geschlossen sowie etwas später im Friedensvertrag von San Stefano die Gründung eines bulgarischen Staates vereinbart, der sich von der Donau bis zur Ägäis und vom Schwarzen Meer bis zum Ochridsee erstrekken sollte. Großbritannien sah mit der Perspektive eines russischen Protektorats in unmittelbarer Nachbarschaft der Meerengen seine strategischen Interessen im Mittelmeer gefährdet und setzte daher alles an die Revision dieses Vertrages. Die heranziehende internationale Auseinandersetzung wurde auf dem Berliner Kongreß im Sommer 1878 beigelegt, der sich als richtungweisendes Exempel für internationales Krisenmanagement des «Konzerts der Großmächte» erwies; allerdings zeichneten sich dabei auch schon zukünftige Konfliktkonstellationen in der Region ab. In Berlin wurde erstmals das Prinzip der nationalen Selbstbestimmung ausdrücklich zum Kriterium für politische Grenzziehungen gemacht, zugleich aber auch der Schutz von Minderheitenrechten verankert. Bulgarien wurde unabhängig, bekam aber ein deutlich kleineres Staatsgebiet zugesprochen als im Vertrag von San Stefano, der somit für die folgenden Jahrzehnte den Zielhorizont des bulgarischen Irredentismus definierte. Rumänien, Serbien und Montenegro erhielten volle staatliche Souveränität sowie territoriale Zugewinne; allerdings kamen mit Bosnien und der Herzegowina die wichtigsten Zielgebiete des serbischen Irredentismus unter habsburgische Kontrolle. Griechenland, das sich weitgehend aus dem Konflikt herausgehalten hatte, bekam Thessalien und den südlichen Teil von Epirus zugesprochen, die nach zähen Verhandlungen über den genauen Grenzverlauf schließlich 1881 übertragen wurden. Diese zweite Gebietserweiterung seit der Staatsgründung, die ebenso wie die erste auf einen Großmachtbeschluß zurückging, bedeutete einen beachtlichen Erfolg für die nationalen Aspirationen des Landes; denn es handelte sich um eine Vergrößerung des Staatsgebiets um mehr als ein Drittel und eine Zunahme der Bevölkerung um etwa ein Viertel. Der griechische Irredentismus war damit aber bei weitem nicht neutralisiert, da die Erweiterung nur als Zwischenstufe für zukünftige Erwerbungen angesehen wurde, wie das auch in den übrigen christlichen Balkanstaaten der Fall war. Insofern leitete der Berliner Kongreß zugleich eine Periode national-irredentistischer Bewegungen in der Region ein, die um die verbliebenen Gebiete des Osmanischen Reichs in Südosteuropa kämpften und dabei sehr bald in heftige Konkurrenz zueinander traten. Das betraf vor allem Makedonien, das sich bis zum Vorabend des Ersten Weltkriegs zum zentralen Konfliktfeld entwickelte und maßgeblich zur internationalen Wahrnehmung des Balkans als Pulverfaß Europas beitrug.

Die Krise der Nationalideologie

Die durch den Berliner Kongreß herbeigeführte Neuordnung hatte neben den politischen Veränderungen auch Rückwirkungen auf das ideologische Koordinatensystem des griechischen Nationalismus, der sich bis dahin aus einer zwar nicht unbedingt pragmatischen, aber immerhin prinzipiell optimistischen Zukunftserwartung gespeist hatte. Diese basierte weniger auf der – tatsächlich sehr beschränkten – Inspirationskraft, die in dieser Hinsicht vom griechischen Staat ausging, als vielmehr auf der von kaum einem Zeitgenossen ernsthaft bezweifelten Annahme, daß die Tage des Osmanischen Reiches gezählt und die Griechen seine prädestinierten Erben seien. Hinzu kam der aus dem zivilisatorischen Missionsmotiv der «Megali Idea» abgeleitete Glaube an die Integrationskraft der griechischen Nation. Er war teilweise Ausdruck romantisch-philhellenischer Projektionen aus der Zeit der Staatswerdung, stützte sich aber nicht zuletzt auch auf die Erinnerung an die integrative Rolle, die griechische Sprache und Kultur in vormoderner Zeit für die osmanischen Balkanchristen gespielt hatten.

Eben diese Grundannahmen wurden mit den Entwicklungen der 1870er Jahre fundamental in Frage gestellt. Die südosteuropäischen

Nationalbewegungen zeigten nicht nur, daß das Bild der Griechen als designierter Erben der Osmanen eine naive Wunschvorstellung war, sondern widerlegten auch in denkbar deutlicher Form die Annahme, daß die griechische Nation über eine besondere Integrationskraft verfügte. Dies um so mehr, als sie sich, wie die Bulgaren, sogar in ausdrücklicher Abgrenzung zu griechischer Kultur und Sprache formiert hatten. Selbst die Albaner, die in Griechenland bis dahin als integrierbares Brudervolk, wenn nicht gar als griechische Volksgruppe mit antiken Wurzeln betrachtet wurden – immerhin war ein Gutteil der Bevölkerung des Staatsgebiets von 1832 albanischsprachig, ebenso wie viele berühmte Militärführer des Unabhängigkeitskrieges von 1821 –, zeigten nun den erkennbaren Willen, eigene nationale Wege zu gehen, was sich erstmals während der Krise von 1877/78 erwies.

Die neue Lage ließ somit die überkommenen Denkmuster in Frage stellen und hatte eine ideologische Umorientierung zur Folge, bei der die vormals eher optimistischen Perspektiven des griechischen Nationalismus durch pessimistische abgelöst wurden. Diese fanden ihren Niederschlag in neuartigen Stereotypen und Feindbildern, bei denen ethnische Zuschreibungen gegenüber kulturell-konfessionellen Bezügen zunehmend an Bedeutung gewannen und von denen einige eine erstaunliche Langzeitwirkung entfalteten. Dazu gehörte neben dem Motiv der Griechen als «bruderloser Nation» inmitten feindlicher Nachbarn vor allem das Drohbild einer «slawischen Flut», zu deren Abwehr die Griechen aufgerufen seien. Beide Vorstellungen wurden erstmals Ende der 1870er Jahre formuliert und erlebten in der Folgezeit noch zahlreiche Neuauflagen, die bis in die jüngste Vergangenheit reichen. Sie gingen einher mit der Konstruktion vermeintlicher «historischer Erbfeindschaften» zwischen Griechen und Slawen, insbesondere Bulgaren, die gern auf das Mittelalter zurückprojiziert wurden, tatsächlich aber von den aktuellen national-irredentistischen Konflikten inspiriert waren, die sich in den kommenden Jahrzehnten stetig verschärften.

Die Durchsetzung des Parlamentarismus

Diese Konflikte dominierten nicht nur die Außenpolitik Griechenlands bis zum Ersten Weltkrieg, sondern wirkten in vielfältiger Weise auch auf die inneren Entwicklungen des Landes zurück. In den 1870er Jahren waren diese von weiteren Verschiebungen in der Parteienlandschaft sowie einer Verfassungskrise geprägt, die 1875 ihren Höhepunkt erreichte. Die aus «Berg» und «Tal» bestehende Zweiparteienkonstellation aus der Zeit des Dynastiewechsels hatte sich im weiteren Verlauf der 1860er Jahre zu einem Vierparteiensystem ausdifferenziert, das bis zu einem gewissen Grade auf persönlichen Netzwerken und Loyalitäten gegenüber dem jeweiligen Parteiführer beruhte, darüber hinaus aber auch unterschiedliche programmatische Richtungen repräsentierte.

Politische Hauptkontrahenten jener Zeit waren der bereits erwähnte Dimitrios Voulgaris, dessen «Tal»-Partei ein ausgeprägt traditionalistisches Profil hatte, und Alexandros Koumoundouros (1817–1883), der die «Berg»-Partei leitete und als gemäßigter Modernisierer charakterisiert werden kann. Er schritt 1871 zur Aufteilung der Nationalländereien und löste damit ein Problem, das schon Kapodistrias und die bayerische Regentschaft beschäftigt hatte. Daneben trat die 1863 ursprünglich als «Nationalkomitee» gegründete Partei von Epameinondas Deligeorgis (1829–1879), die eine Reform des Staatsapparats forderte und außenpolitisch für einen griechisch-osmanischen Ausgleich eintrat. Ohne ausgeprägte inhaltliche Programmatik und somit typisches Beispiel für eine Personenpartei war schließlich die Gruppierung von Thrasyvoulos Zaimis (1822–1880), dem Sohn eines prominenten Unabhängigkeitskämpfers aus der Peloponnes. Er wurde erstmals 1869 als Ministerpräsident vereidigt, geriet jedoch im Jahr darauf aufgrund der Dilesi-Morde, bei denen Angehörige einer britischen Reisegruppe vor den Toren Athens ums Leben kamen, unter Druck und wurde zum Rücktritt gezwungen.

1871 spaltete sich eine Gruppierung von der «Berg»-Partei ab, die wegen der bis dahin bestehenden Viererkonstellation zunächst als

«Fünfte Partei» bezeichnet wurde und sich später «Modernisierungspartei» («Neoterikon Komma») nannte. An ihrer Spitze stand Charilaos Trikoupis (1832–1896), der als einer der bedeutendsten griechischen Politiker des 19. Jahrhunderts in die Geschichte eingegangen ist. Trikoupis gab wie Koumoundouros der wirtschaftlichen und gesellschaftlichen Modernisierung eindeutige Priorität vor national-irredentistischen Abenteuern. Während Koumoundouros jedoch die Neugestaltung des Landes aus eigener Kraft und mit entsprechend behutsamen Schritten vorantreiben wollte, war Trikoupis davon überzeugt, daß dies nur mit einer drastisch beschleunigten Entwicklung und einer stärkeren Einbindung Griechenlands in die internationalen Wirtschafts- und Finanzkreisläufe gelingen könnte.

Auf innenpolitischer Bühne profilierte er sich als streitbarer Vorkämpfer für den Parlamentarismus gegen die Macht des Königs, der damals unter Ausnutzung seiner Stellung als Staatsoberhaupt häufig ins politische Tagesgeschehen eingriff, in Übertretung seiner verfassungsmäßigen Kompetenzen eigenmächtig Regierungen vereidigte und entließ und damit die Rechte des Parlaments untergrub. Trikoupis sah in der Interventionspraxis des Monarchen die Hauptursache für die politische Instabilität und die Entwicklungsprobleme des Landes. Er formulierte seine Kritik in einem berühmten Artikel, der am 29. Juni 1874 in der Tageszeitung «Kairoi» publiziert wurde und den vielsagenden Titel «Wer ist schuld?» («Tis ptaiei?») trug. Dieser Artikel brachte ihm eine strafrechtliche Verfolgung ein und veranlaßte den damaligen Ministerpräsidenten Dimitrios Voulgaris zur Vorbereitung eines parlamentarischen Putsches. Dazu kam es jedoch nicht, da König Georg sich angesichts der starken öffentlichen Unterstützung für Trikoupis zum Einlenken gezwungen sah und diesen im April 1875 mit der Regierungsbildung betraute. Trikoupis nahm unter der Bedingung an, daß umgehend Parlamentswahlen ausgerufen und ohne die bis dahin üblichen Wahlfälschungen und -beeinflussungen durchgeführt würden. Dies wurde tatsächlich umgesetzt, führte allerdings zu einem Wahlsieg von Koumoundouros, dessen Partei die absolute Mehrheit erreichte. In einer von Trikoupis verfaßten Thronrede verpflichtete sich König Georg im Sommer 1875, zukünftig nur noch Politikern die Re-

Eröffnung des Kanals von Korinth 1893

gierungsverantwortung zu übertragen, die eine Stimmenmehrheit im Parlament hatten. Die Anerkennung dieses Prinzips «des erklärten Vertrauens» («tis dedilomenis») markiert einen historischen Wendepunkt, denn mit ihm wurde in Griechenland die parlamentarische Demokratie faktisch etabliert und fest im politischen System verankert. Damit einhergehend bildete sich erneut eine Zweiparteienkonstellation aus der «Modernisierungspartei» von Trikoupis und der in «Nationalpartei» («Ethnikon Komma») umbenannten Partei von Koumoundouros, an deren Spitze nach dessen Tod 1883 Theodoros Diligiannis (1820–1905) trat.

Die wirtschaftliche und gesellschaftliche Entwicklung unter Charilaos Trikoupis

Nachdem Trikoupis 1882 erstmals eine stabile Parlamentsmehrheit hatte erringen können, bekleidete er mit wenigen Unterbrechungen bis 1895 das Amt des Ministerpräsidenten. Diese Regierungsperiode stand unter den Vorzeichen eines umfassenden Reformprogramms, das auf die Modernisierung des Landes in großen Sprüngen abzielte. Seine Kernpunkte lagen im Ausbau der Infrastruktur, wobei neben Landgewinnungsaktionen als spektakulärste Projekte die Öffnung des Kanals von Korinth (1893) sowie die Schaffung eines Eisenbahnnetzes zu nennen sind, das von 1882 bis 1893 von neun auf 914 Streckenkilometer erweitert wurde.

Weitere Maßnahmen betrafen die Modernisierung der staatlichen Bildung sowie die Professionalisierung von öffentlichem Dienst und Streitkräften, wobei letztere mit massiven Rüstungsausgaben insbesondere für die Kriegsmarine einhergingen. Auf institutioneller Ebene ist ferner die Einrichtung vergrößerter Wahlkreise zu erwähnen, die primär auf die Schwächung des in der Provinz vorherrschenden Honoratiorenklientelismus zugunsten der Stärkung von Parteiloyalitäten abzielte, als willkommenen Nebeneffekt aber auch eine Reduzierung der übergroßen Zahl der Parlamentsabgeordneten von 240 auf 150 gestattete.

Das von Trikoupis eingeleitete Strukturprogramm verursachte enorme Kosten, die mit den bescheidenen einheimischen Mitteln nicht einmal ansatzweise zu bewältigen waren und daher weitgehend mit Auslandskrediten finanziert wurden. Dies war möglich, weil Griechenland 1879 wieder Zugang zu den internationalen Finanzmärkten erhielt, von denen es 1843 ausgeschlossen worden war, nachdem es im Zuge der Verfassungsrevolte vom 3. September Staatsbankrott erklärt hatte. Von 1879 bis 1890 wurden nicht weniger als sieben Auslandsanleihen aufgenommen, die bald in einen Teufelskreis galoppierender Überschuldung führten und 1893 in einen weiteren Staatsbankrott mündeten. Diese Entwicklung mag auf den ersten Blick als klassischer

Fall von verantwortungsloser Haushaltspolitik erscheinen, hatte tatsächlich aber weit komplexere Ursachen.

Dabei ist zunächst zu berücksichtigen, daß die wirtschaftlichen Konjunkturperspektiven des Landes zu Beginn der 1880er Jahre sehr günstig schienen. Der Weltmarktpreis für Korinthen, das damalige Hauptexportprodukt, erreichte ungeahnte Höhen, nachdem die französischen Weinstöcke Ende der 1870er Jahre von Mehltau befallen worden waren. Die gesteigerte Nachfrage nach griechischen Korinthen führte bald zu einem regelrechten Boom und generierte Einkünfte, mit denen die Bedienung des Schuldendienstes zunächst ohne weiteres gesichert schien. Abgesehen davon war mit Thessalien 1881 ein Gebiet angegliedert worden, das als Getreidekammer prädestiniert war und somit eine zukünftige Unabhängigkeit von Agrarimporten versprach, die seit der Staatsgründung den Hauptposten im griechischen Außenhandelsdefizit bildeten.

Beide Perspektiven erwiesen sich als trügerisch. Der Korinthenpreis brach 1893 zusammen, nachdem Frankreich, dessen Weinstöcke sich mittlerweile wieder erholt hatten, mit Schutzzöllen und anderen protektionistischen Maßnahmen begann, seine zuvor verlorenen Marktanteile zurückzuerobern. Die Auswirkungen auf die griechische Landwirtschaft waren dramatisch, zumal viele Gegenden im vorangegangenen Jahrzehnt zur Monokultur der Korinthe übergegangen waren und daher um so stärker vom Nachfrageeinbruch getroffen wurden. Die dadurch ausgelöste Krise bildet den Hintergrund für die erste große Welle griechischer Arbeitsmigration nach Übersee und insbesondere in die USA, die um die Mitte der 1890er Jahre einsetzte und in deren Verlauf bis zum Beginn des Ersten Weltkriegs mit rund 350 000 Personen vorwiegend männlichen Geschlechts etwa ein Sechstel der Gesamtbevölkerung abwanderte.

Auch die Hoffnungen auf eine Unabhängigkeit von Getreideimporten, die der Anschluß Thessaliens geweckt hatte, wurden enttäuscht. Die Landwirtschaft war hier von Çiftlik-Gütern geprägt, einer osmanischen Form von Großgrundbesitz mit spezifischen Eigentums- und Nutzungsverhältnissen, die ein strukturelles Hindernis für technologische Innovation und Intensivierung der äußerst primitiven Produktionsmethoden darstellten. Mit der Angliederung an Griechenland änderte sich daran im wesentlichen nichts; allerdings verschlechterte sich die Situation der Çiftlik-Bauern massiv, da sie mit dem Übergang vom osmanischen zum griechischen Rechtssystem von einem Tag auf den anderen ihre vormaligen Schutzansprüche einbüßten und auf den Status von kündbaren Pächtern reduziert wurden. Damit entstand ein soziales Langzeitproblem, das sich in einer Reihe gewalttätiger Konflikte niederschlug – einen Höhepunkt markiert das Blutbad von Kileler bei Larisa im März 1910 – und zur Entstehung einer Agrarbewegung führte, deren Leitfigur der aus Kefalonia stammende Sozialist Marinos Antypas (1872–1907) war.

Die Çiftlik-Güter waren mit der Angliederung Thessaliens zum Teil in die Hand finanzstarker Diasporagriechen gelangt, die sie von ihren muslimischen Vorbesitzern nicht selten zu Spottpreisen erworben hatten. Diese Gruppe, zu deren prominentesten Vertretern Großbankiers wie Andreas Syngros (1830–1899) oder Evangelis Baltatzis (1826–1889) zählten, war bereits seit einiger Zeit unternehmerisch in Griechenland tätig und auf dem besten Wege, ein Oligopol über den einheimischen Finanzmarkt zu errichten. Die Kapitalreserven dieser Unternehmer waren so groß, daß sie ohne weiteres den Kurswert der Drachme bestimmen konnten. Zugleich waren sie es, die von der Regierung mit der Vermittlung und Abwicklung der seit 1879 aufgenommenen Auslandsanleihen betraut wurden, was ihnen nahezu uneingeschränkte Kontrolle über den griechischen Finanzverkehr verschaffte. Selbstverständlich nutzten sie die sich daraus ergebenden Möglichkeiten für ihre eigenen Interessen, die mit denen des Staates alles andere als deckungsgleich waren. Als wichtiger Hebel diente dabei die 1881 gegründete «Epiro-Thessalische Bank», deren Zweck ironischerweise eigentlich darin bestand, günstige Agrarkredite an Çiftlik-Bauern zu vergeben und somit die thessalische Landwirtschaft zu fördern, wozu es jedoch nicht kam.

Die Rolle des griechischen Diasporakapitals im letzten Viertel des 19. Jahrhunderts liefert somit ein Paradebeispiel für das enge Wechselverhältnis von äußerer Abhängigkeit und innerer Strukturschwäche, das die wirtschaftliche Entwicklung Griechenlands insgesamt stark prägte. Sie illustriert zugleich die immensen Schwierigkeiten, mit denen das Modernisierungsprojekt von Trikoupis konfrontiert war, und erklärt bis zu einem gewissen Maße den Weg in den Staatsbankrott von 1893. Dieser hatte allerdings auch noch weitere Ursachen, wobei erneut die Nationale Frage von Bedeutung war.

Der «Friedenskrieg» von 1885

Entsprechend der Priorität, die Trikoupis der Modernisierung im Inneren gab, war seine Regierung außenpolitisch darum bemüht, den in Berlin vereinbarten Status quo in Südosteuropa aufrechtzuerhalten. Damit einher ging eine enge Anbindung an Großbritannien, das sich als wichtigste Schutz- und Hegemonialmacht Griechenlands erwiesen hatte und darüber hinaus als hochentwickeltes Industrieland eine wichtige Vorbildwirkung für Trikoupis ausübte. In diesem Zusammenhang kam es zu einer griechisch-osmanischen Annäherung unter britischer Ägide, die 1882 sogar die Perspektive einer zukünftigen Militärallianz beider Länder eröffnete. Im selben Jahr ließ Trikoupis auch die nationalen Privatvereine aus der Zeit der Orientkrise 1877/78 per Gesetz auflösen, was er damit begründete, daß diese wiederholt als politische Unruhefaktoren gewirkt und den griechischen Interessen insgesamt mehr geschadet als genützt hätten. Von seinem politischen Gegenspieler Diligiannis wurde er dafür allerdings des «nationalen Verrats» bezichtigt.

Diligiannis, der 1883 die Führung der «Nationalpartei» übernahm, repräsentierte diejenigen Kräfte in der griechischen Gesellschaft, die dem liberalen Reformprojekt reserviert gegenüberstanden und grundsätzlich gern bereit waren, den «großen nationalen Themen» Vorrang zu geben. Nach seinem Wahlsieg im April 1885, den er vor allem der verbreiteten Unzufriedenheit mit vorangegangenen Steuererhöhungen verdankte, wurde Diligiannis Ministerpräsident und unterbrach damit zum ersten Mal die langjährige Regierungsära von Trikoupis. Wenige Monate später kam es erneut zu einer Krise auf dem Balkan. Im September 1885 wurde Ostrumelien, das 1878 unter osmanischer Oberhoheit verblieben war, putschartig an das autonome Fürstentum Bulgarien angegliedert. Dieser Anschluß wurde, nachdem Bulgarien einen Angriff Serbiens im November des Jahres erfolgreich abgewehrt hatte, bald international anerkannt, rief aber heftige Reaktionen in Griechenland hervor. Unter anderem spielte dabei die Sorge um die griechische Bevölkerung Ostrumeliens eine Rolle, deren Zahl insbesondere in den Städten Plovdiv und Burgas nicht unerheblich war und die man der Gefahr zukünftiger Bulgarisierung oder Vertreibung ausgesetzt sah. Außerdem, so wurde argumentiert, erhalte Bulgarien dadurch ein weit größeres Gebiet als vom Berliner Vertrag vorgesehen, während Griechenland 1881 weniger erhalten hatte, als dort beschlossen worden war; denn von Epirus hatte es entgegen der ursprünglichen Vereinbarung nur den südlichen Teil um die Stadt Arta erhalten. Die Angliederung Ostrumeliens an Bulgarien sei daher nur akzeptabel, wenn Griechenland hinreichende Kompensationen erhielte, die zumindest ganz Epirus, nach Wunsch aber auch Teile Makedoniens und natürlich die Insel Kreta umfassen sollten.

Die griechische Öffentlichkeit wurde von nationalen Privatvereinen mobilisiert, die nach ihrer Auflösung durch Trikoupis nun wieder zu neuem Leben erwachten. Auch die Regierung verstand es, die aufkommende Kriegsbegeisterung für sich zu nutzen. Diligiannis versicherte den Großmächten zwar wiederholt, daß sein Land in der Krise strikte Neutralität bewahren würde, er hatte aber bereits im September die Mobilmachung der Streitkräfte angeordnet, die bis zum Mai 1886 aufrechterhalten wurde. Allein die direkten Kosten dieser Maßnahme verschlangen nahezu 75 % des Staatshaushalts von 1885/86, was dazu führte, daß 1887 gleich zwei Auslandsanleihen aufgenommen wurden und der Weg in den Staatsbankrott sich deutlich beschleunigte. Die neunmonatige Mobilmachung, die als «Friedenskrieg» in die Geschichte eingegangen ist, von der zeitgenössischen griechischen Publizistik jedoch viel treffender als «bewaffnete Bettelei» charakterisiert wurde, folgte in erster Line populistischen Motiven. Abgesehen davon zielte sie darauf ab, mit der Drohkulisse eines möglichen Angriffs die Großmächte zur Gewährung der gewünschten Gebietskompensationen zu bewegen. Dies beruhte jedoch auf einer völlig unrealistischen Einschätzung der Lage; denn nachdem sie die Angliederung Ostrumeliens im Frühjahr 1886 formal anerkannt hatten, forderten die europäischen Mächte Athen ultimativ zur Demobilisierung der Armee auf und schritten, als dies nicht geschah, zur Blockade der griechischen Häfen. Diligiannis sah daraufhin den richtigen Moment für seinen Rücktritt gekommen und überließ die Regierungsverantwortung zumindest bis auf weiteres wieder seinem Gegenspieler Trikoupis.

Neben dem erheblichen ökonomischen Schaden, den die militärisch sinnlose Mobilmachung verursachte, bedeutete der Ausgang der Ostrumelienkrise auch einen diplomatischen Prestigeverlust sowie die außenpolitische Isolation für Griechenland. Die Perspektive einer griechisch-osmanischen Annäherung hatte sich nämlich zerschlagen, während es andererseits kaum noch Anhaltspunkte für eine Kooperation mit den christlichen Balkannachbarn im Norden gab. Mehr noch: Der Antagonismus mit Bulgarien hatte sich massiv verschärft und wurde in der Folgezeit zum bestimmenden Konfliktthema.

Staatsbankrott und griechisch-osmanischer Krieg von 1897

Nachdem Trikoupis mit dem berühmt gewordenen Ausspruch «bedauerlicherweise sind wir bankrott» («dystychos eptochefsamen») die Einstellung des Schuldendienstes erklärt hatte, trat er 1893 zurück. Zwar kam er im selben Jahr noch einmal an die Regierung, wurde 1895 aber endgültig abgewählt und ging nach Frankreich, wo er im Jahr darauf verstarb.

Seine letzte Amtszeit war von Verhandlungen mit den ausländischen Kreditgebern bestimmt, die sich jedoch fruchtlos hinzogen. Gleichzeitig begannen die Vorbereitungen für die ersten Olympischen Spiele der Neuzeit, deren Ausrichtung Trikoupis trotz anfänglicher Bedenken wegen der zu erwartenden Kosten förderte und die im Frühjahr 1896 in Athen stattfanden. In diesem Jahr strebte die nationale Emotionalisierung der griechischen Öffentlichkeit einer erneuten Hochkonjunktur entgegen, wofür die Spiele als mediales Großspektakel naturgemäß beste Rahmenbedingungen schufen.

Den akuten Anlaß lieferte ein erneuter Aufstand auf Kreta, der zur internationalen Krise eskalierte, nachdem lokale Auseinandersetzungen zwischen christlichen und muslimischen Inselbewohnern Züge eines Volksgruppenkonflikts annahmen. Die Regierung unter Ministerpräsident Diligiannis reagierte anfangs mit den üblichen Neutralitätsversicherungen, die sie jedoch im weiteren Verlauf des Konflikts angesichts des wachsenden öffentlichen Drucks schrittweise untergrub und schließlich ganz fallen ließ. Anfang 1897 wurde zunächst ein griechisches Expeditionskorps nach Kreta entsandt und wenige Wochen später der Aufmarsch der griechischen Armee in Thessalien angeordnet. Im April folgte ein vierwöchiger Krieg gegen das Osmanische Reich, in dem das militärisch weit unterlegene Griechenland eine ebenso demütigende wie vollständige Niederlage erlitt. Der griechisch-osmanische Krieg von 1897 war der erste, den das Land seit seiner Unabhängigkeit 1832 offiziell führte. Er liefert das seltene historische Beispiel für einen Kleinstaat, der ohne Verbündete gegen eine Großmacht antritt, und dokumentiert damit einen eklatanten Mangel an Staatsräson bei den politischen Entscheidungsträgern.

Zum Verständnis dieses Phänomens ist zu berücksichtigen, daß die Entwicklungen im Vorfeld des Krieges maßgeblich von einer außerordentlich stark mobilisierten Öffentlichkeit geprägt wurden. Als treibende Kraft trat dabei die «Nationale Gesellschaft» («Ethniki Etaireia») hervor, deren Aktivitäten einen traurigen Höhepunkt des national-irredentistischen Vereinswesens in Griechenland markieren. Sie war 1894 zunächst als Geheimorganisation von unzufriedenen Offizieren gegründet worden, die ihrem Selbstanspruch nach als nationale Avantgarde auftraten und sich dabei auf das Beispiel der «Filiki Etaireia» vom Vorabend des Unabhängigkeitskrieges beriefen. 1896 machte die «Nationale Gesellschaft» ihre Existenz durch eine pompöse Ankündigung in der Athener Tagespresse publik und erlebte daraufhin in kürzester Zeit einen massiven Zulauf an Mitgliedern, unter denen sich ein Großteil der gesellschaftlichen Elite des Landes befand: Politiker, Kleriker, Wissenschaftler, Unternehmer, Publizisten und Literaten. Ihr Einfluß wuchs damit so stark an, daß sie seit Jahreswechsel 1896/97 in der Lage war, die offizielle Politik massiv unter Druck zu setzen und es sich sogar leisten konnte, dem König kaum verhohlen zu drohen. In dieser kritischen Situation ging das außenpolitische Handlungsmoment zu einem guten Teil von der Staatsführung auf einen Privatverein über. Bezeichnend dafür ist der Umstand, daß auch der Kriegsausbruch selbst letztlich von Freischärlerverbänden der «Nationalen Gesellschaft» herbeigeführt wurde. Diese waren nicht selten von Offizieren angeführt, die ihre Truppe zuvor eigenmächtig verlassen hatten, womit die ohnehin begrenzte Schlagkraft der regulären Armee noch zusätzlich gemindert wurde.

Angesichts des Ausmaßes der Kriegsniederlage von 1897 gestalteten sich die politischen Konsequenzen für Athen durchaus erträglich, ja sogar ungewöhnlich mild. Der Schlüssel dafür lag, wie schon zuvor, bei den europäischen Großmächten. Diese zwangen die Osmanen mit einer diplomatischen Intervention, den Vormarsch auf Athen abzubrechen, und handelten daraufhin eine Friedensregelung aus, nach der Griechenland bis auf einen schmalen Gebietsstreifen an der Nordgrenze keine Gebietsverluste hinnehmen mußte. Darüber hinaus wurde die Autonomie der Insel Kreta beschlossen, die zwar unter osmanischer Oberhoheit verblieb, aber mit dem Prinzen Georg ein Mitglied der griechischen Königsfamilie als Gouverneur erhielt. Griechenland wurde allerdings zu Reparationszahlungen an das Osmanische Reich verpflichtet, die es wegen seiner desolaten Finanzen nicht leisten konnte. Tatsächlich waren diese Gelder gar nicht für die Pforte bestimmt, sondern für den Schuldendienst an europäischen Gläubigern, bei denen das Osmanische Reich schon seit Jahrzehnten hoch verschuldet war. Dies gab Anlaß zur noch immer ausstehenden Regelung des griechischen Staatsbankrotts von 1893. Im Februar 1898 wurde eine internationale Wirtschaftskontrollkommission («Diethnis Oikonomikos Elenchos» bzw. «DOE») eingerichtet, die sich aus Vertretern der drei Garantiemächte Großbritannien, Frankreich und Rußland sowie von Deutschland, Österreich-Ungarn und Italien zusammensetzte. Diese übernahm die Kontrolle der griechischen Staatsfinanzen und übte sie bis zum Ersten Weltkrieg effektiv aus; formal bestand sie sogar bis 1978 fort. Es handelte sich um einen massiven Eingriff in die staatliche Souveränität Griechenlands, das damit gewissermaßen zu einem Finanzprotektorat der europäischen Großmächte wurde. In volkswirtschaftlicher Hinsicht hatte die Maßnahme allerdings mittelfristig durchaus positive Nebeneffekte, die im folgenden Jahrzehnt eine Stabilisierung der Drachme sowie einen Aufschwung der Binnenwirtschaft bedingten.

Kulturkritik und Identitätssuche: Der Sprachstreit

Der Krieg von 1897 mochte zwar politisch insgesamt glimpflich ausgegangen sein, gesellschaftlich wirkte er in Griechenland jedoch wie ein Fanal. Die demütigende Niederlage wurde nicht nur als militärische Schlappe, sondern auch als Ergebnis tiefgreifender politischer, sozialer und nicht zuletzt kultureller Mißstände gedeutet und als nationale Systemkrise wahrgenommen, was vor allem jüngere Intellektuelle zur Fundamentalkritik an bestehenden Verhältnissen veranlaßte. Ziel dieser Kritik waren neben dem Staat und seinen Institutionen, den Parteien, den gesellschaftlichen Eliten etc. nicht zuletzt auch die etablierten Formen griechischer Nationalkultur, die sich vor allem im Bereich der Sprache und der Literatur niederschlugen. So schrieb der Schriftsteller Kostis Palamas (1859–1943), der sich damals zu einer beherrschenden Gestalt der Literaturszene entwickelte und heute als Nationaldichter Griechenlands gilt, 1897 unter dem frischen Eindruck des Krieges:

«Statt des lebendigen Austauschs von Ideen tanzen wir um steife Standbilder, um goldgeschmückte Götzen [...] Wir sind vom Wahn der Antike befallen; nicht von der Kenntnis der Antike, sondern der ständig und überall betriebenen oberflächlichen, unpassenden und unbegründeten Beschwörung der antiken Vorfahren [...] Offiziell gebrauchen wir gegenüber dem Volk eine makkaroniartige, pseudohellenische Sprache, die ihm fremd ist [...] Mit einem Wort: Wir haben vollständig jedes Gefühl für die Realität verloren.»

Diese Ausführungen bezogen sich auf die antikisierende «Reinsprache» («Katharevousa»), die in ihrer spezifischen Form ein Produkt des 19. Jahrhunderts war und bis 1975 als offizielles Idiom des griechischen

Staates diente. Palamas und andere jüngere Intellektuelle kritisierten sie mit dem Argument ihres künstlichen Charakters und ihrer Leblosigkeit, der sie die natürliche Vitalität der gesprochenen Volkssprache («Dimotiki») entgegenstellten. Nach Auffassung der Volkssprachler, die von ihren Gegnern damals als «Langhaarige» («Malliaroi») beschimpft wurden, eignete sich nur die «Dimotiki» für eine lebendige und authentische griechische Literatur, während mit der «Katharevousa» die kreativen Potentiale in der Gesellschaft gelähmt würden. In dem daraus resultierenden Konflikt, der als neugriechischer Sprachstreit bekannt geworden ist und in den folgenden Jahrzehnten mit großer emotionaler Heftigkeit geführt wurde, ging es allerdings um weit mehr als um literarische Ästhetik und die Frage zukünftiger Kursbestimmung, sei es in Anlehnung an europäische Vorbilder oder in der Suche nach einheimischen Wurzeln.

Bereits 1888 hatte Giannis Psycharis (1854–1929), ein in Odessa geborener und in Paris lebender Philologe, einen Roman mit dem Titel «Meine Reise» («To taxidi mou») publiziert, der als Auslöser des griechischen Sprachstreits gilt und seinen Verfasser zu einer Leitfigur der volkssprachlichen Bewegung machte. Dort schrieb er programmatisch:

«Sprache und Vaterland sind dasselbe. Ob man für sein Vaterland kämpft, oder für seine nationale Sprache – es ist derselbe Kampf [...] Der Sprachstreit ist ein politisches Thema. Wie das Militär für die physischen Grenzen kämpft, wird es die Sprache für die geistigen Grenzen tun. Beide müssen sehr viel weiter geschoben werden und größeren Raum einnehmen.»

Diese Koppelung von Sprachstreit und Nationaler Frage hatte tatsächlich eine handgreifliche politische Dimension. Sichtbar wurde diese vor allem in Makedonien, das im ausgehenden 19. Jahrhundert zunehmend in den Vordergrund griechischer national-irredentistischer Aspirationen rückte. Die Bevölkerung dieses Gebiets bestand mehrheitlich aus orthodoxen Christen, sprach aber nur zu einem kleinen Teil griechisch und hing keinem festen nationalen Identitätsbegriff an. Wenn der Versuch, diese Gruppen mittelfristig in die griechische Nation zu integrieren, irgendeine Aussicht auf Erfolg haben sollte, würde der entscheidende Hebel dafür die Sprache sein. Diese müßte aber, so eine pragmatische Überlegung, möglichst leicht zu erlernen und zu gebrauchen sein, was nur die Volkssprache leisten konnte. Die Forderungen der Volkssprachler spiegelten somit nicht zuletzt auch aktuelle nationalpolitische Zielvorgaben wider, deren Bedeutung in den folgenden Jahren noch deutlich zunahm.

Der Makedonienkonflikt 1903–1908

Die damals eskalierende Auseinandersetzung um Makedonien unterschied sich in ihrem Charakter grundlegend von allen vorangegangenen Konfliktfällen der griechischen national-irredentistischen Bewegung. Erstmals waren hier nicht die Osmanen die Hauptgegner, sondern die Bulgaren, die konkurrierende nationale Ansprüche auf das Gebiet und seine Bewohner erhoben. Zudem hatten nationale Erhebungen im Zielgebiet des griechischen Irredentismus bis dahin meist den Charakter lokaler und zeitlich begrenzter Revolten gehabt, die häufig anläßlich größerer internationaler Konflikte wie dem Krimkrieg oder der Orientkrise ausbrachen und deren eigentliche Adressaten die europäischen Großmächte waren, von deren diplomatischer Intervention man sich die Erfüllung politischer Forderungen erhoffte.

In Makedonien ging es dagegen primär darum, zunächst die eigene nationale Botschaft bei einer einheimischen Bevölkerung zu verbreiten, die in dieser Hinsicht weitgehend indifferent war. Dieser Kampf um die «Eroberung der Seelen», wie ihn griechische Zeitgenossen auch nannten, wurde zum Teil auf bildungspolitischer Ebene geführt, wobei den Schulen eine zentrale Rolle bei der Verbreitung von Sprache und Nationalbewußtsein zufiel. Wo dies aber nicht reichte, kamen drastischere Mittel zum Einsatz, die seit Beginn des 20. Jahrhunderts zunehmend an Bedeutung gewannen. Kleine bewaffnete Gruppen durchstreiften die Dörfer, um die Landbevölkerung mit einer Mischung aus Propaganda und Terror zur Abgabe nationaler Loyalitätserklärungen zu bewegen. Gefechte mit konkurrierenden Banden oder gar mit osmanischer Gendarmerie wurden dabei eher gemieden als gesucht, bemaß sich der Erfolg solcher Unternehmungen doch weniger nach militärischen Siegen als nach der Aufenthaltsdauer im Operationsgebiet und der Anzahl national «bekehrter» Gemeinden. Diese Taktik wurde erstmals mit einigem Erfolg von bulgarisch-makedonischen Organisationen angewendet, die im letzten Jahrzehnt des 19. Jahrhunderts entstanden waren, darunter die 1893 in Thessaloniki gegründete IMRO («Innere Makedonische Revolutionäre Organisation»). Den Höhepunkt ihrer Aktivitäten bildete der Ilinden-Aufstand von 1903, in dessen Verlauf es zur Gründung einer kurzlebigen «Republik Kruševo» im gleichnamigen westmakedonischen Bergstädtchen kam. Trotz seines Scheiterns wurde der Ilinden-Aufstand in Griechenland als schwere Bedrohung für die eigenen nationalen Ansprüche wahrgenommen und rückte Makedonien noch stärker als zuvor ins Blickfeld der öffentlichen Aufmerksamkeit.

Bis 1903 hatte es von griechischer Seite in dieser Hinsicht nur sporadische Initiativen gegeben, die zudem von Einzelpersonen getragen wurden. So hatte etwa der Metropolit der westmakedonischen Stadt Kastoria, Germanos Karavangelis (1866–1935), 1902 einen lokalen Bandenchef namens Kote Kristof (1863–1905) angeworben. Dieser hatte vorher für die IMRO gearbeitet, sich aber mit deren Führung überworfen und war daher bereit, als Kapetan Kotas für die griechische Sache zu kämpfen, wobei es offenbar nichts ausmachte, daß er des Griechischen gar nicht mächtig war. Zur selben Zeit bemühte sich auch Ion Dragoumis (1878–1920), ein griechischer Konsulatsbeamter, der in verschiedenen makedonischen Städten Dienst tat, die dortige griechischsprachige Bevölkerung national zu organisieren, indem er die Gründung lokaler Organisationen zur Sammlung von Geld und Waffen vorantrieb. Dragoumis zählt heute wegen dieser Aktivitäten wie auch wegen seines thematisch verwandten schriftstellerischen Werks zu den prominentesten Vertretern des griechischen Makedonienkampfes, handelte damals jedoch ganz auf eigene Initiative und zuweilen sogar entgegen ausdrücklicher Dienstanweisungen seiner vorgesetzten Stellen.

Erst seit 1904 kam es zu einer spürbaren Intensivierung des griechischen Engagements in Makedonien, zugleich aber auch zu einer stärkeren Koordinierung der vormals vereinzelten Aktivitäten. Einen Wendepunkt in dieser Entwicklung markiert der Tod von Pavlos Melas (1870–1904), der zur zentralen Helden- und Symbolfigur dessen wurde, was später als «Makedonikos Agon» von 1904–1908 ins historische Gedächtnis der griechischen Gesellschaft einging. Melas entstammte ebenso wie Dragoumis, mit dem er verschwägert war, einer angesehenen Athener Familie makedonischer Herkunft. Nach Absolvierung der Kadettenschule hatte er die Offizierslaufbahn eingeschlagen, ließ sich aber nach dem Ilinden-Aufstand vom regulären Truppendienst befreien, um als Freischärlerführer nach Makedonien zu gehen. Als er im Oktober 1904 während eines solchen Unternehmens umkam, löste dies große Betroffenheit in der griechischen Öffentlichkeit aus und veranlaßte viele seiner jungen Offizierskollegen, es ihm nachzutun und ihren meist wenig spektakulären Dienstalltag mit dem vergleichsweise abenteuerlichen Dasein eines irregulären Kriegers einzutauschen. Anfangs gestaltete sich dies aufgrund mangelnder Ortskenntnisse und fehlender taktischer Fähigkeiten noch nicht sonderlich erfolgreich, was sich allerdings bald änderte. Im gleichen Maße, in dem die Offiziere aus Griechenland ihre Einsatzfähigkeit zu steigern lernten, gelang es ihnen auch, einheimische Bandenchefs, auf deren Unterstützung sie zuvor angewiesen waren, die aber zur politisch-ideologischen Unzuverlässigkeit neigten, an den Rand zu drängen. Dies ermöglichte eine bessere Abstimmung der Operationen, deren organisatorische Leitung nun auch das griechische Generalkonsulat in Thessaloniki übernahm. Darin lag der Schlüssel für den relativen Erfolg der griechischen Guerilla in Makedonien, die 1906 mit der bulgarisch-makedonischen gleichzog und seit 1907 im südwestlichen Teil der Region sogar die Oberhand gewann.

Der makedonische Bandenkrieg zu Beginn des 20. Jahrhunderts war weit grausamer und zerstörerischer als frühere national-irredentistische Erhebungen, da er jahrelang dauerte und in erster Linie auf dem Rücken der einheimischen Zivilbevölkerung ausgetragen wurde, ja sich im Grunde gegen diese selbst richtete. Sein vorläufiges Ende kam mit der Jungtürkischen Revolution, die 1908 in Makedonien begann und zu einem tiefgreifenden politischen Umbruch im Osmanischen Reich führte. In der Reformbewegung der Jungtürken engagierten sich Angehörige modern eingestellter osmanischer Eliten – darunter viele Militärs –, die für einen umfassenden Umbau von Staat und Gesellschaft nach westlichem Vorbild eintraten. Sie forderten die Wiedereinführung von Verfassung und Parlament, die 1876 während der großen Orientkrise zwar eingerichtet, jedoch schon zwei Jahre später wieder abgeschafft worden waren. Ihr erfolgreicher Aufstand gegen den absolutistisch regierenden Sultan Abdulhamid II. (1842–1918) ging mit außenpolitischen Rückschlägen einher, die in der Besiegelung vorangegangener Gebietsverluste bestanden und somit vor allem das diplomatische Prestige des Osmanischen Reiches minderten: Österreich-Ungarn annektierte das bereits seit 1878 kontrollierte Bosnien-Herzegowina, Bulgarien erklärte seine volle Souveränität und Kreta, das seit 1897 Autonomiestatus genoß, erklärte einseitig seinen Anschluß an Griechenland, der allerdings erst fünf Jahre später formal anerkannt wurde. Innerhalb des Osmanischen Reiches schuf der Umsturz dagegen eine verbreitete Aufbruchsstimmung und weckte anfangs auch große Hoffnungen bei den nichtmuslimischen Bevölkerungsgruppen, denen im Rahmen der Verfassungsordnung volle staatsbürgerliche Gleichstellung sowie Vertretung im osmanischen Parlament gewährt wurde. Die Perspektive eines reformierten Osmanischen Reiches erschien damals nicht nur vielen griechischen Untertanen des Sultans attraktiv, sondern übte auch auf Nationalisten in Griechenland einen großen Reiz aus, zumal diese sich während des Makedonienkonflikts der vorangegangenen Jahre daran gewöhnt hatten, in erster Linie die Bulgaren und weniger die osmanischen Türken als Erbfeinde zu betrachten. So fanden etwa Ion Dragoumis und seine Mitstreiter in der neuen Lage eine Inspiration für ihre als «Orientalisches Ideal» bekannt gewordene Vision eines osmanisch-griechischen Dualismus, die mit verschiedenen Brechungen auf die revolutionären Vorstellungen eines Rigas Velestinlis verweist und auf ihre Art zugleich die Bindekraft imperialer Herrschaftszugehörigkeit als politisch-kultureller Konstante der griechischen Geschichte zeigt.

Die Militärrevolte von Goudi 1909

Die Jungtürkische Revolution hatte auch mittelbare Rückwirkungen auf die griechische Innenpolitik, lieferte sie doch in vielerlei Hinsicht das Vorbild für eine Militärrevolte, die große Bedeutung für die weitere Entwicklung des Landes hatte. Diese brach im August 1909 in Goudi, einem Vorort von Athen, aus, wo die städtische Garnison stationiert war. Ihre Initiatoren waren Offiziere, die sich nach dem Beispiel der Jungtürken in einer «Militärliga» («Stratiotikos Syndesmos») zusammengeschlossen hatten. Mit Ausnahme von Nikolaos Zorbas (1844–1920), einem Oberst, der als Vorsitzender und Sprachrohr der Militärliga auftrat, handelte es sich bei den Mitgliedern weitgehend um niedere Dienstgrade, deren Unzufriedenheit sich vor allem daraus speiste, daß es in den Streitkräften einen Beförderungsstau gab, der ihre Karrierechancen einschränkte. Viele von ihnen waren zuvor als Freischärlerführer im makedonischen Bandenkrieg aktiv gewesen und hatten durch ihre dortigen Erfolge ein entsprechendes Selbstbewußtsein aufgebaut. Tatsächlich trat mit der Revolte erstmals das Militär als eigenständiger Akteur in der griechischen Innenpolitik auf und schuf damit einen Präzedenzfall, der im weiteren Verlauf des 20. Jahrhunderts noch verschiedene Neuauflagen erleben sollte.

Die Offiziersrevolte von Goudi wäre jedoch eine historische Randnotiz geblieben, wenn sie nicht auf tieferliegende Unzufriedenheitspotentiale getroffen wäre, die in der griechischen Gesellschaft schon länger schwelten. Diese richteten sich in erster Linie gegen die Funktionsschwächen der staatlichen Institutionen und die Misere des etablierten Parteiensystems, als deren Verkörperung man – wenn auch nicht ganz zu Recht – Georgios Theotokis (1844–1916) ansah, der in der Nachfolge von Trikoupis als mehrfacher Ministerpräsident zwischen 1899 und 1909 die Geschicke des Landes lenkte. Verstärkt wurde die Unzufriedenheit durch wirtschaftliche Faktoren, da Griechenland 1908/09 eine vorübergehende Rezessionsphase durchlief. Teilweise wurde diese von Mißernten ausgelöst, teilweise war sie aber auch auf einen konjunkturbedingten Rückgang von privaten Auslandsüberweisungen aus den USA und Ägypten zurückzuführen, das damals neben dem transatlantischen Raum ein wichtiges Zielgebiet griechischer Arbeitsmigration war. Als Theotokis in dieser Situation noch dazu die Steuern erhöhte, fiel seine Popularität schnell auf einen Tiefpunkt; so sah er sich bereits zum Rücktritt veranlaßt, als zwei Wochen vor der Revolte die Existenz der Militärliga bekannt wurde.

Diese konnte sich somit um so leichter als Interessenvertreterin des Volkes gerieren, ohne mit ernsthaftem Widerstand von seiten der zivilen politischen Kräfte rechnen zu müssen. So wurde nach der Revolte umgehend eine Übergangsregierung eingerichtet, die sich an die Umsetzung des von den Putschisten erstellten Forderungskatalogs machte. In diesem erklärte die Militärliga, daß sie weder den Sturz des Königs noch eine Änderung der Verfassung und des politischen Systems oder gar die Errichtung einer Militärdiktatur beabsichtige, sondern lediglich Reformen fordere. Konkrete Gestalt hatten ihre Vorstellungen jedoch nur im Hinblick auf die Streitkräfte: Der Kronprinz und die übrigen Mitglieder der königlichen Familie sollten aus dem Generalstab entfernt werden, da man sie als Hauptverantwortliche für den Beförderungsstau ansah. Ferner sollte die Leitung des Kriegs- und Marineministeriums künftig von Offizieren übernommen, der Generalstab umstrukturiert und verschiedene Truppengattungen reorganisiert werden. Darüber hinaus wurde eine Reihe von Forderungen formuliert, die zwar den Wunsch nach einer Reform des politischen Systems zum Ausdruck brachten, in ihrer allgemeinen Form aber zugleich offenbarten, daß die Offiziere keinerlei Konzept für deren praktische Durchführung hatten: Die Korruption in der staatlichen Verwaltung sollte beseitigt werden, die Justiz sollte unparteiisch urteilen, Steuerlasten sollten gerecht verteilt, die Staatsfinanzen saniert werden, und noch einige fromme Wünsche mehr. Obwohl es der Militärliga mit Hilfe von Großkundgebungen und anderen Propagandamitteln gelang, sich den äußeren Anstrich einer von der breiten Bevölkerung getragenen Reformbewegung zu geben, führte ihr offenkundiger Mangel an politischer Gestaltungskraft in eine Staatskrise, die zum Jahreswechsel 1909/10 akute Formen annahm.

Venizelos

Als sich abzeichnete, daß eine Verständigung zwischen den Offizieren und dem Parlament aussichtslos war, suchte die Führung der Militärliga im Wortsinn Hilfe von außen und wendete sich an den Kreter Eleftherios Venizelos (1864–1936). Dieser hatte sich als lokalpolitische Größe auf der Insel profiliert, nachdem er 1905 in Therisos bei Chania einen Aufstand für den Anschluß seiner Heimat an Griechenland angeführt hatte. Venizelos begab sich Ende Dezember 1909 nach Athen, lehnte es aber ab, direkt als Ministerpräsident anzutreten, sondern setzte sich zunächst nur als Schlichter für die Bildung einer weiteren Übergangsregierung ein. Erst nachdem diese erwartungsgemäß keine Stabilisierung der Lage hatte herbeiführen können und er selbst mit einer neugegründeten politischen Formation, der «Partei der Liberalen», erfolgreich Wahlkampf geführt hatte, übernahm er im Oktober 1910 das Amt des Ministerpräsidenten. Venizelos stellte seinen Amtsantritt unter die Vorzeichen eines politischen Epochenwechsels, den er bereits einen Monat zuvor in einer vielbeachteten Rede programmatisch verkündet hatte:

«Ich komme nicht hierher als Führer einer neuen, geformten Partei. Ich komme lediglich als Bannerträger neuer politischer Ideen, und unter dieses Banner rufe ich alle, die diese Ideen teilen und vom heiligen Wunsch beseelt sind, alle Kräfte ihrer Seele und ihres Körpers für den Erfolg dieser Ideen einzusetzen.»

Wie sich bald zeigen sollte, war diese Ankündigung nicht nur wahlkampfübliche Rhetorik, sondern Ausdruck konkreter politischer Vorstellungen. Tatsächlich leitete der neue Ministerpräsident umgehend ein weitreichendes Reformprogramm ein und wurde somit zum eigentlichen Vollstrecker des Wandels, den die Militärs von Goudi gefordert hatten, ohne ihn selbst umsetzen zu können. Dies fand seinen augenfälligsten Niederschlag in der Revision der Verfassung von 1864, die innerhalb weniger Monate abgeschlossen wurde und 1911 in Kraft trat. Ihr Ziel war es, die Effizienz der staatlichen Institutionen zu steigern und ihre Autonomie gegenüber klientelpolitischer Einflußnahme zu stärken, wofür unter anderem die verfassungsmäßige Garantie des Beamtenstatus von Justizorganen und öffentlichen Bediensteten festgelegt wurde. Staatsbeamten und Offizieren war es von nun an ausdrücklich verboten, sich parlamentarisch zu betätigen und politische Ämter zu bekleiden. Die rechtlichen Spielräume zur Zwangsenteignung von privatem Grundbesitz im öffentlichen Interesse wurden erweitert, was die zukünftige Aufteilung von Çiftlik-Gütern zugunsten landloser Bauern ermöglichte und somit eine Perspektive für die Lösung der schwelenden Agrarfrage eröffnete. In der revidierten Verfassung von 1911 wurde ferner die allgemeine Schulpflicht auf Staatskosten verankert, aber auch die Katharevousa als «offizielle Sprache» ausdrücklich unter Schutz gestellt. Bürgerliche Grundrechte wie die Vereins- und Versammlungsfreiheit wurden zusätzlich gestärkt, gleichzeitig jedoch erweiterte Möglichkeiten geschaffen, diese im Kriegsfall mit Hilfe des Militärrechts außer Kraft zu setzen. Der letztgenannte Punkt ist durchaus bezeichnend für den Geist und die allgemeine Perspektive des Reformprogramms. Bei seinem Regierungsantritt war Venizelos fest davon überzeugt, daß größere kriegerische Umwälzungen in der Region unmittelbar bevorstanden, und stellte darum die militärische Vorbereitung des Landes ins Zentrum seiner Politik. Diese Prioritätensetzung kam nicht zuletzt dadurch zum Ausdruck, daß er im Zuge seiner ersten Regierungsbildung neben dem Amt des Ministerpräsidenten auch persönlich die Leitung des Kriegs- und des Marineministeriums übernahm.

Die griechischen Streitkräfte, die im 19. Jahrhundert kaum mehr als eine bessere Gendarmerie zur Bekämpfung von Räuberbanden und inneren Unruhen gewesen waren, erlebten nun in kurzer Zeit ihren Umbau zu einem effizienten Instrument aggressiver Expansionspolitik. Dafür griff Venizelos auf europäische Unterstützung zurück, indem er französische und britische Militärinstrukteure ins Land holte. Innerhalb von zwei Jahren wurde darüber hinaus die Zahl der Heeresdivisionen nahezu verdreifacht und die Schlagkraft der Marine durch den Erwerb eines Panzerkreuzers neuester Technologie massiv gesteigert. Dies verschaffte Griechenland einen wichtigen strategischen Vorteil in dem kriegerischen Konflikt, der sich mittlerweile immer deutlicher abzeichnete.

Entgegen den anfänglichen Hoffnungen, die durch die Jungtürkische Revolution im Hinblick auf eine griechisch-osmanische Annäherung ausgelöst worden waren, hatte sich nämlich das Verhältnis der beiden Länder seit 1908 kontinuierlich verschlechtert. Ein Grund war die einseitige Anschlußerklärung Kretas, die von Griechenland zwar nicht anerkannt wurde, aber dennoch die diplomatischen Beziehungen beider Seiten schwer belastete. Hinzu kam, daß innerhalb der Jungtürkischen Bewegung zunehmend der nationalistische Flügel die Oberhand gewann, der eine restriktive Haltung gegenüber den nichtmuslimischen Bevölkerungsgruppen einnahm und mittelfristig eine Turkisierungspolitik verfolgte, die sich neben Armeniern insbesondere auch gegen Griechen richtete.

Parallel dazu schritt die territoriale Demontage des Osmanischen Reiches immer weiter voran. Im September 1911 erklärte Italien der Pforte den Krieg und eroberte kurz darauf Tripolitanien und die Cyrenaika, die letzten noch verbliebenen osmanischen Besitzungen in Nordafrika. Im Frühjahr 1912 folgte die Besetzung von Rhodos und den übrigen Inseln der Dodekanes, von denen aus ein weiteres Vordringen in Richtung Dardanellen geplant war. Für die griechische Regierung ergab sich daraus ein Dilemma, wurde doch mit der italienischen Besetzung der Dodekanes ein Gebiet, auf das nationale Ansprüche erhoben wurden, von einer europäischen Großmacht einverleibt und drohte somit, dem Zugriff Griechenlands dauerhaft entzogen zu werden. Dennoch hielt Venizelos strikt an seiner politischen Doktrin fest, äußere Verwicklungen zugunsten der Kriegsvorbereitungen im Inneren um jeden Preis zu vermeiden.

Um so stärker nutzte er dagegen die diplomatischen Spielräume, die sich durch diesen Kurs der irredentistischen Enthaltsamkeit eröffneten. Im März 1912 hatten Serbien und Bulgarien ein Militärbündnis geschlossen, das einen geheimen Anhang über die Aufteilung der europäischen Gebiete des Osmanischen Reichs enthielt. Dieses Abkommen bildete den Kern des Balkanbunds, dem Griechenland wenig später beitrat. Mit Bulgarien wurde im Mai 1912 ein Abkommen geschlossen, das nur schwach als Defensivbündnis getarnt war und im Kern die gegenseitige militärische Unterstützung beider Staaten beim

Angriff auf das Osmanische Reich vorsah. Als im Juni auch Montenegro dem Balkanbund beitrat, waren die Weichen für einen Krieg gestellt, der sich im Sommer 1912 konkret abzeichnete. Dabei trat vor allem Bulgarien, dessen militärische Vorbereitungen unter den vier beteiligten Staaten am weitesten gediehen waren, als treibende Kraft hervor. Nachdem diese im September ihre Streitkräfte mobilisiert hatten, erklärten sie Anfang Oktober dem Osmanischen Reich den Krieg. Damit wurde eine tiefgreifende Wende in der Geschichte Griechenlands und ganz Südosteuropas eingeleitet.

5. Das Kriegsjahrzehnt 1912–1922

Die Kriegserklärung von 1912 war für Griechenland der Auftakt zu einer Kette von militärischen Konflikten, die mit Unterbrechungen bis 1922 andauerte und darum als «Kriegsjahrzehnt» bezeichnet wird. Auf den Ersten Balkankrieg vom Herbst 1912 folgte im Sommer 1913 der Zweite Balkankrieg, in dem die ehemaligen Alliierten des Balkanbundes um die zuvor von den Osmanen eroberten Gebiete gegeneinander kämpften. In den ein Jahr später ausbrechenden Ersten Weltkrieg trat Griechenland 1917 auf seiten der Entente-Mächte ein und stand somit nach dessen Ende auf der Seite der Sieger. Es folgte ein militärisches Unternehmen in Anatolien, das 1919 begonnen wurde und 1922 mit einer vernichtenden Niederlage endete, die unter der Bezeichnung «Kleinasiatische Katastrophe» bekannt geworden ist. In diesem Zeitraum erlebte Griechenland eine annähernde Verdoppelung seines Staatsgebiets und seiner Bevölkerung, zugleich aber auch Flucht- und Vertreibungsbewegungen von bis dahin beispiellosem Ausmaß sowie eine tiefe politische Spaltung der Gesellschaft, die für die nachfolgenden Jahrzehnte prägend war.

Die Balkankriege 1912/13

Der gemeinsame Angriff der Balkanbundstaaten im Oktober 1912 führte schnell zur Eroberung der südosteuropäischen Territorien des Osmanischen Reichs, dessen Streitkräfte, durch den Krieg mit Italien bereits geschwächt, nur wenig Gegenwehr leisteten. Montenegro dehnte sich in die Region um Shkodër aus, während Serbien in wenigen Wochen Kosovo, den größten Teil des heutigen Albanien sowie Nordmakedonien unter seine Kontrolle brachte. Bulgarien eroberte Ostmakedonien sowie Thrakien und zog mit seinen Truppen bis zu den Dardanellen und vor die Tore Konstantinopels. Griechenland besetzte Epirus und erreichte nach einem raschen Vormarsch in Westmakedonien die Stadt Thessaloniki, die am 26. Oktober eingenommen wurde, womit man Bulgarien, dessen Truppen ebenfalls auf die Stadt zumarschierten, nur um Stunden zuvorkam. Außerdem gelang es der griechischen Kriegsmarine, mit Hilfe des kurz zuvor angeschafften Panzerkreuzers «Georgios Averoff» die osmanische Flotte an der Ausfahrt aus den Dardanellen zu hindern. Sie kontrollierte damit uneingeschränkt die Ägäis, was es ermöglichte, die Inseln ohne nennenswerten Widerstand zu erobern.

Militärisch war der Krieg somit bereits zum Jahreswechsel 1912/13 eindeutig zugunsten des Balkanbundes entschieden, politisch gestaltete sich die Lage jedoch weit komplexer. Die Verbündeten hatten vor Kriegsbeginn keine klaren Absprachen über die spätere Aufteilung der zu erobernden osmanischen Territorien getroffen, wodurch Konflikte um konkurrierende Gebietsansprüche vorprogrammiert waren. Sie wurden noch zusätzlich dadurch verschärft, daß mit der Unabhängigkeitserklärung Albaniens im November 1912 ein weiterer Staat entstand, dessen Gebietsansprüche in der Region zu berücksichtigen waren. Das Territorium, das Albanien von den europäischen Großmächten zugesprochen wurde, war Anfang 1913 weitgehend von Montenegro und Serbien im Norden sowie von Griechenland im Süden besetzt. Mit dessen Aufgabe verlor Serbien den seit langem angestrebten Zugang zur Adria, was durchaus im Interesse von Österreich-Ungarn und seinen Bündnispartnern Deutschland und Italien lag. Andererseits hatte Serbien in Makedonien substantielle Gebietsgewinne gemacht, die von Bulgarien seit dem Vertrag von San Stefano als nationales Territorium betrachtet wurden. Griechenland wiederum erhob Ansprüche auf den makedonisch-thrakischen Küstenstreifen der Nordägäis, den Bulgarien sich einverleibt hatte.

Diese Konstellation begründete eine serbisch-griechische Interessengemeinschaft gegen Bulgarien, die im Mai 1913 durch ein Verteidigungsabkommen zwischen Belgrad und Athen offiziellen Charakter bekam. In dem sich abzeichnenden Konflikt glaubte Bulgarien, das einen wesentlichen Anteil am Sieg über die Osmanen gehabt hatte und über die stärkste Armee im Balkanbund verfügte, sich auf seine militärische Überlegenheit verlassen zu können. Ende Juni 1913 ging es zum Angriff auf seine ehemaligen Verbündeten über, die jedoch Vorkehrungen getroffen hatten und sich erfolgreich zur Wehr setzten. Damit begann der Zweite Balkankrieg: Während die bulgarischen Truppen in Makedonien gegen Griechen und Serben kämpften, ergriff das bis dahin neutrale Rumänien die Gelegenheit zur Kriegserklärung und rückte mit seiner Armee ungehindert in Richtung Sofia vor. Wenige Tage später trat auch das Osmanische Reich in den Krieg ein und eroberte kampflos das zuvor abgetretene Ostthrakien mit der Stadt Adrianopel/Edirne zurück. Bulgarien, das damit durch eine Koalition von Gegnern umzingelt war, sah sich zur Kapitulation gezwungen. Die Folge war, daß es einen Gutteil seiner Eroberungen aus dem Ersten Balkankrieg an die Nachbarstaaten abtreten mußte. Das betraf neben Ostthrakien, das osmanisch blieb, vor allem Makedonien, dessen nördlicher Teil, das sogenannte «Vardar-Makedonien», mit Ausnahme eines schmalen Gebietsstreifens um die Stadt Petrič Serbien zugeschlagen wurde. Das südlich gelegene sogenannte «Ägäis-Makedonien», mehr als die Hälfte der Gesamtregion, ging an Griechenland, das mit dem Gebietszuwachs im Norden sowie mit Kreta und den Ägäischen Inseln als Hauptgewinner aus dem Zweiten Balkankrieg hervorging. Damit hatte sich sein Territorium nahezu verdoppelt und erlangte bereits zu einem guten Teil seine heutigen Grenzen. Gleichzeitig nahm die Bevölkerung um mehr als zwei Drittel von knapp 3 Mio. auf annähernd 5 Mio. Einwohner zu, von denen allerdings bei weitem nicht alle Griechen waren. Diese bildeten, insbesondere in den neu erworbenen Gebieten im Norden, nur eine Bevölkerungsgruppe neben Slawen, Aromunen, Albanern und anderen. So bildeten etwa sephardische Juden die zahlenmäßig größte und ökonomisch stärkste Gruppe in Thessaloniki, das seit der Frühen Neuzeit auch als «Jerusalem des Balkans» bezeichnet wurde, während die orthodoxen Christen, d.h. Griechen und Slawen gemeinsam, 1913 nur gut ein Viertel der Stadtbevölkerung ausmachten.

Die im Bukarester Frieden vom August 1913 vereinbarten Gebietsregelungen waren in hohem Maße das Zufallsprodukt militärisch-diplomatischer Vabanqueunternehmen, prägten jedoch die politische Landkarte Südosteuropas nachhaltig. Das hängt nicht zuletzt damit zusammen, daß es anders als bei früheren Konflikten in der Region zu massiven Bevölkerungsverschiebungen kam, die mit ethnisch-religiöser Vertreibung und Fluchtbewegungen von bis dahin beispiellosem Ausmaß einhergingen. So verließen allein 400 000 Muslime Südosteuropa in Richtung Kleinasien, während andere Gruppen entsprechend ihrer nationalen Zugehörigkeit zur Umsiedlung entlang der neuen Grenzen veranlaßt wurden. Die von den beteiligten Armeen während der Kriege verübten Repressalien und Kriegsverbrechen an der Zivilbevölkerung schockierten bei ihrem Bekanntwerden die westeuropäische Öffentlichkeit und trugen erheblich zur Bildung des Negativklischees vom Balkan als einer von irrationaler Gewalttätigkeit geprägten Region im Hinterhof des zivilisierten Europa bei. Wie alle Klischees beruhte jedoch auch dieses auf einer selektiven Wahrnehmung der Realität, die im vorliegenden Fall großzügig ausblendete, welche Gewaltpotentiale die zivilisierte Welt damals etwa in ihren Kolonien entfaltete und nur wenig später auch in Europa selbst entfalten sollte. Die Balkankriege können auch in dieser Hinsicht als Präludium zum Ersten Weltkrieg gelten.

Der Konflikt zwischen König und Ministerpräsident

Nach Ausbruch des Ersten Weltkriegs herrschte innerhalb der politischen Führung Griechenlands Uneinigkeit darüber, welcher außenpolitische Kurs eingeschlagen werden sollte, was dazu führte, daß das Land zunächst neutral blieb. Dies entsprach dem Willen des Staatsoberhaupts, des Königs Konstantin I. (1868–1923), der den Thron 1913 bestiegen hatte, nachdem sein Vater Georg während eines Besuchs in Thessaloniki einem Attentat zum Opfer gefallen war. Konstantin hegte starke Sympathien für die Mittelmächte und insbesondere für Deutschland, mit dem er sich in vielfältiger Weise persönlich verbunden fühlte; denn er war nicht nur mit der Schwester Kaiser Wilhelms II. verheiratet, sondern hatte auch in Heidelberg studiert und darüber hinaus eine

Offiziersausbildung an der Preußischen Kriegsakademie in Berlin durchlaufen. Es würde jedoch eindeutig zu kurz greifen, die griechische Neutralitätsoption zu Beginn des Ersten Weltkrieges allein auf diese persönliche Affiliation zurückzuführen, beruhte sie doch auf mehr als auf familiärer Sentimentalität in Kombination mit einem Faible für preußischdeutschen Militarismus, das Konstantin ohne Zweifel hatte.

Der König und seine politische Gefolgschaft hatten ihre meisten Anhänger in einem gesellschaftlichen Milieu, das von Beamtenschaft und Kleinunternehmertum geprägt war, wobei zu letzterem auch Bauern mit eigenem Grundbesitz zu zählen sind, die in den südlichen Landesteilen die Mehrheit ausmachten und ein wichtiges Wählerpotential bildeten. Diese Gruppe hatte von der Modernisierung, die bereits vor Venizelos eingesetzt hatte und nun von diesem programmatisch vorangetrieben wurde, am wenigsten profitiert. Das galt besonders für die weitgehend in Klein- und Kleinstbetriebe zersplitterte Landwirtschaft im Süden. Der Agrarsektor stagnierte dort seit Beginn des 20. Jahrhunderts, während zur gleichen Zeit Industrie und Dienstleistungsgewerbe einen spürbaren Aufschwung erlebten. Damit aber nicht genug: Eben diese gesellschaftliche Schicht war durch die Modernisierungs- und Expansionspolitik von Venizelos, die mit entsprechenden Steuererhöhungen einherging, am meisten belastet worden, ohne andererseits aus der Gebietserweiterung von 1912/13 wirtschaftlich einen Nutzen ziehen zu können. In ihrer eigenen Wahrnehmung hatte sie gewissermaßen die Zeche für die Balkankriege gezahlt. Ihr Wertekanon war konservativ geprägt und kreiste um die Begriffe «Heimat–Religion–Monarchie», die in der Person des Königs ihre Symbolfigur fanden. In der Konfliktkonstellation des Ersten Weltkrieges bedingte dies auch unabhängig von der persönlichen Vorliebe Konstantins I. eine stärkere Hinwendung dieser Gruppe zu den Mittelmächten, die genau diese Werte stärker zu repräsentieren schienen, als zur Entente, die von den parlamentarischen Demokratien Westeuropas geführt wurde. Ihren Ausdruck fand diese Haltung damals im politischen Motto der sogenannten «ehrenhaften Neutralität» und des «kleinen, aber ehrenhaften Griechenlands», welches das royalistische

Lager dem «großgriechischen Projekt» von Venizelos entgegenhielt. Auch nach dem Zusammenbruch der Mittelmächte hielten die Royalisten daran fest, indem sie die Fortsetzung der Expansionspolitik kritisierten und 1919 den Einmarsch Griechenlands in Kleinasien ausdrücklich ablehnten.

Gegen den König als Staatsoberhaupt stand Venizelos in seiner Eigenschaft als Regierungschef. Er war fest von der zukünftigen Niederlage der Mittelmächte überzeugt und befürwortete einen baldigen Kriegseintritt Griechenlands auf seiten der Entente-Mächte, von dem er sich weitere Gebietsgewinne und womöglich gar die Verwirklichung eines «Griechenlands der zwei Kontinente und fünf Meere» versprach, wie ein geflügelter Begriff jener Zeit lautete. Auch dies beruhte auf weit mehr als auf individueller Vorliebe, denn Venizelos und seine «Partei der Liberalen» sprachen ein Klientel an, das ein im Vergleich zu den Royalisten eher großbürgerliches Profil aufwies und in dem etwa Großunternehmer, Fabrikanten und Reeder vertreten waren. Diese Gruppen hatten am meisten von der Modernisierungs- und Expansionspolitik profitieren können, für die Venizelos stand, und unterstützten dessen aggressive Außenpolitik, weil sie sich von einer weiteren Ausdehnung Griechenlands die Erschließung neuer Märkte in Südosteuropa und Kleinasien erhofften. Ihr Wertekanon war eindeutig stärker an West- als an Mitteleuropa orientiert, was ihre Hinwendung zur Entente und vor allem zu Großbritannien verstärkte, das für sie ein Leitbild für Fortschritt und Modernisierung war.

Der sich abzeichnende Konflikt zwischen König und Ministerpräsident hatte somit strukturelle Wurzeln, darüber hinaus jedoch auch eine persönliche Komponente, denn die Beziehung zwischen den beiden Männern war auch vorher nicht spannungsfrei gewesen. Venizelos hatte Konstantin, der nach der Offiziersrevolte von Goudi aus dem Militär entfernt worden war, nach seinem Regierungsantritt 1910 überhaupt nur zurückgeholt und an die Spitze des Generalstabs gesetzt, um dem gegen ihn im Raum stehenden Vorwurf antiroyalistischer Gesinnung entgegenzuwirken und zur Förderung der anstehenden Kriegsvorbereitungen die politische Einheit der Nation zu unterstreichen. Bereits im Ersten Balkankrieg kam es aber zu schwerwiegenden Diffe-

Konstantin und Venizelos an der Makedonienfront im Sommer 1913

renzen über die Feldzugsführung, denn Konstantin, der die Operationen in Makedonien leitete, wollte zunächst an Thessaloniki vorbeiziehen und weiter in Richtung Norden vorrücken. Venizelos, der anders als Konstantin begriff, daß der Besitz dieser Stadt von unvergleichlich größerem politischem Wert war als weitere Gebietsgewinne im makedonischen Hinterland, zwang den König im letzten Moment zur Änderung der Marschrichtung auf Thessaloniki. Dessen Einnahme brachte Konstantin zwar einen beachtlichen militärischen Prestigegewinn, allerdings war er politisch vorgeführt worden, was eine Demütigung bedeutete, die er nicht vergaß und die sein Verhältnis zu Venizelos für die Zukunft belastete.

Die Nationale Spaltung («Ethnikos Dichasmos»)

Der Streit zwischen König und Ministerpräsident brach offen aus, als im Februar 1915 die Gallipoli-Operation der Entente-Mächte begann. Venizelos drängte auf eine Beteiligung griechischer Streitkräfte an dem

Unternehmen, denn im Vorfeld hatte Großbritannien Griechenland im Falle eines Kriegseintritts die Übertragung der von den Briten seit 1878 kontrollierten Insel Zypern angeboten und darüber hinaus substantielle, wenn auch unklar umrissene Gebietsgewinne in Kleinasien versprochen. Der König weigerte sich jedoch, seine Zustimmung zu erteilen, und zwang Venizelos im März zum Rücktritt. An seine Stelle setzte er Dimitrios Gounaris (1867–1922), der allerdings keine Mehrheit im Parlament hatte. Dies bedeutete einen klaren Bruch der Regeln parlamentarischer Demokratie, die 1875 mit dem Prinzip «des erklärten Vertrauens» eingeführt und vierzig Jahre lang eingehalten worden waren. Da Gounaris ohne Stimmenmehrheit im Parlament nicht regierungsfähig war, kam es im Mai 1915 zu Neuwahlen, aus denen Venizelos entgegen der Erwartung seiner Gegner als klarer Sieger hervorging. Diese verzögerten allerdings seine Amtseinführung, so daß er erst im August die Regierung erneut übernehmen konnte. Zu dieser Zeit zeichnete sich eine dramatische Veränderung der politisch-militärischen Lage in der Region ab.

Bulgarien, das schon seit seiner Niederlage im Zweiten Balkankrieg mit den Mittelmächten sympathisierte, stellte sich nun offen auf ihre Seite und befahl im September 1915 die Generalmobilmachung. Weil sich diese gegen Serbien richtete, trat nach dem griechisch-serbischen Verteidigungsabkommen vom Mai 1913 der Bündnisfall ein. Venizelos nahm dies zum Anlaß, ebenfalls die Generalmobilmachung anzuordnen, was Konstantin jedoch verhinderte, indem er sich weigerte, den entsprechenden Befehl gegenzuzeichnen. Anfang Oktober sah sich Venizelos von neuem zum Rücktritt gezwungen – zum zweiten Mal innerhalb eines Jahres hatte der König in Übertretung seiner verfassungsmäßigen Kompetenzen eine demokratisch legitimierte Regierung gestürzt.

Wenige Tage vor dem Rücktritt des Ministerpräsidenten hatte indes die Landung eines britisch-französischen Expeditionskorps in Thessaloniki begonnen. Dieses hatte den Auftrag, zur Unterstützung Serbiens, das mit dem Kriegseintritt Bulgariens in die Zange geraten war und vor dem militärischen Zusammenbruch stand, eine Balkanfront zu errichten. Die mit ausdrücklicher Zustimmung von Venizelos begonnene Landung wurde in den folgenden Wochen und Monaten fortgesetzt, wobei die ablehnende Haltung des Königs die Briten und Franzosen natürlich denkbar wenig beeindruckte. Bei ihrem Vorgehen beriefen sie sich zudem auf ihren Status als Garantiemächte, der bei der Staatsgründung Griechenlands 1832 festgelegt worden war.

Die Landung der Entente-Truppen in Thessaloniki stand am Beginn einer Kette von Ereignissen, mit denen die territoriale Integrität Griechenlands verletzt und somit auch die offiziell aufrechterhaltene Neutralität des Landes de facto unterhöhlt wurde. Frankreich besetzte Anfang 1916 die Insel Korfu, wohin die Reste der serbischen Armee evakuiert worden waren, um nach ihrer Reorganisierung wieder an der Balkanfront eingesetzt zu werden. Italien war nach seinem Kriegseintritt auf seiten der Entente 1915 in Albanien gelandet und nahm im Folgenden Gebietsstreifen des nördlichen Epirus in Besitz. Nachdem Großbritannien im Zuge der Gallipoli-Operation schon die Insel Limnos in der Nordägäis unter seine Kontrolle gebracht hatte, landeten britische Truppen im Mai 1916 auch auf der Insel Thasos. Zur gleichen Zeit drangen bulgarische und deutsche Truppen in Ostmakedonien ein und besetzten die strategisch wichtige Festung Roupel, ohne daß die dort stationierten griechischen Einheiten Widerstand leisteten. Sämtliche Gebietserwerbungen, die das Land zuvor in den Balkankriegen gemacht hatte, deren staatliche Konsolidierung aber erst am Anfang stand, waren damit wieder in Frage gestellt. Ein Höhepunkt wurde erreicht, als im September 1916 bulgarische Streitkräfte die ostmakedonische Hafenstadt Kavala einnahmen, während die dort stationierten griechischen Truppen, immerhin ein ganzes Armeekorps, sich freiwillig ergaben und daraufhin in ein deutsches Internierungslager nach Görlitz in der Lausitz verbracht wurden. Die Besetzung Ostmakedoniens war besonders brisant, weil Sofia dieses Gebiet als eigenes nationales Territorium behandelte und umgehend Bulgarisierungsmaßnahmen einleitete. Der von König Konstantin eisern aufrechterhaltene Neutralitätskurs war damit endgültig kompromittiert und sogar in den Ruch des nationalen Verrats geraten.

Schon vor der bulgarischen Besetzung Ostmakedoniens hatte sich in Thessaloniki das «Komitee der Nationalen Verteidigung» («Epitropi tis Ethnikis Amynis») gebildet, das aus Venizelos-Anhängern bestand, darunter viele Offiziere, deren Ziel der Kriegseintritt Griechenlands auf seiten der Entente war. Im August 1916 sagte sich das Komitee von der Staatsführung in Athen los und brachte damit eine folgenreiche Revolte in Gang. Nachdem Venizelos einige Wochen später zunächst auf Kreta eine Gegenregierung gebildet hatte, nahm diese Anfang Oktober in Thessaloniki ihre Arbeit auf. Bald sollten griechische Truppen ausgehoben und unter französischem Oberkommando an die Balkanfront geschickt werden. Mit der Einrichtung dieser Gegenregierung, die als «Triumvirat» («Triandria») bekannt geworden ist, weil Venizelos mit Admiral Pavlos Kountouriotis (1855–1935) und General Panagiotis Danglis (1853–1924) auch zwei Offiziere an ihr beteiligte, war die Spaltung des Landes vollzogen. Der Einflußbereich der Regierung in Thessaloniki erstreckte sich auf die «Neuen Länder» («Nees Chores»), wie die Gebiete genannt wurden, die in den Balkankriegen griechisch geworden waren. Ihre Einwohner standen mehrheitlich hinter Venizelos, wobei jedoch die nichtgriechischen Bevölkerungsgruppen, die zumindest in Makedonien die Majorität der Wähler stellten und schon in den Maiwahlen von 1915 klar gegen ihn gestimmt hatten, eine markante Ausnahme bildeten. Die Regierung in Athen kontrollierte dagegen «Altgriechenland» («Palaia Ellada»), die Gebiete also, die schon vor 1912 zu Griechenland gehörten und aufgrund ihrer gesellschaftlichen Struktur eine stärkere Affinität zum König hatten als die neuen Landesteile. Einen Sonderfall bildete allerdings Thessalien, das von der Athener Regierung nur gehalten werden konnte, weil sie dort Militär stationiert hatte. Dies geschah mit Einverständnis der Briten und Franzosen, die im Falle eines Abzugs der königstreuen Truppen aus dieser Region den Ausbruch von Bauernrevolten befürchteten.

Andererseits verstärkten sie den politischen Druck auf die Athener Regierung und forderten diese zur Herausgabe eines großen Teils der griechischen Flotte sowie kriegswichtigen Materials auf. Um dieser Forderung Nachdruck zu verleihen, landete im November 1916 eine Abteilung französischer Marineinfanteristen im Piräus mit dem Auftrag, die strategisch wichtigen Punkte der Hauptstadt zu besetzen. Wider Erwarten stießen sie dabei auf heftigen Widerstand; es folgten tagelange Kämpfe, in deren Verlauf französische Kriegsschiffe Athen unter Beschuß nahmen. Die Auseinandersetzung endete mit einer Niederlage der Angreifer. Die griechischen Verteidiger setzten sich teils aus Einheiten der regulären Armee zusammen, teils aber auch aus den «Epistratoi» (wörtlich: «Rekruten»), einer paramilitärischen Formation königstreuer Reservisten, die ein gewisser Ioannis Metaxas (1871–1941), ein glühender Verehrer Konstantins und damals stellvertretender Chef des Generalstabs, ins Leben gerufen hatte. Nach dem Ende der Kämpfe brach in Athen und in anderen Städten Altgriechenlands eine regelrechte Hexenjagd auf Sympathisanten von Venizelos aus, die verschiedenen Repressalien ausgesetzt wurden. Einen wesentlichen Anteil an diesen Verfolgungen hatten die «Epistratoi», allerdings beteiligte sich auch die Orthodoxe Amtskirche auf ihre Weise daran, indem sie öffentliche Exkommunikationen und symbolische Steinigungsrituale gegen Venizelos und seine Anhänger inszenierte.

Die als «Novemberereignisse» («Noemvriana») bekannt gewordenen Kämpfe und insbesondere der französische Beschuß Athens, der vor allem zivile Opfer gefordert hatte, führten zu einem spürbaren Sympathieverlust der Entente bei der Bevölkerung Altgriechenlands, was die Spaltung des Landes zusätzlich vertiefte. König Konstantin erlebte in diesem Zusammenhang einen Popularitätsgewinn, wurde jedoch zugleich in London und Paris zu einem der bestgehaßten Männer nach dem deutschen Kaiser. Die Entente-Mächte erkannten nun die Gegenregierung in Thessaloniki offiziell an und verhängten eine Seeblockade über Altgriechenland, um die Bevölkerung wirtschaftlich unter Druck zu setzen und auf diese Weise den Sturz Konstantins herbeizuführen. Als sich diese Erwartung nicht erfüllte und sich zeigte, daß die Blockade eher gegenteilige Wirkung hatte, ergriffen sie weitere Maßnahmen. Sie erzwangen die Verlegung der königstreuen Armee auf die Peloponnes und forderten die offizielle Auflösung aller «Epistratoi»-Verbände, was auch geschah, aber wirkungslos blieb, da diese Formationen ohnehin auf informellen Organisationsstrukturen fußten. Schließlich stellten sie im Mai 1917 ein Ultimatum, in dem sie die Abdankung Konstantins forderten, während zeitgleich französische Truppen den Isthmus von Korinth und Athen besetzten. Daraufhin setzte Konstantin seinen Sohn Alexander als Nachfolger ein und begab sich ins Exil. Die Tatsache, daß er vorher nicht selbst abgedankt hatte, führte wenige Jahre später allerdings noch zu unerwarteten politischen Verwicklungen. Für den Moment jedoch bedeutete der Abgang Konstantins den Sieg von Venizelos' Gegenregierung, die sich umgehend von Thessaloniki nach Athen begab. Die politische Spaltung des Landes wurde somit wenige Monate nach ihrem Beginn wieder beendet. Die gesellschaftliche Spaltung aber erwies sich als nachhaltig und sollte die Geschichte Griechenlands noch für Jahrzehnte prägen.

Ihr Hauptmerkmal war eine starke Polarisierung zwischen «Venizelisten» und Royalisten bzw. «Antivenizelisten», wie sich die Anhänger der Lager bald selbst nannten. Der politische Grundkonsens, der in den Jahrzehnten vor dem Ersten Weltkrieg im wesentlichen getragen hatte, brach zusehends auf, damit einhergehend aber letztlich auch der Zusammenhalt der ganzen griechischen Gesellschaft. Ein deutlicher Indikator dafür war die wachsende Radikalität, mit der die verfeindeten Lager ihre politischen Auseinandersetzungen führten. Schon früh war es dabei üblich geworden, der jeweiligen Gegenseite ihre «nationale Gesinnung» abzusprechen, sie als «Vaterlandsverräter» oder auch «von fremden Mächten gesteuert» zu diffamieren und ihre Anhänger mit legalen wie illegalen Mitteln systematisch zu verfolgen. Bezeichnenderweise wurde sogar die Orthodoxe Kirche davon erfaßt, deren Führung sich voll und ganz auf die Seite Konstantins gestellt hatte und damit begann, die klerikale Hierarchie von venizelistischen Priestern zu «säubern». Im gesamten öffentlichen Sektor von den höchsten bis zu den niedrigsten Ebenen wurde ein Automatismus einander abwechselnder Personalwechsel je nach aktueller Machtlage in Gang gebracht, der nicht zuletzt das Offizierskorps betraf, was nur wenige Jahre später fatale Konsequenzen haben sollte. Damit wurde alles, was die Verfassungsrevision von 1911 im Sinne effizienter staatlicher Institutionen an Verbesserung gebracht hatte, unter dem Vorzeichen politischer Lagerideologie wieder beseitigt.

Kriegseintritt und Kleinasienfeldzug 1917–1922

Der offizielle Kriegseintritt Griechenlands auf seiten der Entente, den Venizelos nach seinem Sieg über König Konstantin im Juni 1917 umgehend erklärte, ermöglichte es ihm, nach der Kapitulation der Mittelmächte im November 1918 am Tisch der Sieger des Ersten Weltkriegs Platz zu nehmen. Dies war durchaus nicht unbegründet angesichts des militärischen Beitrags, den das Land trotz seiner späten Beteiligung geleistet hatte. Bei Ende der Kampfhandlungen im Herbst 1918 stellten die griechischen Truppen immerhin einen guten Teil der verbündeten Streitkräfte an der strategisch wichtigen Balkanfront, wo sie sich – etwa in Skra di Legen im Mai 1918 sowie bei der großen Makedonienoffensive im September des Jahres – wiederholt ausgezeichnet hatten. Dementsprechend großzügig wurde das Land mit Gebietsgewinnen bedacht, wobei allerdings auch das Verhandlungsgeschick von Venizelos eine wichtige Rolle spielte, der sich auf internationalem diplomatischem Parkett sehr versiert zeigte.

Über die in den Balkankriegen eroberten Gebiete hinaus erhielt Griechenland nun auch West- und Ostthrakien zuerkannt, womit seine Grenze bis in unmittelbare Nähe Konstantinopels vorgeschoben wurde, ferner Nordepirus bzw. Südalbanien sowie ein – wenn auch vage formuliertes – italienisches Versprechen auf die Dodekanesinseln mit Ausnahme von Rhodos. Abgesehen davon bekam Athen auch die Verwaltung des Regierungsbezirks von Smyrna in Westkleinasien zugesprochen. Diese war zunächst auf fünf Jahre befristet, nach deren Ablauf eine Volksabstimmung über den zukünftigen Verbleib bei Griechenland entscheiden sollte. Angesichts des starken griechisch-christlichen Bevölkerungsanteils erschien das durchaus möglich, zumal Venizelos mit Zuwanderung griechisch-christlicher Bevölkerungsgruppen aus dem übrigen Kleinasien in dieses Gebiet rechnete. Außerdem war Smyrna im August 1920, als der Vertrag von Sèvres unterzeichnet wurde, faktisch schon über ein Jahr unter der Kontrolle Griechenlands, das dort bereits im Mai 1919 Truppen gelandet hatte.

Auch dies war mit freundlicher Genehmigung Großbritanniens geschehen, das damit die Teilnahme griechischer Truppen am Ukrainefeldzug der Entente im Januar 1919 honorierte.

Das Vertragswerk von Sèvres zielte auf die territoriale Zerstückelung des im Krieg unterlegenen und in innerer Auflösung befindlichen Osmanischen Reiches. Anders als bei seinen europäischen Gegenstücken unter den Pariser Vorortverträgen – Versailles, Saint Germain und Trianon – war die Aufteilung der Erbmasse hier von kolonialen Kriterien bestimmt. Die Involvierung Griechenlands in Kleinasien bildete somit nur einen Teilaspekt der geplanten Aufteilung des Ostmittelmeerraums und des Nahen Ostens unter den Siegermächten. In den arabischen Gebieten des Osmanischen Reichs wurden Mandatsgebiete geschaffen, deren Grenzen im wesentlichen noch bis heute existieren, in Kleinasien dagegen Einflußsphären, die von den beteiligten Staaten abgesteckt wurden: für Großbritannien ein an die Meerengen von Dardanellen und Bosporus angrenzender Landstreifen, in dem nach der osmanischen Kapitulation eine internationale Zone eingerichtet worden war, für Frankreich das an sein syrisches Mandatsgebiet angrenzende Kilikien und für Italien schließlich die im Südwesten Anatoliens gegenüber der Dodekanes gelegenen Landstriche Karien und Lykien.

Keine Berücksichtigung fand bei diesen Plänen jedoch die Dynamik des türkischen Nationalismus, der in der Person von Mustafa Kemal (1881–1938) eine außerordentlich befähigte militärische wie politische Leitfigur fand. Diesem gelang es, vom anatolischen Binnenland aus mit Resten der osmanischen Armee sowie mit irregulären Verbänden einen bewaffneten Widerstand zu organisieren, der von den Gegnern zunächst kaum ernstgenommen wurde, jedoch kontinuierlich an Schlagkraft gewann. Die griechischen Truppen hatten das ihnen zugewiesene Umland von Smyrna zwar ohne Widerstand besetzt, waren aber nicht in der Lage, es gegen Angriffe türkischer Abteilungen zu sichern, die in diesem Gebiet nahezu ungehindert agieren konnten. Das betraf auch die Stadt Smyrna selbst, wo es schon am Tag der griechischen Landung zu Kämpfen gekommen war. Nachdem zunehmend deutlich wurde, daß dieser Partisanenkrieg nicht ohne weiteres unter

Kontrolle zu bringen war, entschied man sich auf griechischer Seite im Sommer 1920 zu einem Vorstoß in das anatolische Binnenland. Dies wurde von den Entente-Mächten und insbesondere Großbritannien ausdrücklich begrüßt, da auf diese Weise ein griechischer Puffer für die Meerengen-Zone geschaffen wurde, die ebenfalls ein Ziel türkischer Angriffe war. Der Vorstoß, der etwa 150 Kilometer nach Osten auf Höhe der Städte Bursa und Uşak führte, erwies sich als schwerwiegende strategische Fehlentscheidung. Er schuf eine deutlich verbreiterte Front und verlängerte Nachschubwege, was logistische Anforderungen stellte, denen die griechische Armee kaum gewachsen war. Die wachsenden militärischen Probleme, mit denen das griechische Kleinasienunternehmen konfrontiert war, wurden zudem durch die innenpolitischen Entwicklungen im Lande noch massiv verschärft.

Venizelos, der immer noch mit dem sogenannten «Lazarus-Parlament» von 1915 regierte, das er nach der Vertreibung des Königs 1917 verfassungswidrig wieder «zum Leben erweckt» hatte, rief für den November 1920 Parlamentswahlen aus, von denen er sich eine möglichst breite Legitimation für sich und seine Expansionspolitik in Kleinasien erhoffte. Zugleich wollte er bei dieser Gelegenheit die Zukunft der Monarchie klären, die offen war, nachdem König Alexander I. im Oktober des Jahres überraschend an den Folgen eines Affenbisses gestorben war, ohne erbberechtigten Nachwuchs zu hinterlassen. Damit fiel die Nachfolge nämlich an seinen Vater Konstantin, der 1917 zwar ins Exil gegangen war, aber offiziell nicht auf den Thron verzichtet hatte. Ein klares Wählervotum in dieser Sache hätte die perfekte Handhabe geliefert, dieses Problem ein für alle Mal aus der Welt zu schaffen. Venizelos wiegte sich dabei in der Gewißheit, daß er die Wahlen aufgrund seiner außenpolitischen Erfolge als Schöpfer von «Großgriechenland» souverän gewinnen würde. Um so überraschter waren er und seine Anhänger daher, als sich dies als Irrtum herausstellte. Die «Partei der Liberalen» erlitt eine Niederlage, mit deren Eindeutigkeit nicht einmal ihre Gegner gerechnet hätten. Neben Unzufriedenheit mit dem autoritären Regime, das Venizelos bei seiner Rückkehr nach Athen 1917 etabliert hatte, war für dieses Ergebnis zweifellos auch eine allgemeine Kriegsmüdigkeit verantwortlich, die das Land nach mittlerweile acht Jahren militärischer Verwicklungen erfaßt hatte. Dies fiel um so mehr ins Gewicht, als ein Kriegsende nicht in Sicht war und die wirtschaftlichen Belastungen für die Bevölkerung immer stärker spürbar wurden. Waren diese in den Jahren von 1912–1918 nämlich trotz der Kriegskosten einigermaßen stabil geblieben, wuchsen sie seit 1919 explosionsartig um ein Vielfaches an: Kleinasien erwies sich für Griechenland nicht nur militärisch, sondern auch finanziell als ein Faß ohne Boden.

Während Venizelos sich nach seiner Wahlniederlage resigniert ins selbstgewählte Exil nach Paris begab, kehrte Konstantin im Dezember 1920 wieder nach Griechenland zurück, nachdem er in einem von den Venizelisten boykottierten Plebiszit als Staatsoberhaupt bestätigt worden war. Die Rückkehr des Königs löste heftige Proteste Großbritanniens und Frankreichs aus, was einen herben Rückschlag für das außenpolitische Prestige Griechenlands bedeutete und seine internationale Position schwächte. Die Folgen zeigten sich schon sehr bald in Kleinasien, das mit dem Regierungswechsel nun auch zu einem innenpolitischen Problem wurde.

Solange die Royalisten in der Opposition gewesen waren, hatten sie trefflich gegen das griechische Engagement in Kleinasien gestritten, wobei sich ihre Argumente – Überforderung der Streitkräfte sowie Überlastung der Volkswirtschaft – im Nachhinein als stichhaltig und nur allzu richtig erwiesen. Einmal an der Regierung, brachten sie jedoch nicht den politischen Mut auf, das laufende Unternehmen zu beenden, hätte dies doch bedeutet, sich dem Vorwurf «nationaler Schwäche» von seiten der Venizelisten auszusetzen. So wurden die militärischen Anstrengungen wider besseres Wissen nicht nur nicht reduziert, sondern im Gegenteil verstärkt und der Vormarsch noch weiter ins Innere Anatoliens vorangetrieben. Nachdem im Sommer 1921 die Städte Eskişehir und Afyon erreicht worden waren, zog die Armee weiter nach Osten, bis sie nur noch gut 50 Kilometer von Ankara entfernt am Fluß Sakarya von türkischen Kräften zum Stehen gebracht wurde. Zu den ohnehin schon gravierenden logistischen und operativen Problemen gesellte sich jetzt noch ein weiteres, das die Schlagkraft der griechischen Truppen nachhaltig minderte. Nach dem Machtwechsel in Athen war nämlich eine umfangreiche «Säuberung» der Armee von Venizelisten eingeleitet worden, die durch königstreue Offiziere ersetzt wurden. Dies verursachte ein Organisationschaos an der Front: Stellenweise brachen sogar die Kommandostrukturen zusammen, weil die militärische Hierarchie durch die politische Spaltung, die sich durch sämtliche Dienstränge zog, untergraben wurde und es durchaus nicht selbstverständlich war, daß etwa ein venizelistischer Feldwebel die Befehle eines royalistischen Hauptmanns ausführte. Erschwerend kam hinzu, daß mit dieser «Säuberung» viele Offiziere entfernt wurden, die seit 1917 im aktiven Truppendienst gestanden hatten und entsprechend kampferprobt waren, während an ihre Stelle Offiziere traten, die keinerlei Fronterfahrung hatten, da sie wegen ihrer royalistischen Gesinnung von den Venizelisten vom Dienst ausgeschlossen worden waren.

Während Griechenland sich immer tiefer in einen Krieg verstrickte, den es nicht gewinnen konnte, hatten die europäischen Großmächte die Zeichen der Zeit längst erkannt und setzten auf einen Ausgleich mit dem neuen türkischen Regime in Ankara. Dies war Ausdruck einer pragmatischen Bewertung der Kräfteverhältnisse, hatte aber auch eine geostrategische Dimension, denn man wollte einer Annäherung der Türkei an das Sowjetregime entgegenwirken, die mit dem Moskauer Freundschaftsvertrag vom März 1921 schon konkrete Formen annahm. Frankreich schloß einen Waffenstillstand in Kilikien und erkannte die türkische Regierung mit dem Vertrag von Ankara im Oktober desselben Jahres an, gefolgt von Italien, das auch eine wirtschaftliche Kooperation vereinbarte. Am ehesten unterstützte noch Großbritannien das griechische Kleinasienunternehmen, nicht zuletzt, weil dadurch die britische Position an den Meerengen vor türkischen Angriffen geschützt wurde. Mittlerweile war man sich aber auch in London darüber klar, daß ein militärischer Sieg über Kemal in utopischer Ferne lag. Die griechische Diplomatie hingegen zeigte sich unfähig, auf die sich abzeichnenden Veränderungen der internationalen Lage zu reagieren. Sie blieb nach wie vor ausschließlich auf die Großmächte und vor allem auf Großbritannien fixiert, dessen Sympathien durch die Rückkehr Konstantins jedoch eine Abkühlung erlebt hatten. Niemals wurde von griechischer Seite in Erwägung gezogen, eine direkte Verständigung oder auch nur Kontaktaufnahme mit der Regierung Kemals zu suchen, denn dies lag offensichtlich jenseits des Denkhorizonts der politischen Entscheidungsträger in Athen. Zeit genug wäre dafür jedenfalls gewesen, denn nachdem der griechische Vormarsch sich im Sommer 1921 festgefahren hatte, verharrten die Fronten in Kleinasien für ein Jahr weitgehend unverändert. Erst im August 1922 setzte Kemal zu einer groß angelegten Gegenoffensive an, welche die türkische Armee innerhalb von nur zwei Wochen an die Ägäis und nach Smyrna führte, das im Zuge der Kämpfe weitgehend zerstört wurde. Die Reste der geschlagenen griechischen Armee retteten sich inmitten eines Stroms von Flüchtlingen, der ihren Rückzug begleitete, auf die gegenüberliegenden ostägäischen Inseln. Das war das Ende des griechischen Kleinasienfeldzugs.

Die humanitäre Bilanz des Kriegsjahrzehnts

Die Balkankriege 1912/13 markieren den Beginn einer Serie von Flucht- und Vertreibungsbewegungen, die in ihrem Ausmaß wie in ihrem Verlauf historisch beispiellos waren und zu radikalen Verwerfungen in der Bevölkerungsstruktur Griechenlands wie auch anderer Länder der Region führten. Sie waren die Folge direkter wie indirekter politischer Gewalt, die sich über das Ideenkonstrukt «ethnischer Homogenität» legitimierte und im Verlauf der kriegerischen Konflikte naturgemäß eskalierte.

Im Osmanischen Reich waren die nichtmuslimischen Bevölkerungsgruppen schon am Vorabend der Kriege unter wachsenden Druck geraten. Dieser verstärkte sich, als 1913 muslimische Flüchtlinge aus den von den Balkanstaaten eroberten Gebieten ins Land strömten und von der osmanischen Regierung gezielt in Ostthrakien und Westkleinasien angesiedelt wurden, um die traditionell heterogene ethnokonfessionelle Struktur dieser Gebiete zu verändern. Gleichzeitig ergriff sie Maßnahmen, um die dortige nichtmuslimische Bevölkerung zur Abwanderung zu bewegen, und veranlaßte in einigen Landstrichen auch ihre Umsiedlung nach Zentralanatolien. Diese Politik war nicht zuletzt dadurch motiviert, daß man die Nichtmuslime – vornehmlich griechische Christen – als politisch unzuverlässig einstufte und ihre Präsenz in strategisch sensiblen Gebieten als potentielle Gefahr ansah.

Im Prinzip wurde diese Logik offenbar auch von der griechischen Regierung geteilt, denn Venizelos nahm 1914 Verhandlungen über einen Bevölkerungsaustausch auf, der die Umsiedlung griechischer Christen aus Kleinasien nach Griechenland und türkischer Muslime in entgegengesetzte Richtung auf freiwilliger Basis vorsah – was immer «Freiwilligkeit» unter solchen Rahmenbedingungen für die Betroffenen bedeuten konnte. Diese Verhandlungen wurden jedoch abgebrochen, als das Osmanische Reich in den Ersten Weltkrieg eintrat.

Mit dem osmanischen Kriegseintritt verschlimmerte sich die Lage der Nichtmuslime dramatisch, da die kurz zuvor eingeführte allgemeine Wehrpflicht von der Regierung als Mittel zu ihrer Unterdrückung eingesetzt wurde. Wer aus Altersgründen nicht mehr der Wehrerfassung unterlag, wurde zur Zwangsarbeit in sogenannten «Arbeitsbataillonen» («Amele Taburları») eingezogen, die Teil des staatlichen Repressionsapparats gegen die nichtmuslimische Bevölkerung, vor allem Armenier und Griechen, waren und in denen viele umkamen. Nach der Gallipoli-Operation vom Februar 1915 kam es zeitgleich mit dem Genozid an den Armeniern zu umfangreichen Zwangsumsiedlungen griechischer Christen von den Küstenstreifen der Ägäis, des Marmarameeres sowie des Schwarzen Meeres ins anatolische Binnenland, die aufgrund der schlechten Transport- und Versorgungsbedingungen ebenfalls zahlreiche Todesopfer forderten. Die Verschärfung der Repressionen ließ den Flüchtlingsstrom, der sich bereits seit einiger Zeit in Richtung Griechenland bewegte, deutlich anwachsen. Zu ihnen gesellte sich ein weiterer Flüchtlingsstrom von Griechen aus dem Kaukasus und von der Nordküste des Schwarzen Meeres, der von der russischen Oktoberrevolution 1917 und dem nachfolgenden Bürgerkrieg ausgelöst und durch die griechische Teilnahme am Ukrainefeldzug 1919 noch vergrößert wurde. Bis 1920 wuchs die Zahl der Flüchtlinge in Griechenland auf etwa 800 000 Personen an.

Mit der Landung griechischer Truppen in Smyrna 1919 wurde die

Flüchtlingszelte bei der antiken Agora von Athen, im Hintergrund die Akropolis. Das Foto erschien in der Zeitschrift «National Geographic» im November 1925.

Lage der kleinasiatischen Griechen vollends unhaltbar, da sie spätestens jetzt als offene Feinde galten. War der nachfolgende Krieg für die türkische Seite ein Kampf um die nationale Unabhängigkeit, wurde er für sie zu einem Kampf ums nackte Überleben. Das führte dazu, daß sich bei der griechischen Armee, die ihrerseits gegen muslimische Zivilisten vorging, eine ständig wachsende Zahl von Flüchtlingen ansammelte, die ihr beim Rückzug 1922 auf dem Fuß folgten. Nicht allen gelang jedoch die Flucht über das Meer, viele von ihnen kamen in Smyrna ums Leben, mit dessen Zerstörung die türkischen Truppen zugleich einen Schlußstrich unter das multikulturelle Erbe dieser Metropole zogen. Selbst bei vorsichtiger Schätzung ist davon auszugehen, daß im Zeitraum von 1913 bis 1923 insgesamt mehr als eine halbe Million kleinasiatischer Griechen getötet wurde. In Griechenland befanden sich Ende 1922 rund 900 000 Flüchtlinge.

Bevölkerungsaustausch und Lausanner Friedensvertrag von 1923

Im Januar 1923 kam es zur Unterzeichnung eines Abkommens über einen griechisch-türkischen Bevölkerungsaustausch, das im Juli des Jahres in den Lausanner Friedensvertrag aufgenommen wurde. Diese

Vereinbarung bedeutete in gewisser Hinsicht nichts anderes als eine nachträgliche formaljuristische Sanktionierung der humanitären Katastrophen, die sich im vorangegangenen Jahrzehnt unter dem Vorzeichen «ethnischer Säuberungen» ereignet hatten; denn ihre Bestimmungen beschrieben in weiten Teilen nur das, was schon eingetreten war. Völkerrechtlich stellte sie jedoch ein Novum dar: Erstmals wurde hier das Prinzip der Freiwilligkeit außer Kraft gesetzt, das früheren Abkommen dieser Art zugrunde gelegen hatte, etwa jenem, das 1919 in Neuilly zwischen Griechenland und Bulgarien vereinbart worden war. Ein weiteres Novum lag darin, daß sich diese Vereinbarung anders als ihre Vorgänger, die immer nur regionale Reichweite hatten, auf das gesamte Staatsgebiet der beiden Vertragsparteien erstreckte. Danach sollten im Prinzip sämtliche noch in der Türkei lebenden Griechen nach Griechenland zwangsumgesiedelt werden, während umgekehrt sämtliche noch in Griechenland lebenden Türken das Land in Richtung Türkei verlassen mußten. Als Kriterium für nationale Zugehörigkeit wurde nicht die Sprache, sondern die Religion zugrunde gelegt, was zur Folge hatte, daß auch türkischsprachige Orthodoxe wie etwa die kappadokischen «Karamanlides» als Griechen zählten, umgekehrt aber griechischsprachige Muslime, die beispielsweise auf Kreta damals etwa ein Sechstel der Inselbevölkerung ausmachten, als Türken. Im Zuge dieser Vereinbarung wuchs die Zahl der Vertriebenen in Griechenland auf mehr als 1,2 Millionen, etwa ein Viertel der damaligen Gesamtbevölkerung, während die Zahl der in die Türkei vertriebenen Muslime auf etwa eine halbe Million anstieg.

Von der Zwangsumsiedlung ausdrücklich ausgenommen wurden einerseits die griechischen bzw. orthodoxen Einwohner des Regierungsbezirks von Konstantinopel/Istanbul, die damals rund 250 000 Menschen gezählt haben dürften, andererseits die muslimischen Einwohner Westthrakiens, deren Zahl bei etwa 130 000 Menschen lag. Die Gründe für diese Ausnahmen, mit denen der Kerngedanke des Bevölkerungsaustauschs eigentlich ad absurdum geführt wurde, sind im Rahmen des Lausanner Vertrags zu suchen, der als dauerhafte internationale Friedensregelung konzipiert wurde. Während ansonsten «ethnische Homogenität» als Garant für Frieden betrachtet wurde, sollten in diesem Fall Minderheiten geschaffen werden, die als Faustpfand bzw. Geiseln für das künftige gegenseitige Wohlverhalten der Türkei und Griechenlands dienen sollten. Die Regelungen folgten aber noch anderen Überlegungen: Für die türkische Seite dürfte dabei die wirtschaftliche Bedeutung der in Istanbul lebenden Griechen eine Rolle gespielt haben, während die griechische Seite in den westthrakischen Muslimen einen «ethnographischen Schutzschild» gegen eventuelle revanchistische Ansprüche Bulgariens sah, das dieses Gebiet von 1913–1919 beherrscht hatte und nach wie vor als sein nationales Territorium betrachtete. Von der Zwangsumsiedlung ausgenommen wurden im Vertrag von Lausanne schließlich auch die griechischen Bewohner der den Dardanellen vorgelagerten Inseln Imbros und Tenedos sowie – wenn auch stillschweigend – muslimische Albaner in Epirus, die zur Minderheit der Çamen gehörten.

Abgesehen von den Bestimmungen zum Bevölkerungsaustausch und zum Minderheitenschutz enthielt der Vertrag von Lausanne Regelungen zum Verlauf der Staatsgrenzen und zur Einrichtung einer entmilitarisierten Zone an der griechisch-türkischen Ägäisgrenze, darüber hinaus aber auch eine Verzichtserklärung der Türkei auf vormals osmanische Gebiete, die von europäischen Großmächten einverleibt worden waren. Das betraf namentlich die 1912 von Italien eroberte Dodekanes und das 1914 von Großbritannien formal annektierte Zypern.

Der Vertrag von Lausanne erfuhr in der Folgezeit zwar noch kleinere Ergänzungen und Modifikationen, bildet aber bis heute die zentrale rechtliche Grundlage der bilateralen Beziehungen zwischen Griechenland und der damals gegründeten Republik Türkei. Für Griechenland markierte er nicht nur das Ende eines Jahrzehnts von Kriegen, sondern auch eines Dreivierteljahrhunderts national-irredentistischer Aspirationen, welche die Politik des Landes maßgeblich geprägt hatten. Die Gebietsgewinne aus den Balkankriegen und dem Ersten Weltkrieg erfuhren mit ihm eine förmliche internationale Anerkennung, ebenso die massiven Bevölkerungsverschiebungen, die damit einhergegangen waren. Sie führten zu einer deutlichen Veränderung der ethnischen Struktur des Landes, die sich vor allem in den nördlichen Gebieten bemerkbar machte, wo die Griechen erst seit 1923 die Mehrheit bildeten. In Makedonien stieg ihr Anteil von 43 % auf 89 %, in Westthrakien von 17 % auf 62 % der Gesamtbevölkerung. Damit wurde Griechenland, relativ gesehen, zu einem der ethnisch homogensten Staaten der gesamten Region, was bei näherer Betrachtung allerdings nicht allzuviel bedeutete; denn trotz aller demographischen Umwälzungen verfügte das Land über ein Kaleidoskop von ethnischen Minderheiten, darunter Albaner, Aromunen, sephardische Juden und nicht zuletzt slawische Makedonen. Abgesehen davon waren die in Scharen zugezogenen Flüchtlinge noch in keiner Weise integriert, was neben wirtschaftlich-sozialen nicht zuletzt auch kulturelle Aspekte hatte. Viele von ihnen lebten in Elendsquartieren, die in kürzester Zeit um die Städte Athen und Thessaloniki aus dem Boden schossen und sich ebenso schnell zu sozialen Brennpunkten entwickelten. Von der einheimischen Bevölkerung wurden die Vertriebenen oft alles andere als mit offenen Armen empfangen, wovon diskriminierende Schimpfwörter wie «Türkensamen» («Tourkosporoi») oder «Joghurtgetaufte» («Giaourtovaptismenoi»), die damals in Gebrauch kamen, ein beredtes Zeugnis ablegen. Der Umgang mit den ethnischen Minderheiten und die Behandlung der Flüchtlingsproblematik entwickelten sich dementsprechend zu zentralen innenpolitischen Themen in der Zwischenkriegszeit.

Die Kleinasiatische Katastrophe als griechisches Trauma

Das Ausmaß, die Folgen, aber auch die Umstände der Kriegsniederlage von 1922 machten diese zu einem Kollektivtrauma, dessen Überwindung eine nicht zu unterschätzende Herausforderung für die griechische Gesellschaft darstellte. Bereits in den ersten öffentlichen Reaktionen offenbarten sich typische Mechanismen psychologischer Sublimierung. So wurde im zeitgenössischen Sprachgebrauch die Niederlage der griechischen Armee üblicherweise als «Unfall» bezeichnet oder mit bedeutungsverwandten Begriffen umschrieben, um die Einsicht zu vermeiden, daß sie in Wahrheit besiegt worden war. Diese

Begrifflichkeit benutzte beispielsweise Stylianos Gonatas (1876–1966), ein hochrangiger Generalstabsoffizier, während die Reste der griechischen Truppen im September 1922 vom kleinasiatischen Festland evakuiert wurden. Wenige Tage später führte er gemeinsam mit Nikolaos Plastiras (1883–1953), einem populären venizelistischen Offizier, der sich im Krieg ausgezeichnet hatte, einen Militärputsch durch, der die Regierung in Athen hinwegfegte und König Konstantin zum erneuten und diesmal endgültigen Verlassen des Landes zwang. Die Putschisten bildeten einen Revolutionsrat, der es sich zur Aufgabe machte, die Schuldigen für den kleinasiatischen «Unfall», die man in den Reihen der soeben gestürzten Regierung verortete, zur Rechenschaft zu ziehen. Im Oktober 1922 wurde zu diesem Zweck ein außerordentliches Militärgericht einberufen, das in einem politischen Schauprozeß acht hochrangige royalistische Offiziere und Politiker wegen Hochverrats unter Anklage stellte. Sechs von ihnen, darunter auch der ehemalige Ministerpräsident Dimitrios Gounaris, wurden kurz darauf zum Tode verurteilt und hingerichtet. Der als «Prozeß der Sechs» berüchtigt gewordene Justizmord zielte auf die Bildung einer griechischen Dolchstoßlegende, erwies sich jedoch letztlich nur als schwerwiegende politische Hypothek für die nachfolgenden Jahre. Die Schaffung von Sündenböcken konnte nämlich nicht lange über die Tatsache hinwegtäuschen, daß die Verantwortung für das Kleinasiendebakel Venizelisten wie Royalisten gleichermaßen betraf und insofern ein Gemeinschaftsversagen der politischen Klasse des Landes war.

Vor diesem Hintergrund kam dem Ausdruck «Kleinasiatische Katastrophe», der sich damals einbürgerte und bis heute eine feste Größe im kulturellen Gedächtnis der griechischen Gesellschaft bildet, besondere Bedeutung zu. Der dem Begriff «Katastrophe» innewohnende Verweis auf höhere Gewalt ermöglichte es, die Ereignisse in Kategorien eines schicksalhaften Verhängnisses zu fassen, was zweifellos zur emotionalen Entlastung beitrug. Diese Art von Sinnstiftung enthob die Betroffenen zugleich von der unangenehmen Aufgabe, sich auf die Suche nach den tieferen Ursachen für die Niederlage zu begeben, was in gewisser Hinsicht bequem war, aber auch dazu führte, daß eine kritische Aufarbeitung der Vorgänge – anders übrigens als nach dem Krieg von 1897 – damals weitgehend ausblieb und die traumatische Wirkung der Niederlage zementiert wurde. Erst viele Jahrzehnte später wurde mit der Formel der sogenannten «nationalen Vervollständigung» («ethniki oloklirosi») eine begriffliche Alternative gefunden, die sich in der griechischen Geschichtsschreibung mittlerweile als Epochenbegriff für das Kriegsjahrzehnt von 1912–1922 etabliert hat.

6. Die Zeit zwischen den Weltkriegen (1923–1940)

Das Kriegsende läutete eine neue Epoche ein, deren Beginn unter denkbar ungünstigen Vorzeichen stand, da das Land vor einem ganzen Bündel gewaltiger Probleme stand. Nach zehn Jahren Krieg lag die Wirtschaft am Boden, der Staatshaushalt war hoffnungslos überschuldet und die Inflation hatte astronomische Höhen erreicht, nachdem die Regierung zur Deckung der explodierenden Kosten des Kleinasienfeldzugs noch im März 1922 eine Zwangsanleihe erhoben und damit den Kurswert der Drachme halbiert hatte. Entsprechend groß war die Abhängigkeit von Auslandskrediten, die in der Folgezeit die wesentliche Grundlage für die wirtschaftliche Entwicklung wie auch für die Integration der Flüchtlingsmassen bildeten, der wohl größten Herausforderung, mit der der griechische Staat damals konfrontiert war. Das Land wurde darüber hinaus von sozialen Konflikten erschüttert, die in Ausmaß und Qualität eine neue Dimension erreichten. Verantwortlich dafür war ein tiefgreifender Wandel der Gesellschaftsstruktur, der unter anderem die Entstehung einer griechischen Arbeiterbewegung zur Folge hatte. Eine schwerwiegende Hypothek des Kriegsjahrzehnts stellte schließlich die tiefe Spaltung des Landes in Venizelisten und Antivenizelisten dar, die die gesamte Periode bis zum Zweiten Weltkrieg prägte und sogar noch darüber hinausreichte.

Die aus den Auseinandersetzungen zwischen den beiden Lagern resultierende Schwächung der zivilstaatlichen Institutionen führte dazu, daß das Militär bald zu einem bedeutenden Machtfaktor in der griechischen Innenpolitik wurde. Hatte schon Venizelos 1916 seine Gegenregierung auf hochrangige Militärs gestützt, ging im Herbst 1922 die Initiative für den Umsturz, der den König zur Abdankung zwang, dann gänzlich von Offizieren aus. Dies war der Auftakt einer langen Serie von Militärinterventionen, die bald zum festen Bestandteil des politischen Geschehens wurden. Das zeigte sich bereits im Vorfeld der

Parlamentswahlen von 1923: Nachdem sich mit der Zusicherung eines Völkerbundkredits zur Versorgung der Flüchtlinge erstmals eine gewisse Stabilisierung der Lage abgezeichnet hatte, sollte mit diesen nicht nur die Rückkehr zur zivilen politischen Ordnung vollzogen, sondern auch eine Entscheidung über die zukünftige Staatsform herbeigeführt werden. Als sich eine Mehrheit für die Abschaffung der Monarchie und die Ausrufung einer Republik abzeichnete, unternahm eine Gruppe königstreuer Offiziere, darunter auch Ioannis Metaxas, im Oktober des Jahres einen Putschversuch, der jedoch durch die venizelistischen Offiziere Theodoros Pangalos (1878–1952) und Georgios Kondylis (1879–1936) niedergeschlagen wurde. Daraufhin setzte eine erneute «Säuberung» des Offizierskorps von Royalisten ein und König Georg II. (1890–1947), der Konstantin 1922 auf den Thron gefolgt war, wurde zum Verlassen des Landes angehalten. Der Vorfall macht deutlich, wie sehr sich die Machtverhältnisse im Lande verändert hatten: Ebenso, wie das Militär versuchte, die Wahlen zu vereiteln, waren es wiederum Offiziere, die ihre Durchführung sicherten – und es ist bezeichnend, daß Pangalos und Kondylis in den folgenden Jahren zu zentralen Figuren der griechischen Politik wurden.

Die Republik

Bald zeigte sich, daß in der Frage der Staatsform keine Einigkeit innerhalb des venizelistischen Lagers bestand. Nur der radikale Flügel, zu dem auch die Offiziere gehörten und der von Alexandros Papanastasiou (1876–1936) angeführt wurde, befürwortete uneingeschränkt die Ausrufung der Republik; der größere Teil der «Liberalen Partei» wollte dagegen die Monarchie, in der man einen Stabilitätsfaktor sah, erhalten. Diese Auffassung vertrat auch Venizelos, der Anfang 1924 kurzzeitig nach Griechenland zurückkehrte, aber schnell feststellen mußte, daß die unter seinem Namen firmierenden politischen Kräfte sich in den drei Jahren seiner Abwesenheit verselbständigt hatten. Die im Dezember 1923 abgehaltenen Wahlen hatten zu einem überwältigenden Sieg des mittlerweile in «Liberale» und «Demokratische Union» bzw.

«Liberale Republikaner» gespaltenen venizelistischen Lagers geführt. Allerdings waren sie vom antivenizelistischen Lager boykottiert worden, so daß fast ein Drittel der Wahlberechtigten gar nicht abgestimmt hatte. Mit dem Wahlboykott wurde ein Übel fortgesetzt, das sich schon während des Kriegsjahrzehnts eingebürgert hatte und in der Folgezeit noch zahlreiche Neuauflagen erfuhr. Kam ein politisches Lager zu der Überzeugung, daß es in bevorstehenden Wahlen ohnehin unterliegen würde, boykottierte es diese einfach, um hinterher die Rechtmäßigkeit des Ergebnisses in Frage stellen zu können. Dieses Vorgehen trug nicht nur dazu bei, Gräben zu vertiefen, sondern hatte mittelfristig auch schlimme Auswirkungen auf die politische Kultur des Landes, da es das Grundprinzip demokratischer Willensbildung untergrub.

Angesichts der Gegensätze im venizelistischen Lager kam es zunächst zu keiner Einigung über die Frage der Staatsform. Unter anderem ging es darum, ob die Angelegenheit durch eine Volksabstimmung entschieden werden sollte oder in einer Abstimmung der Nationalversammlung, die nach den Wahlen einberufen worden war. Nachdem sich die Diskussionen einige Monate ergebnislos hingezogen hatten, trat im März 1924 erneut das Militär auf den Plan, namentlich die Gruppe um Pangalos und Kondylis, die nach der Entfernung ihrer königstreuen Konkurrenten aus dem Offizierskorps selbstredend großes Interesse an der Abschaffung der Monarchie hatten. Unter kaum verhohlener Androhung eines Putsches setzten sie die Nationalversammlung unter Druck, unverzüglich zur Ausrufung der Republik zu schreiten. Dieses Vorgehen löste eine weitere Aufsplitterung der «Liberalen Partei» aus und verschaffte Papanastasiou eine Mehrheit, die ausreichte, sich zum Ministerpräsidenten wählen zu lassen und schließlich die Republik auszurufen.

Diese wurde somit nicht aus einem breiten gesellschaftlichen Konsens heraus gegründet. Die labile Koalition von Abgeordneten, welche die Griechische Republik ins Leben rief, handelte unter Druck des Militärs und stützte sich zudem auf Wahlen, die von einem Teil des politischen Spektrums, den Royalisten, boykottiert worden waren. Diese weigerten sich deshalb zunächst, ihre Rechtsgültigkeit zu akzeptieren.

Nur ein einziger Exponent des royalistischen Lagers war sofort bereit, die Republik offiziell anzuerkennen. Es war Ioannis Metaxas, der noch wenige Monate zuvor hatte putschen wollen, inzwischen aber seine militärische Vergangenheit an den Nagel gehängt hatte und nun dabei war, sich mit seiner Partei der «Freidenker» («Eleftherofrones») im zivilen Raum parlamentarischer Politik zu profilieren. Dafür war er gern bereit, bei Bedarf taktische Zugeständnisse zu machen, und hatte auch keinerlei Skrupel, seine zutiefst monarchistische Gesinnung zumindest vorübergehend in den Hintergrund zu stellen, ohne sie jedoch aufzugeben und aus seiner im Kern antidemokratischen Haltung ein Hehl zu machen.

Mit der Ausrufung der ersten Griechischen Republik 1924 ging die Verabschiedung einer Reihe von Gesetzen einher, mit denen unter Berufung auf den Schutz von Staat und bestehender Gesellschaftsordnung die bürgerlichen Freiheitsrechte drastisch beschnitten wurden. So schränkte etwa das «Gesetz zum Schutz der Republik» das Versammlungsrecht ein und sah die Strafverfolgung politischer Delikte durch Militärgerichte vor. Ferner wurde ein «Ministerium für gesetzliche Ordnung» geschaffen, dessen Leitung Theodoros Pangalos übernahm, in dessen Person man den geeigneten Garanten für die Effizienz des staatlichen Repressionsapparats sah.

Die Gelegenheit, sich in dieser Rolle zu beweisen, ließ nicht lange auf sich warten. Am 1. Mai 1924 trafen sich etwa 900 Mitglieder der Kommunistischen Partei Griechenlands (ab Ende 1924: «KKE») – sie war 1918 zunächst unter dem Namen «Sozialistische Arbeiterpartei Griechenlands» («SEKE») gegründet worden – zu einer Maikundgebung im Zentrum Athens. Da diese zuvor verboten worden war, kam es zu einem blutigen Zusammenstoß mit Militärkräften, bei dem es einen Toten und viele Verletzte gab. Der Vorfall wurde von einigen Politikern umgehend zum Anlaß genommen, die «kommunistische Gefahr» zu beschwören und damit einen Topos zu begründen, der in Griechenland für die folgenden fünfzig Jahre fester Bestandteil politischer Rhetorik blieb und wiederholt als Vorwand für die Einschränkung von Bürgerrechten und die Selbstlegitimierung von Diktaturen diente.

Von einer drohenden kommunistischen Machtübernahme konnte jedoch weder damals noch in den Jahren darauf ernsthaft die Rede sein, denn tatsächlich blieb die KP Griechenlands bis zu ihrem Verbot 1936 immer eine Randpartei mit selten mehr als 6 % Stimmenanteil. Um so beeindruckender ist die offensichtliche Wirksamkeit des kommunistischen Drohgespensts in den politischen Auseinandersetzungen der Zwischenkriegszeit. Nach dem Vorfall vom Mai 1924 bezichtigte Kondylis Ministerpräsident Papanastasiou gar der bolschewistischen Gesinnung und trug maßgeblich dazu bei, daß dessen labile Parteienkoalition auseinanderbrach und der «Vater der Griechischen Republik» bereits wenige Wochen nach seinem Amtsantritt wieder zurücktreten mußte. Es folgten instabile Regierungsbildungen, die einander über ein Jahr lang abwechselten, bis sich Pangalos im Juni 1925 an die Macht putschte und eine Diktatur errichtete. Dieser erste Präzedenzfall totalitärer Herrschaft in Griechenland war aber nicht von langer Dauer, denn im August 1926 wurde Pangalos durch einen von Kondylis geleiteten Gegenputsch wieder gestürzt, der die Rückkehr zur verfassungsmäßigen Ordnung einleitete. Diese eigentümliche Doppelrolle des Militärs einerseits als Bedrohung und andererseits als Bewahrer der parlamentarischen Demokratie erlebte bis zur Wiederherstellung der Monarchie 1935 noch einige Neuauflagen und begründete die durchaus zutreffende Charakterisierung der Griechischen Republik als «Prätorianerstaat».

Die Erfahrung der gut einjährigen Diktatur von Pangalos hatte jedoch auch den Nebeneffekt, daß die Akzeptanz der Republik in breiteren Kreisen des politischen Spektrums zunahm. Dies nicht etwa, weil ihre Gegner aufgehört hätten, der Monarchie nachzutrauern, sondern schlicht, weil ihnen die parlamentarische Regierungsform im Vergleich zu einer totalitären Herrschaft als das kleinere Übel erschien. Der Sturz von Pangalos, auf den im November 1926 Wahlen sowie die Bildung einer sogenannten «Ökumenischen Regierung» aus Venizelisten und Royalisten folgten, markiert somit den Beginn einer Phase relativer innenpolitischer Stabilisierung, was angesichts der gewaltigen wirtschaftlichen und sozialen Probleme des Landes auch ein dringendes Gebot der Stunde war.

Georgios Kondylis bei einer Ansprache vor Offizieren im September 1926

Wirtschaftliche Probleme, Eingliederung der Flüchtlinge und sozialer Wandel

Die Gründung der griechischen KP zu Beginn der 1920er Jahre war zwar sicherlich kein Vorbote einer bevorstehenden proletarischen Revolution, jedoch ein deutlicher Indikator dafür, daß sich die soziale Problematik im Lande massiv verschärfte. Dies war die Folge tiefgreifender gesellschaftlicher und wirtschaftlicher Umbrüche, die sich damals in vergleichbarer Form fast überall in Europa bemerkbar machten, in Griechenland aber durch die katastrophale Hinterlassenschaft des Kriegsjahrzehnts spezifisch geprägt wurden. Dazu gehörte der galoppierende Wertverlust der Landeswährung, der im Zeitraum von 1914 bis zum Kriegsende mit einer Verzwölffachung der durchschnittlichen Lebenshaltungskosten einhergegangen war und 1923 in einer Inflationsrate von 62 % gipfelte. Im Juli des gleichen Jahres kam es darüber hinaus zu einer drastischen Absenkung des Lohnniveaus im Privatsektor um 30 %, wobei der Umstand ausgenutzt wurde, daß mit den Flüchtlingsmassen ein großes Reservoir an billigen Arbeitskräften zur Verfügung stand. Die Folge waren heftige soziale Proteste und Arbeitskämpfe, die von staatlicher Seite mit den üblichen Mitteln der gewaltsamen Repression zwar niedergeschlagen, aber nicht befriedet werden konnten und zum festen Bestandteil des innenpolitischen Alltags wurden.

Angesichts dieser Situation wird deutlich, daß für die Konsolidierung des Landes damals zwei Themen an erster Stelle standen: Zum einen galt es, als Voraussetzung für wirtschaftliche Entwicklung die Währungsstabilität wiederherzustellen, zum anderen mußte das Flüchtlingsproblem gelöst werden, das mit erheblichem sozialen Sprengstoff verbunden war. Dabei kam erschwerend hinzu, daß die Arbeitsmigration, die in der Vergangenheit immer wieder als demographisches Ventil fungiert hatte, aufgrund der restriktiven Einwanderungspolitik der USA seit 1921 keine Option mehr war. Beide Probleme – Stabilisierung der Drachme und Eingliederung der Flüchtlinge – waren recht unterschiedlich, ja in gewissem Maße sogar gegenläufig gelagert, hatten jedoch auch einen gemeinsamen Nenner: Weder das eine noch das andere war aus eigenen Kräften zu bewältigen, vielmehr benötigte man Auslandskapital.

Von entscheidender Bedeutung war daher eine erste internationale Anleihe, die nach langen Verhandlungen im Dezember 1924 mit dem Völkerbund vereinbart wurde und einen Gesamtumfang von 12,3 Mio. £ in Gold – größtenteils von britischen Banken finanziert – hatte. Sie ermöglichte nachhaltige Maßnahmen zur Eingliederung der Flüchtlinge, schuf darüber hinaus aber auch mittelbare Entwicklungsimpulse für die Binnenwirtschaft. Nachdem sich die Drachme sichtbar erholt und nach Anbindung an das Englische Pfund internationales Vertrauen gewonnen hatte, genehmigte der Völkerbund 1927 eine weitere Anleihe im Umfang von 7,5 Mio. £, die im Folgejahr ausgezahlt wurde. Architekt dieser Stabilisierung war Georgios Kafantaris (1873–1946), ein alter Gefolgsmann von Venizelos, der in der «Ökumenischen Regierung» das Wirtschaftsministerium leitete. Zu seinen bleibenden Verdiensten gehört auch die 1928 erfolgte Gründung der «Bank von Griechenland» («Trapeza tis Ellados»), womit das Land erstmals seit seinem Bestehen eine reine Notenbank erhielt. Die beiden Völkerbundanleihen bewirkten zweifellos einen wichtigen Anschubeffekt für die griechische Wirtschaft; da sie jedoch zu ungünstigen Bedingungen aufgenommen wurden, zementierten sie die notorische öffentliche Verschuldung. Dies schlug sich in einem disproportional hohen Anteil des Schuldendienstes am jährlichen Staatshaushalt nieder, der sich in dieser Zeit zwischen 35 % und 40 % bewegte und mehr als 80 % der gesamten Deviseneinkünfte des Landes absorbierte, was weit über dem Durchschnitt aller anderen Länder in der Region lag.

Während die Erfolge in der Geldpolitik insofern durchwachsen waren, konnte der Staat im zweiten großen Problembereich der 1920er Jahre beachtliche Erfolge verzeichnen. Bis zur Mitte des Jahrzehnts erhielten rund 600 000 Flüchtlinge Agrarland, das sich aus Staatsländereien sowie aus ehemals muslimischem Grundbesitz zusammensetzte und insgesamt 38 % der kultivierbaren Fläche ausmachte. Der weitaus größte Teil des auf diese Weise verteilten Landes lag in den neuerworbenen Gebieten, insbesondere in Makedonien und Westthrakien, deren demographische Struktur dadurch eine massive Veränderung erfuhr. Die Eingliederung der Flüchtlinge beschränkte sich aber nicht auf die Landverteilung, sondern wurde von gezielten agrarpolitischen Fördermaßnahmen begleitet, etwa der Ausstattung mit modernem Arbeitsgerät, der Gründung von Produktionsgenossenschaften sowie der Bereitstellung von günstigen Agrarkrediten. 1928 wurde dafür eine eigene Agrarbank, die «Agrotiki Trapeza tis Ellados», gegründet. Zu diesem Entwicklungsprogramm, dessen Ziel nicht nur die Versorgung der Flüchtlinge, sondern die strukturelle Modernisierung des griechischen Agrarsektors war, gehörten auch umfangreiche Landgewinnungsprojekte, darunter beispielsweise die Trockenlegung der Flußdeltas von Strymon und Axios, wodurch die Gesamtfläche des kultivierbaren Landes von 1,24 Mio. ha im Jahre 1922 auf 2,7 Mio. ha im Jahre 1938 mehr als verdoppelt wurde.

Darüber hinaus wurden bedeutende Investitionen zur Verbesserung der Infrastruktur vorgenommen. Bereits vor dem Pangalos-Putsch beschlossen, wurden sie seit 1926 maßgeblich von der «Ökumenischen Regierung» vorangetrieben. Sie betrafen insbesondere den Ausbau des

Verkehrsnetzes sowie der Häfen, umfaßten aber auch Großprojekte wie etwa den Marathon-Staudamm im Norden Athens, der von 1926 bis 1929 von einer US-amerikanischen Firma errichtet wurde und bis heute die zentrale Grundlage für die Trinkwasserversorgung der griechischen Hauptstadt bildet.

Einen Indikator für den Modernisierungsschub, den das Land in diesen Jahren erlebte, liefern auch die spektakulären Wachstumsraten des Industriesektors im Zeitraum von 1920 bis 1929. Darin zeichnete sich ein beginnender Strukturwandel der traditionell agrarisch geprägten griechischen Gesellschaft nach bürgerlich-kapitalistischem Muster ab, wozu auch die Entstehung eines Industrieproletariats gehörte, das bis dahin eher in den Köpfen griechischer Sozialutopisten existiert hatte. Die Gründe für das rasante Wachstum der Industrie, das im Hinblick auf Betriebsgründungen sowie die Steigerung von Produktivitätsziffern damals im weltweiten Vergleich sogar an dritter Stelle hinter der Sowjetunion und Japan lag, waren weniger struktureller Natur, sondern verdankten sich im wesentlichen den spezifischen Zeitumständen. So veranlaßte die schwache Konjunktur der Weltwirtschaft nach dem Ersten Weltkrieg das ansonsten stark auf den internationalen Handel orientierte griechische Unternehmertum dazu, Investitionsfelder im Inland zu erschließen. Ferner boten die Flüchtlinge ein gewaltiges Potential an günstigen Arbeitskräften, von denen viele zudem gut ausgebildet waren. Drittens erzeugte die bis Mitte der 1920er Jahre ungebremste Inflation der Drachme einen Treibhauseffekt, der die internationale Konkurrenzfähigkeit griechischer Produkte stärkte. Schließlich ist noch die ausgeprägte Interventions- und Protektionspolitik des Staates zu nennen, die zwar einen effektiven Schutz der einheimischen Industrie vor ausländischer Konkurrenz bot, jenseits davon aber keine nachhaltige Entwicklungsstrategie verfolgte, wie dies im Agrarsektor der Fall war.

Die genannten Faktoren weisen somit zugleich auf die Strukturschwächen und Entwicklungsgrenzen der griechischen Industrie in der Zwischenkriegszeit hin. Das Vorhandensein zahlreicher billiger Arbeitskräfte in Kombination mit staatlichem Protektionismus schuf nicht nur denkbar geringe Anreize, durch technologische Innovation eine Effizienzsteigerung zu erzielen, sondern förderte sogar eine modernisierungsresistente Grundtendenz, die sich in durchweg primitiven Produktionsmethoden sowie in einer extrem kleinteiligen Betriebsstruktur niederschlug; nur knapp 1 % der Industrieunternehmen beschäftigte damals mehr als fünfzig Arbeiter, während etwa 92 % eine Belegschaft von nur einer bis fünf Personen hatten. Entsprechend niedrig war das technologische Profil der griechischen Industrie, die sich weitgehend auf Textilprodukte, Lebensmittel und andere für den Direktverbrauch bestimmte Güter beschränkte. Dagegen kam es zu keiner nennenswerten Verwertung einheimischer Bodenschätze. Diese wurden fast ausschließlich als Rohstoffe ins Ausland exportiert, wo sie weiterverarbeitet wurden und danach nicht selten als Importgüter die griechische Außenhandelsbilanz belasteten.

Im Protektionismus der Zwischenkriegszeit zeigte sich eine deutliche Abkehr von den bis dahin eher marktliberalen Prinzipien griechischer Wirtschaftspolitik zugunsten interventionistischer Muster, die mit einer ebenso grundlegenden wie folgenreichen Neubestimmung der Rolle des Staates in Wirtschaft und Gesellschaft einherging. Der Staat übernahm dabei nicht nur zentrale Funktionen eines Impulsgebers, Überwachers und Beschützers der einheimischen Wirtschaft, sondern wurde gleichzeitig selbst zu einem immer wichtigeren Arbeitgeber. Das Anwachsen des öffentlichen Dienstes war bereits im 19. Jahrhundert als Tendenz zu beobachten, nahm aber vor allem seit dem Ersten Weltkrieg stark zu. Allein im Zeitraum von 1915 bis 1924 verdoppelte er sich nahezu von knapp 38 000 auf mehr als 72 000 Beschäftigte, deren Bezüge zudem kontinuierlich anstiegen. Dies ging zwar mit einer zunehmenden Ausweitung der staatlichen Aufgaben einher, wie sie als Teil der bürgerlichen Modernisierung damals fast überall in Europa zu beobachten war; jedoch kam damit zugleich eine Entwicklung in Gang, die sich in den nachfolgenden Jahrzehnten fortsetzte und schließlich zu einem Strukturproblem wurde.

Die wirtschaftliche Entwicklung Griechenlands zu Beginn der Zwischenkriegszeit bietet somit ein vielschichtiges, ja widersprüchliches Gesamtbild: Die relative Stabilisierung der Landeswährung ging mit einer Zementierung der öffentlichen Verschuldung einher, während der Industrialisierungsschub mit der Festschreibung struktureller Rückständigkeit verbunden war. Letzteres wurde durch einen in seiner Form bis dahin unbekannten staatlichen Interventionismus gefördert, der maßgeblich von politischen Kräften vertreten wurde, die sich selbst ironischerweise als «Liberale» bezeichneten. In einer Hinsicht jedoch war diese Politik erfolgreich, bildete sie doch die Grundlage für die Eingliederung der Flüchtlinge und damit für die Bewältigung der größten Herausforderung, der Griechenland damals gegenüberstand. Die Flüchtlingsfrage war wiederum eng mit einem Thema verknüpft, das zu jener Zeit die meisten Länder der Region beschäftigte: der Frage nach dem Umgang mit ethnischen Minderheiten.

Der Umgang mit den Minderheiten

Die griechische Minderheitenpolitik folgte in Grundzügen denselben Denk- und Handlungsmustern, die mehr oder weniger für ganz Südosteuropa typisch waren. Minderheiten wurden als doppelte Bedrohung wahrgenommen, einerseits für den inneren Zusammenhalt der als organische Einheit gedachten Nation, andererseits aber auch für die äußere territoriale Integrität, konnten benachbarte Staaten sie doch leicht als Vorwand für Gebietsansprüche benutzen. Auf lange Sicht zielte die staatliche Politik deshalb auf die Assimilierung, kurzfristig aber vor allem auf die Abkoppelung der Minderheiten von potentiellen «Mutterländern». So verfolgte etwa die gezielte Ansiedlung kleinasiatischer Flüchtlinge an der griechischen Nordgrenze nicht zuletzt den Zweck, sogenannte «demographische Keile» zu schaffen und auf diese Weise kompakte Siedlungsstrukturen nichtgriechischer Bevölkerung über die Staatsgrenzen hinweg zu durchbrechen. Schulpolitische Maßnahmen begleiteten dieses Vorgehen. So wurde beim muttersprachlichen Elementarschulunterricht für die türkischen Muslime Westthrakiens die arabische Schrift verwendet, während für die slawischen Makedonen 1925 eine Schulfibel, das «Abecedar», in lateinischer Schrift zum Einsatz kam. Im ersten Fall diente das der Abgrenzung zum lateinischen Alphabet, das in der Türkei eingeführt worden war, im zweiten

Fall der Abgrenzung zu den kyrillischen Alphabeten, die in Bulgarien und Serbien verwendet wurden. Die Minderheitenpolitik erlebte in den 1930er Jahren und insbesondere nach Errichtung der Diktatur von Ioannis Metaxas im Jahre 1936 eine deutliche Verschärfung; nunmehr setzte der Staat zunehmend auf Zwangsassimilierung und erließ zu diesem Zweck auch Sprachverbote, die sich vor allem gegen Aromunen und slawische Makedonen richteten. Insgesamt jedoch gestaltete sich die griechische Minderheitenpolitik in der Zwischenkriegszeit abgesehen von den genannten Grundtendenzen keineswegs einheitlich, ein Umstand, der sowohl auf außen- wie auf innenpolitische Faktoren zurückzuführen ist, die zuweilen in entgegengesetzte Richtungen wirkten.

Die Bedeutung außenpolitischer Faktoren läßt sich an der Frage um die Anerkennung der slawischen Makedonen als ethnischer Minderheit illustrieren, zumal diese bis heute nicht erfolgt und das Thema somit nach wie vor aktuell ist. Im Verlauf der 1920er Jahre gab es verschiedene Initiativen zur Lösung des Problems im Sinne einer Anerkennung, die mit der Verleihung eines regulären Minderheitenstatus, vergleichbar mit dem der Muslime Westthrakiens, einhergegangen wäre: sei es als «Bulgaren» (1924 im Rahmen des griechisch-bulgarischen Politis-Kalfov-Protokolls), als «Serben» (1926 im Rahmen griechisch-jugoslawischer Verhandlungen, die in der Regierungsperiode von Venizelos 1928–1932 noch wiederholt aufgegriffen wurden) oder auch als «Slawomakedonen» (1925 im Umfeld der Publikation des «Abecedar»). Keiner dieser Vorstöße führte zu einem Ergebnis, da jede der genannten Lösungen heftige Reaktionen entweder Jugoslawiens oder Bulgariens, oder, wie im Fall der «slawomakedonischen» Variante, sogar beider Staaten auslöste, da sie die slawischen Makedonen in Griechenland als eigene Irredenta betrachteten. Eine formale Anerkennung dieser Minderheit hätte unausweichlich zu einer schweren Belastung des ohnehin sensiblen Beziehungsdreiecks der beteiligten Länder geführt.

Unter den innenpolitischen Faktoren, die den Umgang des griechischen Staates mit seinen Minderheiten beeinflußten, ist in erster Linie die Konfrontation zwischen Venizelisten und Antivenizelisten zu nennen, die sich auch in diesem Bereich bemerkbar machte. Die unterschiedlichen Positionen beider Lager hatten allerdings weniger mit ideologischen Differenzen zu tun als mit der Wahlklientel, auf die sie sich stützten. Die Venizelisten, die im wesentlichen aus der alten «Partei der Liberalen» sowie den «Liberalen Republikanern» um Alexandros Papanastasiou bestanden und in der ersten Phase der Zwischenkriegszeit politisch dominierten, wußten die überwiegende Masse der Flüchtlinge hinter sich, deren Interessen mit denen der alteingesessenen nichtgriechischen Bevölkerungsgruppen im Norden des Landes häufig kollidierten. Die Venizelisten verfolgten daher eine tendenziell flüchtlingsfreundliche und entsprechend minderheitenfeindliche Politik, die zuweilen sogar eindeutig diskriminierende Züge annahm, wovon etwa ihr Umgang mit den sephardischen Juden von Thessaloniki zeugt. Schon 1917 hatte Venizelos einen verheerenden Großbrand zum Anlaß genommen, die von alters her im Stadtzentrum ansässigen Juden an die Peripherie auszusiedeln, um sie auf diese Weise buchstäblich an den Rand des wirtschaftlichen und kulturellen Geschehens der Stadt zu drängen. 1927 kam es dort zur Gründung der «Nationalen Vereinigung Griechenland» («Ethniki Enosis Ellas» bzw. «EEE»), einer dem venizelistischen Lager nahestehenden paramilitärischen Organisation, die sich vor allem mit antisemitischen Aktivitäten hervortat und 1931 sogar ein Pogrom initiierte, bei dem ihre Mitglieder zusammen mit aufgehetzten Flüchtlingen den von Juden bewohnten Stadtteil Kampel niederbrannten. Bereits im Jahr zuvor hatte die Regierung Venizelos per Gesetz die nichtstaatliche Schulbildung drastisch eingeschränkt, eine Maßnahme, die sich in erster Linie gegen die sephardischen Juden von Thessaloniki richtete, von denen zu jener Zeit nur etwa 10 % griechische Schulen besuchten. Der stetig wachsende Druck auf die jüdische Gemeinde dieser Stadt fand erst mit der Errichtung der Diktatur von Ioannis Metaxas 1936 ein Ende und war somit ironischerweise einem faschistoiden Regime zu verdanken, dessen ideologische Vorbilder unter anderem im nationalsozialistischen Deutschland lagen.

Das antivenizelistische Lager, das vor allem von der «Volkspartei» («Laikon Komma»), darüber hinaus aber auch von Metaxas' «Freidenkern» repräsentiert wurde, nahm in dieser Periode zunächst eine minderheitenfreundliche Haltung ein, was sich daraus ergab, daß seine politische Anhängerschaft in Nordgriechenland weitgehend aus Angehörigen dieser Gruppe bestand. Dies hatte sich schon bei den Wahlen vom Mai 1915 gezeigt, kam aber besonders stark im Ergebnis der Novemberwahlen von 1920 zum Ausdruck, als die Stimmen der sephardischen Juden von Thessaloniki sogar eine entscheidende Rolle bei der Abwahl von Venizelos spielten. Die relativ minderheitenfreundliche Haltung dieses Lagers hatte ihr Gegenstück in einer ausgeprägt flüchtlingsfeindlichen Einstellung, die stellenweise extreme Formen annahm. So wurde etwa 1933 in der antivenizelistischen Presse ernsthaft die Forderung gestellt, die Flüchtlinge per Gesetz zum Tragen gelber Armbinden zu verpflichten, um sie in der Öffentlichkeit kenntlich zu machen – sicherlich ein Auswuchs, der jedoch darauf hinweist, wie schwierig sich die Eingliederung der Vertriebenen auch noch ein ganzes Jahrzehnt nach dem Bevölkerungsaustausch von Lausanne gestaltete. Die flüchtlingsfeindliche Haltung der Antivenizelisten war im wesentlichen auf ihre Opposition zu den Venizelisten zurückzuführen; die Nation sahen sie dagegen ebenso wie ihre Gegner als eine auf ethnischer Homogenität beruhende und von äußeren wie inneren Feinden bedrohte Einheit an, eine Auffassung, die im übrigen voll und ganz dem europäischen Zeitgeist entsprach. So ist auch zu erklären, daß sie, als es ihnen 1933 gelang, die politische Dominanz des venizelistischen Lagers zu brechen, einen zunehmend minderheitenfeindlichen Kurs einschlugen, der die sephardischen Juden zwar ausnahm, sich dafür aber um so stärker gegen Çamen sowie slawische Makedonen richtete und eine Vorstufe zu der repressiven, im Ergebnis aber letztlich erfolglosen Assimilierungspolitik bildete, die ab 1936 von Metaxas verfolgt wurde.

Zwischen Tradition und Moderne: Griechische Kultur in der Zwischenkriegszeit

Die Umwälzungen des Kriegsjahrzehnts hatten nicht nur weitreichende politische, wirtschaftliche und gesellschaftliche Auswirkungen, sondern schlugen sich in verschiedenster Form auch kulturell nieder. Dabei ist zu berücksichtigen, daß der massenhafte Zuzug von Flüchtlingen nicht nur soziale Probleme schuf, sondern auch eine substantielle Bereicherung der einheimischen Alltagskultur bedeutete. Das betraf etwa die Essgewohnheiten, die damals eine Verfeinerung durch die kleinasiatische Küche erfuhren. Auch die Popularmusik empfing wesentliche Impulse durch Flüchtlinge, unter denen viele hochqualifizierte Musiker aus Konstantinopel und Smyrna waren, die zu Pionieren des damals entstehenden kommerziellen Musikbetriebs wurden. Sie importierten nicht nur ein ungewöhnlich breites Spektrum internationaler Musikstile, sondern waren auch maßgeblich an der Entwicklung des einheimischen Rebetiko zu einer modernen städtischen Liedform beteiligt. Nahezu die Hälfte der kleinasiatischen Flüchtlinge stammte aus Städten und war somit von einem multikulturellen Erbe geprägt, das die bis dahin eher ländlich-provinzielle Lebenswirklichkeit des griechischen Nationalstaats und seiner Hauptstadt Athen nun spürbar veränderte.

Der kulturelle Wandel, der in Griechenland seit den 1920er Jahren einsetzte, schlug sich in der Architektur, der darstellenden Kunst sowie insbesondere in der Literatur nieder, in der es zu ästhetischen Neuorientierungen kam, die stark von der zeitgenössischen europäischen Moderne beeinflußt waren. Als solche spiegelten sie neben der Gewalterfahrung des Kriegsjahrzehnts vor allem die nationale Sinnkrise wider, die von ihm ausgelöst worden war. Dies äußerte sich unter anderem in einem ausgeprägt antiheroischen und stellenweise auch antiidealistischen Zug, der die Dichtung der ersten Nachkriegsjahre charakterisierte und mit einem entsprechenden Hang zu Ironie, Sarkasmus, sowie einer insgesamt pessimistischen Weltsicht einherging. Neben typischen Vertretern dieser Richtung, wie etwa Kostas Karyotakis (1896–1928),

Die «Generation der '30er». In der ersten Reihe sitzend (v.l.n.r.): Angelos Terzakis (1907–1979), Konstantinos Dimaras (1904–1992), Giorgos Katsimpalis (1899–1978), Kosmas Politis (1888–1974), Andreas Empeirikos (1901–1975). In der zweiten Reihe stehend (v.l.n.r.): Thanasis Petsalis-Diomidis (1904–1995), Ilias Venezis (1904–1973), Odysseas Elytis (1911–1996), Giorgos Seferis (1900–1971), Andreas Karantonis (1910–1982), Stelios Xefloudas (1902–1984) und Giorgos Theotokas (1905–1966). Die Aufnahme entstand Anfang der 1960er Jahre im Haus von Giorgos Theotokas.

ist in diesem Zusammenhang Konstantinos Kavafis (1863–1933) zu erwähnen, der heute wohl zu Recht als der bedeutendste griechische Lyriker der Moderne gilt. Er stellte allerdings auch in biographischer Hinsicht einen Sonderfall dar, denn er lebte als Diasporagrieche im ägyptischen Alexandria und schuf sein Werk fernab von den Befindlichkeiten des nationalen Literaturbetriebs in Griechenland.

Dort formierte sich zu Beginn der 1930er Jahre eine Gruppe junger Schriftsteller, die als «Generation der '30er» («Genia tou Trianta») bekannt geworden ist und enormen Einfluß auf die weitere Entwicklung der griechischen Literatur im 20. Jahrhundert erlangte. Zu ihren prominentesten Vertretern gehören Giorgos Theotokas (1905–1966) und

Giorgos Seferis (1900–1971), der 1963 als erster griechischer Schriftsteller mit dem Literaturnobelpreis ausgezeichnet wurde. Beide kamen aus Kleinasien, ersterer aus Konstantinopel, letzterer aus Smyrna. Theotokas trat 1929 in einem programmatischen Manifest mit dem Titel «Elefthero Pnevma» («Freier Geist») für einen radikalen Neubeginn in der griechischen Literatur ein, die nach seiner Meinung eine Phase der Dekadenz durchlaufen hatte, als deren Personifizierung er übrigens Kavafis ansah. 1931 folgte Seferis mit einer vielbeachteten Gedichtsammlung, deren mehrdeutiger Titel «Strofi» («Wende») diesen Neubeginn gleichsam ankündigte. Er gab damit den Impuls für ein intensives literarisches und künstlerisches Schaffen, das in den Jahren darauf einsetzte und den Anbruch der ästhetischen Moderne in Griechenland markiert.

Bei aller Vielfalt der Stile, Rückgriffe und Adaptionen, die damit verbunden waren und der «Generation der '30er» ein insgesamt facettenreiches und durchaus kreatives Profil verliehen, wies diese auch klare programmatisch-ideologische Konstanten auf. Dazu gehörte etwa das erklärte Ziel, die griechische Literatur müsse mit den westeuropäischen Literaturen in Zukunft gleichziehen oder diese gar übertreffen – eine Vorstellung, die griechische Schriftsteller freilich schon seit dem 19. Jahrhundert immer wieder umtrieb. Neu war hingegen, daß diese Vorstellung nun viel stärker als früher mit einem organischen Konzept von Sprache, Literatur und Kunst verknüpft wurde, das mit entsprechenden Projektionen des «Natürlich-Authentischen» einherging und bei vielen Vertretern der «Generation der '30er» in eine nach innen gerichtete, essentialistische Suche nach «Gräzität» («Ellinikotita») mündete. Zu ihnen gehörte auch Odysseas Elytis (1911–1996), der 1979 als zweiter griechischer Schriftsteller mit dem Literaturnobelpreis ausgezeichnet wurde. Von ihm stammt folgender berühmter Aphorismus:

«Zerlegst du Griechenland in seine Einzelteile, so bleiben am Ende ein Olivenbaum, ein Weinstock und ein Schiff übrig. Was bedeutet, daß du es aus diesen Teilen auch wieder zusammensetzen kannst.»

Ein poetisches Bild, dessen schlichte Wahrheit jedoch nicht in der komplexen Realität Griechenlands im 20. Jahrhundert zu suchen ist.

Die Rückkehr von Venizelos 1928–1932: «Goldene Jahre» und Weltwirtschaftskrise

Die vierjährige Ministerpräsidentschaft von Eleftherios Venizelos in den Jahren 1928–1932 war eine Phase ungewöhnlicher politischer Stabilität der kurzlebigen Griechischen Republik. Das zeigt sich schon daran, daß sie die einzige demokratisch legitimierte Regierung der Zwischenkriegszeit war, die ihre Legislaturperiode voll ausschöpfte. Venizelos war bereits 1927 wieder nach Griechenland zurückgekehrt und arbeitete seitdem an seinem politischen Comeback. Im Mai 1928 setzte er sich wieder an die Spitze der Liberalen Partei, nachdem er zuvor deren Chef Kafantaris systematisch demontiert hatte. Als er im Juli mit der Regierungsbildung betraut wurde, schritt er sofort zur Ausrufung von Neuwahlen, die im Monat darauf abgehalten wurden und ihm einen triumphalen Sieg einbrachten. Dieser spiegelte zweifellos die beachtliche Popularität wider, die Venizelos nach wie vor genoß. An der Eindeutigkeit seines Erfolgs hatte er allerdings auch selbst tatkräftig mitgewirkt; denn vorher hatte er das Wahlsystem zu seinen Gunsten geändert, was unter anderem zur Folge hatte, daß die Parteien des antivenizelistischen Lagers mit insgesamt 33 % Stimmenanteil nur 24 der 250 Parlamentssitze erhielten. Damit schuf er einen Präzedenzfall, der bald Schule machte, wurden in den folgenden Jahren doch Manipulationen des Wahlgesetzes zum festen Bestandteil griechischer Parteipolitik.

Immerhin hatte Venizelos 1928 eine stabile Parlamentsmehrheit errungen und verfügte somit über weitreichende politische Gestaltungsmöglichkeiten, was sich auch in einem spürbar veränderten Regierungsstil niederschlug. Denn anders als sein Vorgänger Kafantaris war Venizelos kaum daran interessiert, in Sachentscheidungen einen möglichst breiten Konsens zu erzielen, sondern verfolgte gegenüber dem antivenizelistischen Lager einen eher konfrontativen Kurs. Das ermöglichte zwar effizientere Entscheidungsabläufe, bedeutete aber auch, daß die Polarisierung zwischen den beiden großen politischen Lagern, die in den vorangegangenen Jahren der «Ökumenischen Regierung» etwas gemildert worden war, nun wieder verstärkt wurde. Die Folge war in den 1930er Jahren eine wieder zunehmende Radikalisierung und auch Brutalisierung des Konflikts.

Die besondere historische Bedeutung der zweiten Regierungsära von Venizelos liegt in den starken Impulsen, die sie der Modernisierung von Staat und Gesellschaft nach bürgerlichem Muster gab. Dies zeigte sich besonders deutlich in der Bildungspolitik, einem Bereich, in dem in kurzer Zeit ein ganzes Bündel von Reformen eingeleitet wurde. Dazu gehörte die Verlängerung der Schulpflicht von vormals vier auf sechs Jahre sowie die Schaffung eines flächendeckenden Netzes von Elementarschulen. Letzteres war eng mit dem Namen von Georgios Papandreou (1888–1968) verbunden, der damals als Bildungsminister unter anderem für die Errichtung von rund 3000 neuen Schulgebäuden sorgte. In der weiterführenden Schulbildung wurden die traditionell sprachfixierten Lehrprogramme zugunsten von stärker praxisorientierten Inhalten zurückgedrängt. Dies ging mit der Einrichtung von technischen und berufsbildenden Schulen sowie der damals noch durchaus umstrittenen Einführung der Volkssprache im Grundschulunterricht einher.

Von historischer Dimension war auch die Neuorientierung der griechischen Außenpolitik, die in ihrer dezidierten Absage an jeglichen Irredentismus in diametralem Gegensatz zur ersten Amtsperiode von Venizelos stand. So erklärte er 1930 anläßlich des einhundertjährigen Jubiläums der griechischen Staatsgründung, daß die Zeit der nationalen Kämpfe nun für immer vorbei sei, was angesichts der italienischen Herrschaft über die Dodekanes sowie der Tatsache, daß sich auf Zypern zur selben Zeit eine nationale Anschlußbewegung bemerkbar machte, keineswegs selbstverständlich und ebensowenig unumstritten war. Kernpunkt der neuen Außenpolitik war der Ausgleich mit der Türkei, der seinen Niederschlag im griechisch-türkischen Freundschaftsabkommen von Ankara fand, das im Oktober 1930 geschlossen wurde. Darin wurden unter anderem privatrechtliche Besitzansprüche der vom Lausanner Bevölkerungsaustausch betroffenen Gruppen großzügig miteinander verrechnet, wobei sich Griechenland sogar zu einer nachträglichen Entschädigungszahlung an die Türkei in Höhe von 450 000 £ bereit erklärte. Faktisch bedeutete dies einen Verzicht auf jegliche Entschädigungsansprüche von griechischer Seite, womit Venizelos naturgemäß Sympathien bei den Flüchtlingen verlor, von denen damals viele immer noch an eine zukünftige Rückkehr in ihre Heimat glaubten.

Der bewußte Bruch mit dem nationalen Irredentismus der Vergangenheit war im Grunde eine pragmatische Reaktion auf die veränderten internationalen Rahmenbedingungen: Das Erbe des «kranken Mannes am Bosporus» war aufgeteilt und das Konzert der europäischen Großmächte, das vormals wichtigste außenpolitische Regulativ in der Region, existierte nicht mehr. An seine Stelle war ein labiles Geflecht kleiner und mittlerer Staaten getreten, die eifersüchtig über die soeben erworbenen Besitzstände wachten und ansonsten mit Entwicklungsdefiziten und enormen Integrationsproblemen im Inneren zu kämpfen hatten. Griechenland bildete in dieser Hinsicht keine Ausnahme und die neue Außenpolitik war insofern nicht zuletzt Ausdruck der eindeutigen Priorität, die der inneren Konsolidierung des Landes gegeben wurde.

Diesbezüglich fand Venizelos bei seinem Amtsantritt recht günstige Ausgangsbedingungen vor. Dazu zählten die Landverteilung an die Flüchtlinge, die relative Stabilisierung der Drachme sowie die Sicherung der zweiten Völkerbundanleihe. Ungelöst war indes die soziale Frage, die sich im Rahmen der fortschreitenden Industrialisierung zunehmend verschärfte und sich in häufigen Streiks und Protesten niederschlug, die das Land erschütterten. Während die früheren Regierungen darauf ausschließlich mit restriktiven Mitteln reagiert hatten, setzte Venizelos nun auf eine Politik der Prävention, die darauf abzielte, Konflikte zwischen Arbeitgebern und Arbeitnehmern nach Möglichkeit zu entschärfen, bevor sie sich in offenen Arbeitskämpfen entluden; dazu wurde der Staat als Vermittlungsinstanz zwischen den Parteien eingesetzt. Diese Maßnahme entsprach ganz dem Geist des Interventionismus, der auch in einer weiteren Verschärfung des staatlichen Repressionsapparates zum Ausdruck kam. 1929 trat das «Idionymon»- Gesetz in Kraft, das Bestrebungen zur Änderung der bestehenden Gesellschaftsordnung, zur Sezession von Teilen des griechischen Staatsgebietes sowie die Propagierung solcher Ideen unter Freiheitsstrafe von mindestens sechs Monaten stellte. Was die Bestimmungen zum Staatsgebiet anging, so richtete sich dieses Gesetz konkret gegen die griechische KP. Diese trat nämlich gemäß der offiziellen Linie der Komintern für eine Revision der Grenzziehungen in Makedonien und Thrakien sowie für die Bildung autonomer Republiken in diesem Gebiet ein. Mit dieser Forderung diskreditierte sich die griechische KP nicht nur selbst, sondern schadete auch der Arbeiterbewegung, ermöglichte sie es doch ihren Gegnern, Kommunismus mit nationalem Verrat gleichzusetzen. Dies bot immer wieder eine bequeme Handhabe, konkrete Arbeitnehmerforderungen als antinational zu diffamieren und zu kriminalisieren.

Die wirtschaftliche Erholung, die sich seit der zweiten Hälfte der 1920er Jahre bemerkbar machte, fand ein jähes Ende durch die Weltwirtschaftskrise, deren Folgen sich im Land seit 1931 bemerkbar machten. Die zuvor mühsam erreichte Stabilität der Drachme, die Venizelos um jeden Preis aufrechterhalten wollte – wobei er sich erklärtermaßen die Politik zum Vorbild nahm, die zur gleichen Zeit das Kabinett Brüning in Deutschland verfolgte –, brach rapide zusammen, nachdem das englische Pfund, an das die Drachme angekoppelt war, vom Goldstandard abging. Kaum ein Jahr später, im Mai 1932, mußte Griechenland den Staatsbankrott erklären. Es war der dritte seit der Unabhängigkeit.

Krise und Zusammenbruch der Republik 1932–1935

Wirtschaftskrise und Staatsbankrott trugen zwar erheblich zur Destabilisierung des politischen Systems bei, waren aber keineswegs die einzigen Gründe für den Zusammenbruch der Griechischen Republik, auf den die Errichtung einer totalitären Diktatur folgte. Eine wichtige Rolle spielte vielmehr die erneute Radikalisierung der Konflikte zwischen den beiden großen Lagern, die bald auch wieder das Militär auf die Bühne rief, das sich seit dem Sturz von Pangalos 1926 in relativer politischer Abstinenz geübt hatte.

Venizelos sah sich seit 1931 wachsender Kritik aus der Opposition wie auch aus den eigenen Reihen ausgesetzt, die sich nicht zuletzt gegen seine autoritäre Amtsführung richtete. Er reagierte darauf mit einer Beschneidung der Pressefreiheit und versuchte darüber hinaus, durch eine Verfassungsrevision seine Kompetenzen als Ministerpräsident auszuweiten, was ihm allerdings nur den Vorwurf einbrachte, diktatorische Vollmachten anzustreben. Aus den Parlamentswahlen vom Mai 1932 gingen die venizelistischen Parteien zwar mit knapper Mehrheit als Sieger hervor, konnten aber keine stabile Regierung mehr bilden, weil die Differenzen zwischen ihnen zu groß geworden waren. Venizelos ließ daraufhin Neuwahlen für den September ausschreiben und setzte im anschließenden Wahlkampf voll und ganz auf Polarisierung. So beschwor er das Drohbild eines angeblich bevorstehenden Bürgerkrieges mit dem Argument, die Antivenizelisten hätten die Republik als Staatsform niemals wirklich anerkannt und würden sie abschaffen, sollten sie die Wahlen gewinnen. Damit nicht genug, erklärte er für diesen Fall sogar das Eingreifen des Militärs für gerechtfertigt, um ihre Machtübernahme zu vereiteln. Dies war zunächst nur ein verbaler Tabubruch, auf den jedoch nur wenige Monate später Taten folgten.

Nachdem die Septemberwahlen ebenfalls ergebnislos geblieben waren, wurden die Bürger im März 1933 erneut zur Urne gerufen. Dieses Mal gewannen die Antivenizelisten mit deutlicher Mehrheit und konnten erstmals seit 1922 eine stabile Regierung bilden, die von Panagis Tsaldaris (1868–1936), dem Chef der «Volkspartei», angeführt wurde. Das Wahlergebnis veranlaßte Nikolaos Plastiras, der am Umsturz von 1922 maßgeblich beteiligt gewesen war, aber schon kurz danach den aktiven Dienst quittiert hatte, zu einem Putschversuch. Dieser scheiterte zwar wenige Tage später wegen mangelnder Resonanz im Offizierskorps, bedeutete jedoch das parlamentarische Aus für Venizelos, der zumindest Kenntnis von den Putschplänen hatte.

Im Mai 1933 trat er zum letzten Mal im griechischen Parlament auf, wurde aber, als er versuchte, Plastiras zu rechtfertigen, niedergeschrien. Zu einer weiteren Vergiftung des politischen Klimas trug ein Attentatsversuch gegen Venizelos im Juni 1933 bei, dem er nur knapp entging und dessen schleppende Aufklärung das Mißtrauen der Venizelisten gegenüber den regierenden Antivenizelisten verstärkte. In deren Reihen wurde dagegen nun zunehmend stärker der Wunsch nach Restauration der Monarchie geäußert, obwohl sich Tsaldaris bei Regierungsantritt eindeutig und glaubhaft zur Republik bekannt hatte.

Im März 1935 kam es zu einem weiteren Umsturzversuch, hinter dem zwei paramilitärische venizelistische Organisationen standen, dessen eigentlicher Drahtzieher aber sehr wahrscheinlich Venizelos selbst war. Ziel der Putschisten war nämlich neben der «Säuberung» des Offizierskorps und des Sicherheitsapparats von Antivenizelisten die Umwandlung des Regierungssystems in eine Präsidialdemokratie, was eindeutig dessen Handschrift trug. Nach zehn Tagen brach der Putsch jedoch zusammen, woraufhin Venizelos das Land verließ und nach Paris ging, wo er im folgenden Jahr starb. Ein Grund für sein Scheitern lag in der resoluten Gegenwehr aus den Reihen des Militärs und namentlich von Kondylis, der 1932 mit den Venizelisten gebrochen hatte, seitdem zunehmend mit dem Faschismus liebäugelte und sich inzwischen selbst mit Putschplänen trug. Zudem konnte Venizelos nicht mehr auf Unterstützung aus dem Ausland bauen, was insbesondere das ihm traditionell wohlgesinnte Großbritannien betraf. Nicht zuletzt fehlte ihm auch jegliche Unterstützung aus der Bevölkerung, die den Machtkämpfen ihrer politischen Klasse mittlerweile nur noch apathisch folgte.

Für den Juni 1935 wurden Neuwahlen zur Bildung einer Nationalversammlung anberaumt, die über die Frage der Staatsform – Republik oder Monarchie – entscheiden sollte. Da sie von den venizelistischen Parteien boykottiert wurden, gewann die Regierungskoalition von Tsaldaris und Kondylis mit überwältigender Mehrheit. Die Kommunisten erreichten 10 % der Stimmen, womit sie ihren Wähleranteil von 1933 verdoppelten, erhielten allerdings aufgrund des erneut manipulierten Wahlgesetzes keinen Parlamentssitz. Schließlich wurde von der Nationalversammlung beschlossen, die Frage der Staatsform durch ein Plebiszit entscheiden zu lassen, das am 15. November 1935 stattfinden sollte. Dazu kam es jedoch nicht, weil Kondylis bereits im Oktober putschartig die Macht übernahm und Tsaldaris aus der Regierung drängte. Zu seinen ersten Amtshandlungen gehörten die Abschaffung der Republik sowie die vorläufige Wiedereinsetzung der Verfassung von 1911. Zudem ernannte er sich selbst zum Regenten bis zur Rückkehr des Königs, der am 25. November 1935 in Griechenland eintraf. Bereits Anfang des Monats hatte Kondylis ein Plebiszit durchführen lassen, in dem sich fast 98 % der Befragten für die Monarchie aussprachen. Wegen massiver Wahlfälschung verdiente dieses Referendum allerdings kaum seinen Namen, und ohnehin hatten die Venizelisten, von denen einige führende Vertreter schon auf Exilinseln interniert waren, nicht daran teilgenommen.

Die Restauration der Monarchie hätte nicht in schlechterer Form erfolgen können, denn sie basierte – ebenso wie seinerzeit die Gründung der Republik, an der Kondylis ebenfalls maßgeblich beteiligt gewesen war – nicht auf breitem Konsens, wie es sich die gemäßigten Kräfte um Tsaldaris gewünscht hätten, und war vor allem nicht auf einer formal sauberen Grundlage vollzogen worden. Selbst Georg II. zögerte angesichts dieser Umstände zunächst zurückzukehren, aber letztlich erwies sich wohl der Wunsch, wieder den Thron zu besteigen, als stärker. Für Georg sprach allerdings auch der Umstand, daß er politisch unbelastet war, während die Vertreter des Regierungslagers in den vergangenen Jahren einen spürbaren Verschleiß erlitten hatten. Das galt insbesondere für Kondylis, dessen Gefolgsleute im Militär sich nun umgehend dem König unterstellten, in dem sie einen besseren Garanten für ihre nach der Niederschlagung der venizelistischen Putsche errungenen Positionen erkannten. Angesichts der tiefen politischen Spaltung der griechischen Gesellschaft war der König außerdem für eine Rolle als Stabilitätsanker und Symbol der Einheit der Nation geradezu prädestiniert. Nicht zu unterschätzen war schließlich, daß Georg auch die Sympathie Großbritanniens genoß und von diesem unterstützt wurde.

Die Metaxas-Diktatur 1936–1940

Aus den Parlamentswahlen vom Januar 1936 – es waren die letzten der Zwischenkriegszeit – gingen Venizelisten und Antivenizelisten nahezu gleichstark hervor, was bedeutete, daß erneut keine stabile Mehrheitsbildung möglich war. Nach einer Reihe schwacher Übergangskabinette von Königs Gnaden wurde am 25. April Ioannis Metaxas von einer überwältigenden Mehrheit der Parlamentsabgeordneten mit der Regierungsbildung beauftragt. Dies war Ausdruck eines offensichtlichen Wunsches nach stabilen Verhältnissen, hatte aber auch damit zu tun, daß es mittlerweile kaum noch personelle Alternativen gab; denn die meisten profilierten Politiker aus der Zeit der Republik waren inzwischen entweder verbraucht, kompromittiert oder tot. Am 4. August 1936 löste Metaxas unter dem Vorwand einer angeblich akuten kommunistischen Bedrohung – Hintergrund war eine verstärkte Streikserie im Frühjahr – das Parlament auf und setzte zentrale Verfassungsartikel außer Kraft. Damit errichtete er faktisch eine Diktatur, wobei er freilich vom König als Staatsoberhaupt gedeckt wurde. Dieser war von Anfang an eine zentrale Stütze des «Regimes des 4. August», dessen Machtbasis ansonsten das Militär sowie der Sicherheitsapparat bildeten. Die Armee war bereits in den Jahren zuvor ausgiebig von Venizelisten «gesäubert» worden und nunmehr voll und ganz dem König und Metaxas ergeben, der auch alle militärrelevanten Ministerien persönlich leitete. Ähnliches galt für den Sicherheitsapparat, der nun zügig ausgebaut wurde, wobei man auf gesetzliche Grundlagen zurückgriff, die bereits in der Republik geschaffen worden waren.

Auf dieser Basis betrieb das Regime eine rigide Repressionspolitik, die unter anderem das Verbot der KP, die Inhaftierung ihrer Führungsspitze, die Verfolgung von Dissidenten, die Zensur von Presse und Kulturleben sowie die Unterdrückung ethnischer Minderheiten umfaßte. Zur Stabilisierung der eigenen Herrschaft verließ sich Metaxas jedoch nicht allein auf Unterdrückung, sondern ergriff parallel dazu auch eine Reihe sozialpolitischer Maßnahmen, die geeignet wa-

Metaxas bei einer Rede vor der Jugendorganisation EON. Deren Emblem war die Doppelaxt, hier eingerahmt von einem Lorbeerkranz und einer Königskrone oberhalb. Das Motto unterhalb des Emblems lautet «Glaube, Kampf, Sieg» («Pistis, Agon, Niki»).

ren, vor allem in der Arbeiterschaft oppositionelle Strömungen zu neutralisieren. Dazu gehörten die Gründung bzw. Inbetriebnahme einer staatlichen Sozialversicherungsanstalt für Arbeitnehmer, die Einführung des Achtstundentags, die Festsetzung gesetzlicher Mindestlöhne sowie Investitionen ins öffentliche Gesundheitswesen.

Diese Politik von Zuckerbrot und Peitsche war von den faschistischen Regimen Mitteleuropas inspiriert, bei denen die Metaxas-Diktatur auch hinsichtlich ihres äußeren Erscheinungsbilds eindeutige Anleihen nahm. Dazu gehörten etwa die Einführung des faschistischen Grußes sowie die Pflege eines Personenkults um Metaxas. Dieser war allerdings – anders als bei der Mehrzahl der Diktatoren seiner Zeit – nicht militärisch-martialisch ausgerichtet, sondern propagierte vielmehr ein väterlich-fürsorgliches Profil, was dem Äußeren des Mittsechzigers durchaus entgegenkam. Nach Vorbild der deutschen Hitlerjugend wurde im Oktober 1936 die «Nationale Jugendorganisation» («Ethniki Organosis Neolaias» bzw. «EON») gegründet, die dem

Regime die fehlende Massenbasis verschaffen sollte. Die praktische Umsetzung erwies sich jedoch als wenig erfolgreich, und tatsächlich konnte die Bevölkerung zu keinem Zeitpunkt in nennenswertem Umfang mobilisiert werden. Auch der Aufbau eines effizienten Propagandaapparats scheiterte, obwohl Metaxas 1938 zu diesem Zweck einen staatlichen Rundfunk einrichtete.

Ideologisch war die Metaxas-Diktatur eindeutig von Antiparlamentarismus und Antikommunismus geprägt, wobei letzterer allerdings kein alleiniges Merkmal des Regimes war, sondern auch vom gesamten bürgerlichen Spektrum in Griechenland geteilt wurde. Eher spezifisch, wenn auch mit deutlichen Affinitäten zu verschiedenen zentral- und ostmitteleuropäischen Rechtsdiktaturen faschistoider Prägung, war dagegen die organische Staatsidee, die unter anderem in der 1936 publizierten Schrift «Der Korporativstaat» («To syntechniakon kratos») von Georgios Merkouris (1886–1943) propagiert wurde. Eine wichtige Rolle spielte darin der Gedanke an Autarkie, an eine Unabhängigkeit des Landes von Agrarimporten. Dieses Konzept hatte schon mit dem Staatsbankrott von 1932 eine Konjunktur erlebt. Damals hatte nämlich der Ausschluß Griechenlands von den internationalen Finanzmärkten dazu geführt, daß die traditionell stark exportorientierte Landwirtschaft sich stärker auf die Deckung des inländischen Bedarfs verlegte, ein Trend, der von Metaxas nun nach Kräften gefördert wurde. Zur Ideologie seines Regimes gehörten nicht zuletzt auch organische Projektionen einer spezifisch griechischen Kulturidentität. Sie hatten durchaus Berührungspunkte mit dem zeitgenössischen «Gräzitäts»-Essentialismus der «Generation der '30er» und bildeten einen wesentlichen Bestandteil des Projekts der sogenannten «Dritten Hellenischen Zivilisation». Diese sollte in der Vorstellungswelt des Diktators eine Synthese der hervorragendsten Kulturleistungen des antiken und des byzantinischen Griechentums sein. In diesem mehr oder weniger verschrobenen Gedankenkonstrukt läßt sich unschwer eine Fortschreibung der «helleno-christlichen» Begriffskoppelung des 19. Jahrhunderts erkennen, der jedoch im Unterschied zu damals der missionarisch-aggressive Charakter fehlte, war doch die «Dritte Hellenische Zivilisation» ein ganz und gar nach innen gerichtetes Konzept.

Bei aller ideologischen Nähe zu den faschistischen Staaten Mitteleuropas verfolgte Metaxas einen außenpolitischen Kurs, der strikt an Großbritannien orientiert war. Dies war weniger Ausdruck sonderlicher Verbundenheit mit der alten Schutzmacht als vielmehr das Ergebnis einer pragmatischen Einschätzung der spezifischen Kräftekonstellationen auf dem Balkan und im östlichen Mittelmeer. Das betraf vor allem die neue Rolle Italiens als einer aggressiven Großmacht, deren Expansionismus eine ernstzunehmende Bedrohung für den Frieden in der Region darstellte. Dies hatte man in Griechenland bereits 1923 zu spüren bekommen, als die Italiener die Insel Korfu bombardierten und besetzten und nur auf Druck des Völkerbunds wieder zum Abzug bewegt werden konnten. Venizelos versuchte später, diese Gefahr durch eine bilaterale Annäherung zu entschärfen, und schloß 1928 einen griechisch-italienischen Kooperationsvertrag ab. Allerdings kam dieser nur zustande, weil Italien zu jener Zeit in ernsthafte Kontroversen mit der Türkei und Jugoslawien verwickelt war, die sich an Grenzfragen sowie am wachsenden italienischen Einfluß in Albanien entzündet hatten. Die Politik der bilateralen Verständigung wurde nach Venizelos' Sturz nicht fortgesetzt, statt dessen strebte man einen regionalen Bündnisblock an, der 1934 mit dem Balkanbund zwischen Griechenland, der Türkei, Jugoslawien und Rumänien verwirklicht wurde. Dieses Defensivbündnis war nicht zuletzt eine Reaktion auf die veränderte internationale Lage seit Hitlers Machtergreifung, enthielt jedoch zwei gravierende Konstruktionsfehler: Zum einen war Bulgarien nicht mit eingebunden und zum anderen trat der Bündnisfall nur bei einem Angriff durch einen anderen Balkanstaat ein – eine Einschränkung, die den strategischen Wert des Paktes massiv minderte, da er keinerlei Schutz vor eventueller Aggression einer Großmacht bot. Metaxas war sich klar darüber, daß eine wirksame Versicherung gegen einen italienischen Angriff nur von Großbritannien kommen konnte. Ein zentrales Anliegen seiner Außenpolitik war es daher, die britische Regierung zum Abschluß eines formellen Bündnisvertrages mit Griechenland zu bewegen. Dies gelang jedoch nicht, da London lediglich bereit war, 1939 eine Garantieerklärung für die Integrität der griechischen Staatsgrenzen abzugeben. Mittlerweile hatten sich die Beziehungen zu Italien massiv verschlechtert, während sich die Kriegsgefahr in Europa immer deutlicher abzeichnete. Mit Hitlers Angriff auf Polen im September 1939 wurde sie eine bittere Realität, die ein Jahr später auch Griechenland erreichte.

7. Der Zweite Weltkrieg und seine Folgen (1940–1949)

Die italienischen Pläne für einen Angriff auf Griechenland nahmen spätestens nach dem deutschen Blitzsieg über Frankreich im Sommer 1940 konkrete Formen an. Dieser schaltete einen potentiell gefährlichen Gegner im Westen aus und verschaffte Rom entsprechenden Handlungsspielraum im Mittelmeer. Gleichzeitig setzte er Mussolini aber auch unter Druck, sich ebenfalls als Eroberer zu profilieren, um gegenüber seinem Verbündeten in Berlin nicht allzusehr ins Hintertreffen zu geraten; dies um so mehr, als der italienische Beitrag zur Niederwerfung Frankreichs nicht gerade prestigeträchtig gewesen war. Griechenland erschien in jeder Hinsicht als geeignetes Ziel; denn durch seine geographische Lage zwischen Albanien, Libyen und der Dodekanes bildete es einen wichtigen Baustein des italienischen «Mare Nostrum», der sich zudem aller Voraussicht nach als leichte Beute erweisen würde.

Im August 1940 wurde ein griechisches Kriegsschiff, das anläßlich des religiösen Feiertages von Mariä Himmelfahrt im Hafen der Insel Tinos geankert hatte, von einem italienischen U-Boot versenkt, wobei viele Menschen ums Leben kamen. Auf diese massive militärische Provokation folgte zwei Monate später ein Ultimatum, mit dem Italien uneingeschränkten militärischen Zugang in Griechenland forderte, was faktisch der Aufgabe der griechischen Souveränität gleichgekommen wäre. Die Forderung wurde in den frühen Morgenstunden des 28. Oktober 1940 vom italienischen Botschafter an Metaxas übergeben, der sie mit *«Alors, c'est la guerre!»* erwiderte, was in der späteren Überlieferung zu *«Nein!»* bzw. *«Ochi!»* wurde. Praktisch zeitgleich rückten italienische Streitkräfte von Albanien aus über die Grenze nach Epirus vor und griffen die dort stationierten griechischen Truppen an. Zum ersten Mal in seiner Geschichte war Griechenland damit in einen Krieg verwickelt, der ihm von außen aufgezwungen wurde und den es nach Möglichkeit hatte vermeiden wollen.

So gering einerseits die öffentliche Begeisterung für diesen Krieg war – keine Spur mehr vom medialen Hurrapatriotismus vergangener Zeiten –, so groß war andererseits die allgemeine Entschlossenheit, sich gegen den italienischen Angriff zur Wehr zu setzen. Sie erstreckte sich über alle Teile des politischen Spektrums, darunter auch die Kommunisten, deren politische Führung sich damals weitgehend in Haft befand. So verfaßte Nikolaos Zachariadis (1903–1973), der Generalsekretär der verbotenen griechischen KP, am 31. Oktober 1940 vom Gefängnis aus einen offenen Brief an seine Landsleute, in welchem er sie ausdrücklich dazu aufforderte, sich hinter Metaxas zu stellen und die Heimat zu verteidigen. Dies war alles andere als selbstverständlich, da der Hitler-Stalin-Pakt von 1939 noch in Kraft war. Ein Aufruf zum Widerstand gegen die Achsenmacht Italien lag also nicht auf offizieller Komintern-Linie – ein Umstand, der damals für moskautreue Parteiideologen in ganz Europa ein ernsthaftes Problem darstellte und auch Zachariadis in schwere Gewissenskonflikte stürzte.

Davon unbenommen nahmen die Kämpfe in Epirus schnell eine überraschende Wendung. Wider Erwarten gelang es der technisch weit unterlegenen griechischen Armee, unter dem Oberbefehl von Alexandros Papagos (1883–1955) nicht nur den italienischen Ansturm innerhalb von zwei Wochen zum Stehen zu bringen, sondern auch einen erfolgreichen Gegenangriff einzuleiten, der sie bis Weihnachten 1940 tief in albanisches Gebiet hineinführte. Dieser Sieg, der in Griechenland heute als «Epos von Albanien» bezeichnet wird, hatte neben seiner militärischen auch eine weiterreichende symbolische Bedeutung von gesamteuropäischer Dimension. Es handelte sich um den ersten ernsthaften Rückschlag, den die Achsenmächte im Zweiten Weltkrieg hinnehmen mußten, und Griechenland war zu diesem Zeitpunkt zudem der einzige Staat auf dem europäischen Festland, der sich der faschistischen Aggression kriegerisch widersetzte.

Eben dieser Umstand rief jedoch bald auch Hitlerdeutschland auf den Plan, wo das Fiasko des italienischen Bündnispartners zwar mit etwas Schadenfreude, jedoch nicht ganz ohne Besorgnis zur Kenntnis genommen wurde. In Berlin reifte damals bereits der Plan eines Angriffs auf die Sowjetunion, der den gesamten Krieg entscheiden sollte.

Aus dieser Perspektive war Griechenland für sich zwar nur ein unbedeutender Nebenschauplatz, der indes ein gefährliches strategisches Potential barg, da dort – wie bereits im Ersten Weltkrieg geschehen – eine alliierte Front entstehen konnte. Diese hätte die kriegswichtigen Ölfelder Rumäniens direkt bedroht und Südosteuropa gleichsam zu einem weichen Unterleib des deutschen Vorstoßes nach Osten gemacht. Weil nach Mussolinis Angriff kaum mehr damit zu rechnen war, daß sich Griechenland neutral verhalten und insbesondere britischen Truppen die Landung auf seinem Gebiet verweigern würde, beschloß man in Berlin bereits im November 1940, das Land militärisch zu besetzen.

Nachdem eine erneute italienische Offensive im März ebenfalls gescheitert war, begann am 6. April 1941 der deutsche Angriff im Rahmen des «Unternehmens Marita», das die Eroberung Jugoslawiens und Griechenlands in einem Blitzfeldzug vorsah. Vom Gebiet des Achsenverbündeten Bulgarien aus fielen Wehrmachtsverbände in Ostmakedonien ein und stießen, nachdem sie die dortigen griechischen Verteidigungsstellungen in erbitterten Gefechten niedergekämpft hatten, nach Süden vor. Dabei trafen sie kaum auf Widerstand, weil der Großteil der griechischen Armee in Epirus gebunden war und ein australisch-neuseeländisches Expeditionskorps, das Großbritannien zur Unterstützung entsandt hatte, viel zu spät eintraf und auch viel zu schwach war, um einen wirksamen Beitrag zur Verteidigung leisten zu können. Es zog sich zunächst nach Kreta und dann nach Ägypten zurück, wohin angesichts des deutschen Vormarschs auch der griechische König zusammen mit dem Ministerpräsidenten und der Regierung evakuiert wurde. Am 27. April 1941 besetzten die Deutschen Athen, wo zwei Tage später eine Marionettenregierung unter General Georgios Tsolakoglou (1886–1948) eingesetzt wurde. Dieser hatte schon am 20. April eigenmächtig und gegen ausdrücklichen Befehl von Papagos die bedingungslose Kapitulation der griechischen Armee unterzeichnet, was ihn für seine neue Funktion fraglos hinreichend qualifizierte. Einen Monat später begann die deutsche Wehrmacht ein Luftlandeunternehmen gegen die strategisch wichtige Insel Kreta, die Ende Mai 1941 nach verlustreichen Kämpfen mit britischen Truppen und einheimischer

Bevölkerung eingenommen wurde. Damit war die Eroberung Griechenlands abgeschlossen und es begann eine mehr als dreijährige Besatzungszeit, die zweifellos eine der dunkelsten Perioden neugriechischer Geschichte darstellt.

Das Besatzungsregime

Da Griechenland in Hitlers Eroberungsplänen nur eine Nebenrolle spielte und er angesichts des bevorstehenden Rußlandfeldzugs dort nicht unnötig Truppen binden wollte, war er gern bereit, seine Verbündeten an der Besatzung des Landes zu beteiligen. Deutschland beschränkte seine direkte Kontrolle daher zunächst nur auf Gebiete von strategischer Bedeutung, zu denen neben kleineren Inseln und Grenzstreifen zur Türkei im wesentlichen Westkreta, der Großraum Athen, Westmakedonien sowie die Eisenbahnlinie zwischen Athen und Thessaloniki gehörten. Das restliche Staatsgebiet kam – abgesehen von Ostmakedonien und Thrakien, die an Bulgarien übertragen wurden – unter italienische Kontrolle.

Damit wurde das Land in drei Besatzungszonen aufgeteilt, die verschiedenen Staaten angehörten und im Prinzip voneinander unabhängige Räume mit uneinheitlicher Verwaltung und gestörter Kommunikation untereinander bildeten. Zwar gab es eine verbindende Institution in Gestalt der griechischen Marionettenregierung, die theoretisch für die Umsetzung der politischen Vorgaben der Besatzungsmächte sorgen sollte; in der Praxis jedoch trug diese nur dazu bei, das disparate Verwaltungsgefüge noch zusätzlich zu verkomplizieren. Diese Situation, die auch als «organisiertes Chaos» charakterisiert worden ist, verschlimmerte die harten Bedingungen noch, denen die Zivilbevölkerung unter dem Besatzungsregime ausgesetzt war. Das betraf vor allem die lebenswichtige Versorgung mit Grundnahrungsmitteln, die sich mit der Okkupation ohnehin dramatisch verschlechtert hatte, da das Land von Agrarimporten abgeschnitten wurde, auf die es trotz aller Autarkiebestrebungen der 1930er Jahre nach wie vor dringend angewiesen war. Der Mangel wurde zusätzlich durch die alliierte See-

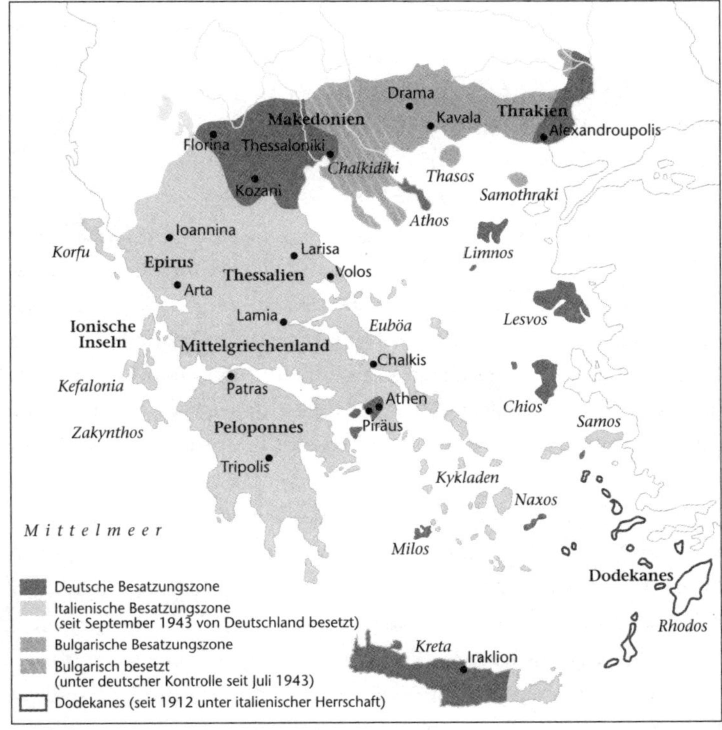

Die Besatzungszonen im Zweiten Weltkrieg

blockade sowie dadurch verschärft, daß die Besatzungsmächte bald dazu übergingen, für den eigenen Truppenbedarf Nahrungsmittel zu requirieren und außer Landes zu schaffen. Bereits wenige Wochen nach Beginn der Okkupation zeichnete sich somit eine Hungersnot ab, die im Winter 1941/42 selbst bei vorsichtiger Schätzung rund 100 000 direkte Todesopfer gefordert haben dürfte, viele davon auf den Ägäisinseln und rund 35 000 allein im Großraum Athen. Die Zahl der Hungertoten in der griechischen Hauptstadt wurde nicht zuletzt dadurch in die Höhe getrieben, daß sie verwaltungstechnisch von ihrem agrarischen Umland abgeschnitten war. Demgegenüber starben in Thessaloniki, wo die Verbindung zum Hinterland bestehen blieb, deutlich weniger Menschen durch Hunger, obwohl die Stadt zur gleichen Zeit viele griechische Flüchtlinge aus der bulgarischen Besatzungszone aufnehmen mußte, die Opfer einer systematisch betriebenen nationalen Repressionspolitik geworden waren.

Zwar zeichnete sich dank des Internationalen Roten Kreuzes seit Sommer 1942 eine leichte Verbesserung der Versorgungslage ab, nichtsdestotrotz gehörten Hunger und der Mangel an grundlegenden Bedarfsgütern zu den prägendsten Erfahrungen des Besatzungsalltags. Sie bedeuteten einen noch tieferen historischen Einschnitt als das Flüchtlingselend nach der Kleinasiatischen Katastrophe von 1922, da sie die gesamte Bevölkerung direkt und in absolut lebensbedrohlicher Form trafen.

Neben den katastrophalen humanitären Folgen führte die Besatzung auch zu einer Erschütterung der Fundamente staatlicher Ordnung, was Jahre später zerstörerische Auswirkungen nach sich zog. Der König war von den Briten zusammen mit einem Teil des politischen Establishments sowie Resten der Armee nach Ägypten evakuiert worden, wo eine Exilregierung gebildet wurde. Dieser gelang es allerdings nicht, innerhalb des besetzten Landes an Einfluß zu gewinnen, da die verbliebenen bürgerlichen Politiker aus der Zwischenkriegszeit keinerlei Initiativen zum Widerstand ergriffen, sondern sich in ihrer überwiegenden Mehrheit passiv verhielten – ganz so, wie sie es in den vier Jahren Metaxas-Diktatur auch schon getan hatten. Die von den Deutschen eingesetzte Marionettenregierung wiederum konnte unter den gegebenen Umständen kaum Legitimität und noch viel weniger Autorität für sich beanspruchen. Die teils physische und teils durch Inaktivität bedingte Abwesenheit der etablierten Repräsentanten des Staates schuf ein politisches Vakuum, in das bald andere Kräfte vordrangen.

Widerstand und Besatzungsterror

Schon kurz nach Besatzungsbeginn formierten sich erste Ansätze zum Widerstand. Ein wichtiger symbolischer Akt in diesem Zusammenhang war die Entfernung der deutschen Hakenkreuzfahne von der Akropolis in den Morgenstunden des 31. Mai 1941 durch die beiden Studenten Lakis Santas (1922–2011) und Manolis Glezos (1922–2020). Im September 1941 wurde in Athen die «Nationale Befreiungsfront» («Ethniko Apeleftherotiko Metopo» bzw. «EAM») gegründet, als deren militärischer Arm sich im Februar 1942 die «Griechische Volksbefreiungsarmee» («Ellinikos Laikos Apeleftherotikos Stratos» bzw. «ELAS») zusammenschloß. Die Leitung dieser beiden Organisationen, die in den Jahren von 1941 bis 1944 den Hauptbeitrag zum griechischen Widerstand gegen die Besatzer leisteten, dominierten Angehörige und Sympathisanten der griechischen KP, die seit 1936 verboten war. Die EAM wuchs in den Städten binnen kurzer Zeit zu einer wahren Massenorganisation an, was, abgesehen von den dramatischen Zeitumständen, nicht zuletzt auch darauf zurückzuführen war, daß ihre kommunistische Führung in den vorangegangenen Jahren der Illegalität entsprechende organisatorische Fähigkeiten erworben hatte.

Weit zögerlicher vollzog sich demgegenüber die Bildung von Partisanengruppen auf dem Lande; das galt auch für die Gebirgsregionen Mittel- und Nordgriechenlands, die später zu Schwerpunkten des bewaffneten Widerstands wurden. Bei den ersten Kampfhandlungen gegen die Besatzer handelte es sich häufig um Angriffe auf Lebensmitteltransporte, die teilweise von Räuberbanden durchgeführt wurden, deren historische Wurzeln in diesen Gebieten bis in die osmanische Zeit zurückreichten. Ein organisierter Partisanenkrieg setzte erst nach der Gründung der ELAS ein, als deren Leitfigur damals Aris Velouchiotis alias Athanasios Klaras (1905–1945) hervortrat, ein aus bürgerlichem Milieu stammender Kommunist der ersten Stunde, der während der Metaxas-Diktatur mehrfach verhaftet und exiliert worden war. Velouchiotis erwies sich als charismatischer Anführer, dem es gelang, seine irregulären Verbände mit zum Teil drakonischen Mitteln zu disziplinieren und zu einer ernstzunehmenden Streitmacht zu formen. Beachtliches militärisches Prestige verschaffte ihm seine Beteiligung an der Sprengung des Eisenbahnviadukts von Gorgopotamos im November 1942. Bei dieser spektakulären Sabotageaktion in der Nähe der Thermopylen operierten ELAS-Abteilungen erfolgreich zusammen mit anderen Partisanengruppen sowie britischen Einsatzkräften der «Special Operations Executive» unter Leitung von Christopher Montague Woodhouse (1917–2001), der zuvor Verbindungsoffizier in Griechenland gewesen war und auch am Kampf um Kreta teilgenommen hatte.

In den folgenden Monaten entwickelte die ELAS Organisationsstrukturen einer professionellen Armee, gleichzeitig stieg die Zahl ihrer Bewaffneten bis Sommer 1943 auf über 20 000 und bis Herbst 1944 sogar auf fast 50 000 an. Nach der Kapitulation Italiens im September 1943 konnten diese Verbände teilweise sogar zur regulären Kriegführung übergehen, da ihnen nun schweres Gerät aus italienischen Beutebeständen zur Verfügung stand. Zu diesem Zeitpunkt befanden sich bereits große Teile des griechischen Hinterlandes in der Hand der Partisanen, während die Besatzer im wesentlichen nur noch strategische Punkte und Verbindungswege kontrollierten und sich jenseits von diesen auf Patrouillen und Verfolgungsoperationen beschränkten. Diese trafen allerdings weniger die Partisanen als die Zivilbevölkerung, die dabei regelmäßig zwischen die Fronten geriet. Sie wurde Opfer von sogenannten «Sühnemaßnahmen», die von Geiselermordungen bis zur Auslöschung ganzer Gemeinden wie z. B. Kalavryta (Dezember 1943) oder Distomo (Juni 1944) reichten und selbst nach rigidem Wehrmachtsrecht eindeutig Kriegsverbrechen darstellten. Der deutsche Besatzungsterror, zu dem auch die systematische Verfolgung der griechischen Juden gehörte – darunter der sephardischen Gemeinde von Thessaloniki, die im März 1943 nach Auschwitz deportiert und fast vollständig vernichtet wurde –, ist neben Hunger und Not sicherlich einer der traumatischsten Eindrücke, die der Zweite Weltkrieg im Gedächtnis der griechischen Gesellschaft hinterlassen hat.

Erhängte Zivilisten im makedonischen Florina 1944

Zersplitterung der Widerstandsbewegung und Kollaboration

In den von den Partisanen kontrollierten Gebieten bildeten sich bereits früh Ansätze für eine Selbstverwaltung. So entstand bei der mittelgriechischen Kleinstadt Karpenisi ein vollständiges Netz von Institutionen, und im Frühjahr 1944 wurde sogar ein «Politisches Komitee der Nationalen Befreiung» («Politiki Epitropi Ethnikis Apeleftherosis» bzw. «PEEA») gegründet, das als Regierung des «Freien Griechenland» auftrat. Die Schaffung staatlicher Strukturen, zu denen auch eine reguläre Armee in Gestalt der ELAS gehörte, verlieh der «Nationalen Volksbefreiungsfront» EAM eine Legitimationsbasis, mit der die Ansprüche des Königs und der Exilregierung in Ägypten in Frage gestellt und abgewehrt werden konnten. Tatsächlich lagen die Dinge allerdings weit komplizierter; denn obwohl EAM den Hauptanteil am griechischen Widerstand gegen die Besatzung für sich beanspruchen konnte, besaß sie diesbezüglich kein Monopol, gab es doch weitere Widerstandsorganisationen, die mit EAM/ELAS nicht nur konkurrierten, sondern im weiteren Verlauf der Besatzungszeit sogar in offenen Konflikt traten.

Die größte von ihnen, die «Nationale Republikanische Griechische Liga» («Ethnikos Dimokratikos Ellinikos Syndesmos» bzw. «EDES»), war bereits im September 1941 von Napoleon Zervas (1891–1957) gegründet worden, einem venizelistischen Offizier mit einschlägiger politischer Vorgeschichte in der Zwischenkriegszeit, der sich unter anderem 1933 am Plastiras-Putsch beteiligt hatte und daraufhin aus dem Dienst entlassen worden war. EDES erhielt von Großbritannien großzügige Unterstützung in Form von Geld und Material, obwohl sich diese Organisation im Partisanenkrieg weit weniger effizient zeigte als ELAS und Zervas den Briten zudem als wenig vertrauenswürdig erschien, was nicht zuletzt mit seiner antiroyalistischen Gesinnung zusammenhing. Großbritannien war jedoch bestrebt, im Hinblick auf die Machtverhältnisse nach dem Ende der Besatzung ein Gegengewicht zur kommunistisch dominierten Partisanenbewegung von EAM/ELAS zu schaffen. Erst in der zweiten Jahreshälfte 1942 und auf massiven britischen Druck hin wurde EDES überhaupt militärisch aktiv. Abgesehen von der Teilnahme an der Gorgopotamos-Operation im November des Jahres blieb ihr Operationsgebiet allerdings weitgehend auf Epirus beschränkt. Dort führte Zervas sie nach Art eines Warlords mehr oder weniger als persönliche Garde, die Ende 1943 aber immerhin rund 5000 Bewaffnete zählte. Im Verlauf dieses Jahres verschärfte sich die Konkurrenzsituation zwischen EDES und ELAS so sehr, daß es sogar zu Gefechten zwischen den beiden Gruppen kam, die später als Beginn einer «ersten Runde» des griechischen Bürgerkriegs bezeichnet worden sind. Nach der italienischen Kapitulation im September 1943 mußte EDES einige herbe militärische Rückschläge gegen ELAS hinnehmen, was zur Folge hatte, daß Zervas Kontakte zu den deutschen Besatzungstruppen in Epirus aufnahm. Diese führten zu informellen Waffenstillstandsvereinbarungen zwischen Wehrmacht und EDES, die bis zum Sommer 1944 eingehalten wurden und es Zervas ermöglichten, seine militärische Position gegen ELAS ungestört auszubauen.

Die nächstgrößte Widerstandsorganisation, die «Nationale und Soziale Befreiung» («Ethniki Kai Koinoniki Apeleftherosi» bzw. «EKKA»), wies ihrer Struktur nach gewisse Ähnlichkeiten zu Zervas' EDES auf, hatte indes weit weniger Mitglieder und einen noch begrenzteren Wirkungskreis. Ins Leben gerufen wurde sie im November 1942 von Dimitrios Psarros (1893–1944), der wie Zervas zu den venizelistischen Offizieren gehörte, die wegen ihrer Beteiligung an den gescheiterten Putschen der 1930er Jahre aus der Armee entfernt worden waren. Wie bei EDES handelte es sich um eine stark personenorientierte Formation, deren Operationsgebiet im mittelgriechischen Phokis, der Heimat von Psarros, lag, einer Region also, die ebenso wie Epirus in osmanischer Zeit stark vom Armatolenwesen geprägt gewesen war. Dort begann EKKA etwa seit dem Frühjahr 1943 mit der Rekrutierung bewaffneter Kämpfer, deren Zahl jedoch niemals die 1000 überschritt und die militärisch kaum einsatzfähig waren. Die ELAS-Führung, die in dieser Region starke Verbände stationiert hatte, erblickte in ihr eine Konkurrenz, der sie zudem reaktionäre Gesinnung sowie die Kollaboration mit dem Feind vorwarf. Im Frühsommer 1943 schritt sie deshalb zur gewaltsamen Entwaffnung der EKKA-Einheiten, gab jedoch auf britisches Drängen hin die Waffen bald darauf zurück. Dies stand im Zusammenhang mit dem «Abkommen der Nationalen (Widerstands-) Organisationen» («Symfono Ethnikon Omadon»), das im Juli 1943 zwischen der britischen Militärmission und EAM/ELAS, EDES und EKKA als den größten Partisanenorganisationen geschlossen wurde. Dieses hatte zum Ziel, den Kampf durch die Einrichtung eines gemeinsamen Partisanen-Hauptquartiers besser zu koordinieren. Dahinter stand jedoch auf britischer Seite auch die Absicht, den kommunistischen Widerstand unter eigener Führung einzubinden und auf diese Weise den deutlich erkennbaren Verselbständigungstendenzen entgegenzuwirken. EAM/ELAS dagegen sah darin vor allem eine Gelegenheit, offiziell und in aller Form als Befreiungsorganisation und somit als politischer Akteur anerkannt zu werden.

Der Versuch, die Partisanenbewegungen zu vereinigen, hatte angesichts der bestehenden Interessengegensätze kaum Aussicht auf Erfolg und konnte nicht verhindern, daß die bewaffneten Gruppen in der

Folgezeit stärker gegeneinander als gegen die Besatzer kämpften. Im April 1944 kam es zu einem erneuten Angriff von ELAS-Truppen auf die EKKA, die diesmal zerschlagen wurde, wobei auch ihr Anführer Psarros ums Leben kam. Die knapp einhundert EKKA-Kämpfer, denen die Flucht gelang, unterstellten sich wenig später nahezu geschlossen den «Sicherheitsbataillonen» («Tagmata Asfaleias»), welche ein Jahr zuvor die griechische Marionettenregierung unter Ioannis Rallis (1878–1946) zum *«Schutz der öffentlichen Ordnung»* und Kampf gegen *«innere Feinde»* aufgestellt hatte. Der Vorgang ist bezeichnend dafür, wie eng zu dieser Zeit Widerstand und Kollaboration beieinanderliegen konnten. Tatsächlich handelte es sich bei diesen Verbänden nämlich um ausführende Organe der Besatzer, die als willige, ja sogar eifrige Handlanger eine wichtige Funktion in deren Unterdrückungsapparat erfüllten. Nach der Kapitulation Italiens übernahmen sie überdies militärische Aufgaben als Hilfstruppen der Deutschen und erreichten bis zum Sommer 1944 eine Stärke von bis zu 30 000 Bewaffneten. Ihr zentrales ideologisches Bindeglied war der Antikommunismus, der bereits lange vor dem Krieg ein fester Bestandteil griechischer Systemideologie geworden war und es ihnen ermöglichte, auch nach dem Abzug der Deutschen noch eine Rolle im politischen Geschehen des Landes zu spielen.

Polarisierung am Vorabend der Befreiung: Die Libanon-Konferenz 1944

Je deutlicher sich der Sieg der Alliierten über Nazideutschland abzeichnete, desto drängender stellte sich die Frage nach den konkreten politischen Perspektiven Griechenlands nach dem Krieg. Die Besatzungsjahre hatten zu einer starken Polarisierung der Gesellschaft geführt, die sich nicht nur auf die besetzten Gebiete beschränkte, sondern auch die Exilstreitkräfte erfaßte, die unter britischem Oberbefehl in Nordafrika kämpften. Dort war es schon 1943 zu Auseinandersetzungen zwischen EAM-Anhängern und -Gegnern gekommen, auf die im Frühjahr 1944 anläßlich der Gründung der Regierung des «Freien Griechenland»

(PEEA) eine regelrechte Meuterei von EAM-freundlichen Truppenteilen folgte, die von der Exilregierung in Kairo die Bildung einer Regierung der «nationalen Einheit» unter Beteiligung der linksgerichteten PEEA forderte. Die Meuterei wurde zwar rasch von den Briten unter Kontrolle gebracht, die dabei den größten Teil der gut 18 000 im Nahen Osten stationierten griechischen Soldaten internierten, aber der Vorfall machte deutlich, daß sie die neue Situation nicht einfach ignorieren konnten. Daher veranlaßten sie den griechischen König, Georgios Papandreou als Ministerpräsidenten zu vereidigen, einen Mann, der aufgrund seiner politischen Vergangenheit als geeignet erschien, die Krise zu bewältigen. Unter britischer Ägide berief Papandreou im Mai 1944 eine Konferenz in der Nähe von Beirut ein, zu der er Vertreter von EAM und PEEA, von EDES sowie von EKKA einlud. Ziel des als «Libanon-Konferenz» bekannt gewordenen Treffens war die Bildung einer Einheitsregierung, womit man der Forderung der Meuterer nachkam und versuchte, eine Brücke zwischen Exilregierung und linksgerichteten Partisanen zu schlagen, um eine stabile politische Legitimitätsbasis für die Zeit nach dem Krieg zu schaffen.

Dieses Vorhaben erwies sich jedoch als schwer umsetzbar, da das gegenseitige Mißtrauen viel zu groß und die Gräben zwischen den beteiligten Lagern viel zu tief waren. Bereits vor Beginn der Verhandlungen hatten die EAM-Vertreter die Hälfte aller Ministerien für sich gefordert, darunter auch die Schlüsselressorts des Inneren und der Verteidigung. Die Sicherheitsbataillone sollten baldmöglichst aufgelöst werden und die zukünftigen Streitkräfte zumindest teilweise aus ELAS-Verbänden bestehen. Ferner sollte ein Teil der zu bildenden Regierung seinen Sitz umgehend im Partisanengebiet in Griechenland nehmen, und eine weitere Forderung bestand in der Einrichtung einer Regentschaft, bis ein Plebiszit über die Zukunft der Monarchie entscheiden würde.

Diese Forderungen der EAM-Vertreter wurden von den übrigen Konferenzteilnehmern als kaum verdeckter Versuch einer kommunistischen Machtübernahme gewertet und rundheraus abgelehnt. Nach dreitägigen Verhandlungen erreichte man einen Kompromiß, der EAM ein Viertel der Ministerien zusprach – nicht jedoch die beiden

ELAS-Partisanen in Epirus 1944

geforderten Schlüsselressorts – und ansonsten nur vage Bestimmungen über die zukünftige Regierung enthielt. Eine formale Anerkennung des Partisanenkrieges der vorangegangenen Jahre als Akt des nationalen Widerstands blieb aus. Statt dessen wurde die Meuterei der griechischen Truppen im Nahen Osten scharf verurteilt und darüber hinaus wörtlich die Beendigung des «EAM-Terrors» im besetzten Griechenland verlangt. Dies war angesichts der kaum einen Monat zurückliegenden Zerschlagung der EKKA durch ELAS-Truppen zwar nicht ganz gegenstandslos, bedeutete in dieser Formulierung aber eine ausgesprochene Kriminalisierung des kommunistischen Widerstands; umgekehrt wurde die Kollaboration unausgesprochen legitimiert, kämpfte doch EAM/ELAS zu dieser Zeit auch gegen die griechischen Sicherheitsbataillone.

Das Ergebnis der Libanon-Konferenz bedeutete eine klare Verhandlungsniederlage für EAM, deren politische Führung im besetzten Griechenland daher heftig protestierte, sich aber letztlich fügte, was nicht zuletzt auf sowjetisches Anraten hin geschah. Damit zeichnete sich die

Konfliktkonstellation für die Zeit nach der Besatzung bereits deutlich ab. Sie war von einer Asymmetrie der Kräfte zwischen bürgerlichem und kommunistischem Lager bestimmt, wobei ersteres eindeutig auf politischem Feld dominierte, während letzteres militärisch die Oberhand hatte. Als die Deutschen im September 1944 mit ihrem Abzug aus Griechenland begannen, stand ein Großteil des Landes de facto unter Kontrolle von EAM/ELAS, die ihr Übergewicht auch in den folgenden Jahren noch lange halten konnten.

Die «Dezemberereignisse» 1944

Schon seit Ende 1943 war es ELAS-Einheiten gelungen, sich in Athen dauerhaft festzusetzen, was zur Folge hatte, daß Gewalt und Straßenkämpfe zu einem Alltagsphänomen in der griechischen Hauptstadt wurden. Als die Exilregierung von Georgios Papandreou am 18. Oktober 1944, eine Woche nach Abzug der letzten Deutschen, in Athen eintraf, stand sie somit vor einem ernsthaften Sicherheitsproblem. Um sich Autorität zu verschaffen, mußte sie möglichst schnell Ordnungskräfte aufbauen. Für Konfliktstoff sorgte von Beginn an die Frage, aus welchen Personengruppen diese Kräfte der späteren Nationalgarde rekrutiert werden sollten. Bald erhob die EAM-Führung, durchaus nicht ganz zu Unrecht, den Vorwurf, daß man dabei nicht nur auf erklärte Antikommunisten zurückgriff, sondern überdies gezielt Angehörige der kurz zuvor aufgelösten Sicherheitsbataillone heranzog. Die Situation spitzte sich in den folgenden Wochen zu, bis schließlich am 2. Dezember 1944 die EAM-Minister die Regierung der «nationalen Einheit» verließen. Am Tag darauf organisierte die EAM-Führung eine Protestdemonstration auf dem Verfassungsplatz im Zentrum Athens, die von der Regierung umgehend verboten wurde.

Etwa dreißig Personen kamen zu Tode, nachdem Teile der Athener Stadtpolizei das Feuer auf Demonstranten eröffnet hatten. Die Ordnungskräfte stammten noch aus der Besatzungszeit und erweckten bei der Bevölkerung entsprechend negative Reminiszenzen. Andererseits bildeten sie aber die einzige bewaffnete Formation, die der Regierung

Papandreou zu diesem Zeitpunkt zur Verfügung stand – abgesehen von einem Verband der Exilstreitkräfte und britischen Truppen, die die Rückkehr der Exilregierung begleitet hatten. Schnell eskalierte die Situation in der Hauptstadt zu einem allgemeinen Gewaltausbruch. Bei den nachfolgenden Kämpfen, die sich bis Januar 1945 hinzogen, stießen Partisanengruppen von EAM/ELAS mit britischem Militär zusammen, das mit gepanzerten Einheiten sowie Luftwaffe vorging und den Piräus sowie einige Vororte bombardierte.

Die Gründe für die heftigen Zusammenstöße, die als «Dezemberereignisse» («Dekemvriana») bekannt geworden sind und den Auftakt zum griechischen Bürgerkrieg bildeten, waren zu einem Teil auf die Konfrontation mit Not und Gewalt in den vorangegangenen Jahren zurückzuführen, die für viele Menschen zu einer Alltagserfahrung geworden war und eine gegenüber der Vorkriegszeit deutlich stärkere Politisierung breiter Bevölkerungskreise mit sich gebracht hatte. Die Erfahrungen von Besatzung, Widerstand und Kollaboration hatten zudem eine Polarisierung der griechischen Gesellschaft gefördert, die, anders als die alte Konfrontation zwischen Venizelisten und Royalisten, in den globalen Systemkonflikt eingebettet war, der die heraufziehende Epoche des Kalten Krieges prägte.

Dafür ist bezeichnend, daß die britische Regierung unter Winston Churchill die Vorgänge umgehend als den Versuch einer kommunistischen Machtübernahme darstellte, was bald auch zur offiziellen Lesart wurde. Diese Sicht ist jedoch nicht sehr plausibel, denn wenn die EAM-Führung damals tatsächlich eine gewaltsame Machtübernahme in Griechenland geplant haben sollte, fragt sich zumindest, warum sie diese nicht bereits vor Rückkehr der Exilregierung durchgeführt hatte, als ihr dazu alle Machtmittel zu Gebote standen.

Ganz außer Frage steht dagegen, daß Großbritannien damals sehr klare Vorstellungen über die politische Zukunft Griechenlands hatte. Die Briten zählten das Land zur eigenen Einflußsphäre und waren fest entschlossen, diesem Einfluß auch Geltung zu verschaffen. Bereits im Oktober 1944 hatte es im Rahmen informeller britisch-sowjetischer Gespräche über die Absteckung von Einflußzonen in Südosteuropa eine entsprechende Übereinkunft gegeben, so daß London sich in

Athen durchaus als Herr im eigenen Hause wähnte. Churchill brachte dies am 7. November 1944, also schon einen Monat vor den Dezemberereignissen, in einer Note an seinen Außenminister auf den Punkt:

«Da wir der UdSSR ausreichende Zugeständnisse gemacht haben um freie Hand in Griechenland zu bekommen, dürfen wir nach meiner Ansicht nicht zögern, dort britische Truppen einzusetzen, um die königliche Regierung des Herrn Papandreou zu unterstützen. Das bedeutet, daß britische Kräfte in jedem Fall intervenieren sollen, um den Ausbruch von Unruhen abzuwenden [...]»

Etwas weiter unten im Text erläuterte er, was wirklich gemeint war:

«Ich erwarte in jedem Fall einen Zusammenstoß mit EAM, dem wir nicht aus dem Wege gehen dürfen unter der Voraussetzung, daß wir das Feld der Auseinandersetzung gut wählen.»

Weihnachten 1944 besuchte Churchill die griechische Hauptstadt und versuchte, den Kämpfen ein Ende zu setzen und einen Ausgleich herbeizuführen. Als dies nicht gelang, veranlaßte er am Ende des Jahres den Rücktritt von Papandreou, als dessen Nachfolger am 3. Januar 1945 Nikolaos Plastiras bestallt wurde. Die Vereidigung nahm der Athener Erzbischof Damaskinos (1891–1949) vor, der wenige Tage zuvor zum Regenten ernannt worden war, weil König Georg II. angesichts der gespannten politischen Lage wohlweislich noch nicht nach Griechenland zurückgekehrt war. Damaskinos hatte durch seine Amtsführung während der Besatzungszeit persönliche moralische Autorität erworben und konnte somit als Integrationsfigur über die Lagergrenzen hinweg wirken. Seine Einsetzung als provisorisches Staatsoberhaupt war insofern durchaus ein Friedenssignal. Das galt mit Abstrichen auch für Plastiras, denn der mittlerweile in die Jahre gekommene venizelistische Haudegen hatte den großen Vorzug, frei von kompromittierenden politischen Verstrickungen der Besatzungszeit zu sein, da er seit 1935 im französischen Exil gelebt hatte.

Im Januar 1945 begann ein schrittweiser Rückzug der Partisanenverbände in Richtung Norden, der mit einer Verlegung des ELAS-Hauptquartiers in die thessalische Stadt Trikala einherging. Gleichzeitig gelang es der britischen Armee, zunächst ganz Athen, später auch dessen nördliches Umland sowie die nördliche Peloponnes unter ihre Kontrolle zu bringen; jedoch blieben mehr als drei Viertel des gesamten Landes weiterhin in der Hand der Partisanen. Am 11. Januar 1945 kam es zu einem Waffenstillstand, bei dessen Abschluß sich diese verpflichteten, Verhandlungen mit der Regierung aufzunehmen. Sie begannen Anfang Februar 1945 zeitgleich mit der Konferenz von Jalta und mündeten wenig später in ein Abkommen, das im nahe Athen gelegenen Küstenort Varkiza unterzeichnet wurde und das Ende der sogenannten «zweiten Runde» des griechischen Bürgerkriegs einläutete.

Das Abkommen von Varkiza und die Verschärfung des Konflikts

Der in Varkiza geschlossene Vertrag spiegelte das damalige Kräfteverhältnis zwischen den beiden Lagern wider: Die Regierungsseite hatte mittlerweile zwar ein deutliches politisches Übergewicht, jedoch waren EAM und ELAS alles andere als geschlagen. Zu den zentralen Vereinbarungen gehörten die Demobilisierung der kommunistischen Partisanenverbände und die Auslieferung ihrer Waffenbestände bis Mitte März 1945 sowie die Freilassung sämtlicher Geiseln, die während der Dezemberereignisse oder auch früher schon genommen worden waren. Im Gegenzug sollte ein Plebiszit über die künftige Staatsform entscheiden und es sollten freie Parlamentswahlen abgehalten werden. Darüber hinaus sah das Abkommen die Aufhebung des Ausnahmezustands sowie die Garantie von Presse- und Versammlungsfreiheit vor, nicht zuletzt aber auch eine Generalamnestie für Straftaten, die seit dem 3. Dezember 1944 begangen worden waren. Diese Amnestie bezog sich auf die Partisanen, wurde jedoch von der Niederlegung der Waffen bis Mitte März abhängig gemacht und nahm zudem Verbrechen gegen Leben und Besitz aus, die wörtlich *«für das Gelingen des politischen Unrechts nicht unbedingt notwendig gewesen waren»*, eine Gummibandformulierung, die den praktischen Wert für die konkret Betroffenen massiv einschränkte. Immerhin sah das Abkommen auch die Entfernung von Kollaborateuren aus öffentlichem Dienst und Sicherheitskräften vor und garantierte, daß frühere ELAS-Kämpfer nicht aus den in Zukunft zu bildenden nationalen Streitkräften ausgeschlossen werden würden. Diese Bestimmungen waren zwar von einem offensichtlichen Bemühen um Ausgleich geprägt, wurden jedoch in der Folgezeit von keiner der beiden Konfliktparteien eingehalten, so daß das Abkommen von Varkiza, das möglicherweise eine historische Chance zum Frieden gewesen wäre, ein Stück Papier blieb.

Die vereinbarte Entwaffnung wurde von EAM unterlaufen, indem man nur einen Teil des eigenen Kriegsmaterials an die britischen Truppen ablieferte und die Demobilisierung der Partisanenverbände hinauszögerte. Hinzu kam, daß Aris Velouchiotis sich von seinem Hauptquartier in Trikala aus offen gegen das Abkommen stellte, das er als einen Betrug bezeichnete. Dabei übte er Grundsatzkritik an der kommunistischen Parteiführung und ihrem Generalsekretär Georgios Siantos (1890–1947), der das Abkommen ausgehandelt und unterzeichnet hatte. Selbstverständlich dachte er auch nicht daran, seine Truppen zu entwaffnen. Vielmehr sammelte er weitere ELAS-Kämpfer um sich und begann einen Feldzug auf eigene Rechnung, bis er im Juni – mittlerweile von der KP-Führung verurteilt und ausgestoßen – von regierungstreuen Freischärlern umzingelt und, nachdem er sich selbst umgebracht hatte, enthauptet wurde.

Aber auch die Regierungsseite hielt sich nicht an die Vereinbarungen. So wurde der Ausnahmezustand lediglich in Athen und Piräus aufgehoben, wo ihre Vormachtstellung dank britischer Militärhilfe mittlerweile eindeutig war, während im Rest des Landes grundlegende Bürgerrechte nach wie vor außer Kraft blieben. Auch kam es zu keiner Entfernung von Kollaborateuren aus öffentlichem Dienst und Sicherheitskräften; die Regierung duldete im Gegenteil wohlwollend das gewaltsame Treiben verschiedener antikommunistischer Splittergruppen, die sich gegen Ende der Besatzungszeit gebildet hatten, und leitete darüber hinaus sogar Massenverhaftungen gegen Anhänger und Sympathisanten von EAM/ELAS ein. Der «weiße Terror» löste entsprechende Gegenreaktionen von seiten der Linken aus und führte zu einer Gewalteskalation, die sich oftmals auf der Ebene persönlicher Abrechnungen abspielte und eine nachhaltige Vergiftung der Gesellschaft bewirkte. In den Wochen und Monaten nach Varkiza wurden somit die Weichen für die sogenannte «dritte Runde» des Bürgerkrieges gestellt, den offenen Krieg beider Lager in den Jahren 1946 bis 1949.

Häufig wird er als erster Stellvertreterkrieg des Kalten Krieges bezeichnet, was nicht nur angesichts seines ideologischen Hintergrunds durchaus zutrifft, sondern auch im Hinblick auf die Tatsache, daß die Handlungsspielräume der beiden Seiten stark von außen bestimmt waren. Bei der Führung der Linken äußerte sich dies in einer blinden Fixierung auf tatsächliche oder auch nur angenommene Vorgaben Moskaus, denen man in dogmatischer Ergebenheit pragmatische Interessenlagen unterordnete. Diese Haltung hatte schon in der Zwischenkriegszeit dazu beigetragen, daß die griechische KP mit dem Stigma des Vaterlandsverrats versehen und niemals mehr als eine Randpartei wurde. Sie kam erneut stark zum Vorschein, als Nikolaos Zachariadis im Mai 1945 aus seiner Haft im KZ Dachau nach Griechenland zurückkehrte und wieder die Leitung der Partei übernahm. Zachariadis war es, der Aris Velouchiotis verurteilte und damit der Partisanenbewegung ihren fähigsten Anführer nahm, und er war es ebenfalls, der vier Jahre später mit einer dogmatischen Fehlentscheidung ihren militärischen Untergang besiegelte.

Auf Regierungsseite ergab sich die Beschränkung der Handlungsspielräume weniger aus ideologischen als aus realpolitischen Gründen, namentlich aus der weitgehenden Abhängigkeit von den Vorgaben Großbritanniens. Dies zeigte sich bereits bei der Regierungsbildung, denn ebenso, wie Plastiras im Januar 1945 auf britische Veranlassung Ministerpräsident geworden war, wurde er bereits im April des Jahres wieder abgesetzt, weil er sich in den Augen Londons als ungeeignet erwiesen hatte, die politische Spaltung des Landes zu überwinden. Außerdem hatte sich Plastiras dem Plan widersetzt, in den griechischen Ministerien britische Berater zu installieren, was nach seiner Entfernung dann umgesetzt wurde und eine noch weitere Einschränkung der griechischen Souveränität bedeutete. Zur britischen Interventionspolitik, die aus den Beschlüssen der Jalta-Konferenz vom Februar 1945 eine quasi-offizielle Legitimierung bezog, gehörte allerdings auch die Vermittlung von Wirtschaftshilfe, die angesichts der desolaten Situation im Lande dringend benötigt und in den folgenden Jahren von den USA weitergeführt wurde. Schließlich richteten die Briten auch eine westalliierte Kommission mit dem Auftrag ein, die Parlamentswahlen am 31. März 1946 zu beobachten. Bereits im Vorfeld kam es jedoch zu massiver Kritik von seiten der Linken, die geltend machte, daß angesichts des «weißen Terrors» keine freien Wahlen möglich waren, was auch liberale Politiker so sahen; die Briten, die eine Schwächung der Royalisten befürchteten, gingen darauf freilich nicht ein. Das Ergebnis dieser ersten regulären Wahlen nach dem Zweiten Weltkrieg sowie ein Jahrzehnt nach Errichtung der Metaxas-Diktatur dokumentiert die Spaltung der Gesellschaft, ist aber zugleich auch ein Indikator für die ungefähren Kräfteverhältnisse zwischen den beiden Lagern: Die alte antivenizelistische «Volkspartei» («Laikon Komma») errang zwar mit 60 % der Stimmen die absolute Mehrheit, allerdings hatten fast 50 % der Stimmberechtigten gar nicht teilgenommen, weil EAM vorher zum Wahlboykott aufgerufen und damit eine bereits in der Zwischenkriegszeit verbreitete Praxis wieder aufgegriffen hatte.

Der Bürgerkrieg 1946–1949

Am Wahltag griffen kommunistische Partisanen das am Fuß des Olymps gelegene Küstendorf Litochoro an, was Zachariadis mit der Ankündigung weiterer bewaffneter Aktionen verband, wenn sich die Regierung den Forderungen von EAM widersetzen sollte. In Athen reagierte man auf die neue Situation zunächst mit verschärften Restriktionen. So wurden Notstandsgesetze erlassen, welche die faktisch bereits in vollem Gange befindliche Verfolgung der Linken nunmehr auch formaljuristisch abdeckten. Diese gaben den Polizeiorganen weitgehende Handlungsfreiheit bei Hausdurchsuchungen und vorläufigen Festnahmen, umfaßten ein Versammlungs- und Streikverbot und enthielten darüber hinaus einen Willkürparagraphen, der *«Unruhestiftung und Einschüchterung von Bürgern»* mit Freiheitsentzug nicht unter sechs Monaten bestrafte. Die genannten Vergehen wurden der Militärgerichtsbarkeit unterstellt, die zusätzlich zu den Freiheitsstrafen auch Deportationen auf Exilinseln verhängen konnte. Schon gegen Ende 1945 waren landesweit etwa 80 000 Sympathisanten der Linken inhaftiert oder in Gewahrsam genommen worden, eine Zahl, die nun massiv anstieg.

Bei der Verfolgung der EAM-Sympathisanten spielten halboffizielle Akteure des rechtsextremen Spektrums eine wichtige Rolle, für die sich damals der Begriff «Parakratos» (sinng. «Schattenstaat») einbürgerte. Sie trugen stark zur Militarisierung des Konflikts bei, denn viele Menschen, die während der Besatzungszeit für EAM gekämpft hatten, ohne unbedingt überzeugte Kommunisten zu sein, wurden erst durch die Nachstellungen dieser Kreise zu den Partisanen getrieben, deren Rekrutierungsbasis damit anwuchs. Dies betraf allerdings vornehmlich die ländlichen Gebiete und namentlich die Gebirgsregionen Mittel- und Nordgriechenlands, während in den Städten eine gegenläufige Entwicklung einsetzte. Dort hatte die Linke einen Attraktivitätsverlust zu verzeichnen, der weniger die Folge des «weißen Terrors» war, sondern vor allem mit der allmählichen Verbesserung der Versorgungslage und der allgemeinen wirtschaftlichen Situation zusammenhing, die dank der ausländischen Hilfsprogramme spürbar wurde. Von Großbritannien begonnen, wurden diese in weit größerem Umfang von den USA fortgesetzt, die damals zu einer entschlossenen Interventionspolitik in Griechenland übergingen und dabei Großbritannien in seiner historischen Rolle als Schutz- und Protektoratsmacht ablösten. Nachdem London im Februar 1947 mitgeteilt hatte, Griechenland nicht länger militärisch und wirtschaftlich unterstützen zu können, folgte im März 1947 die Erklärung der Truman-Doktrin, in deren Rahmen der US-Senat kurz darauf eine wirtschaftliche und militärische Soforthilfe in Höhe von 400 Mio. US-Dollar beschloß. Zwischen 1948 und 1952 folgten weitere Hilfszahlungen im Rahmen des Marshall-Plans, die einen Gesamtumfang von mehr als 350 Mio. US-Dollar erreichten.

Anlaß für dieses massive amerikanische Engagement war die damals überaus kritische Lage in Griechenland. So konnten die Kommunisten 1946 nicht nur einige Siege in Nordgriechenland erringen, sondern verbesserten auch ihre Organisation. Möglich wurde dies, nachdem

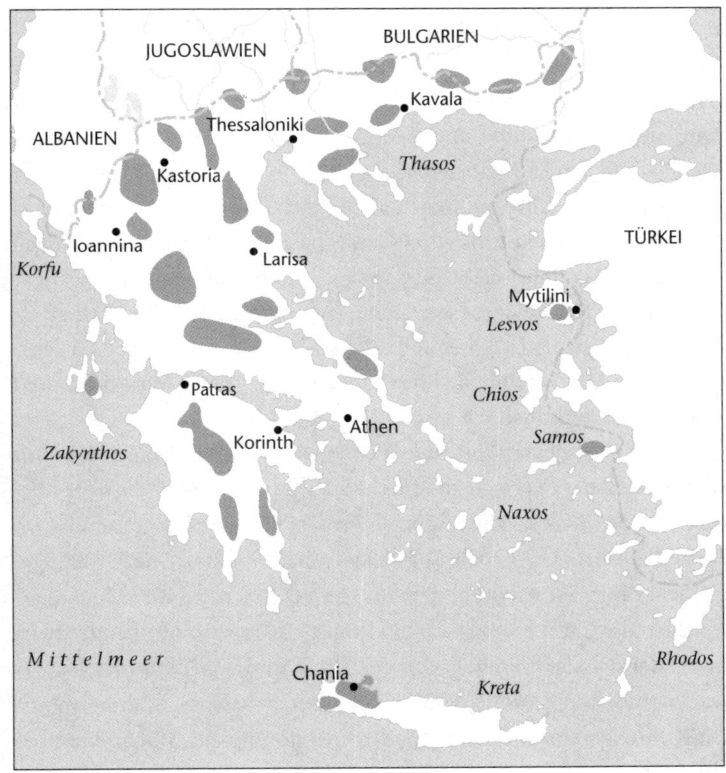

Partisanengebiete 1947

Markos Vafeiadis (1906–1992) im Oktober des Jahres die «Demokratische Armee Griechenlands» («Dimokratikos Stratos Elladas» bzw. «DSE») in Nachfolge der ELAS gegründet und damit die zuvor meist verstreut operierenden Partisanengruppen in eine zentrale Befehlsstruktur eingebunden hatte. Die griechische Regierung war dagegen nicht annähernd fähig, die Situation militärisch in den Griff zu bekommen. Ihre Streitkräfte bestanden zu der Zeit, abgesehen von Resten der Exilarmee, aus der etwa 30 000 Mann starken Nationalgarde; hinzu kamen Angehörige der ehemaligen Sicherheitsbataillone und anderer antikommunistischer Gruppierungen, die allerdings nur indirekt kontrollierbar waren. Im Mai 1945 kam es zur Aufstellung einer «Nationalen Armee» («Ethnikos Stratos»), die für die reguläre Kriegführung ausgerüstet wurde und eine Nominalstärke von 100 000 Mann haben sollte. Ihre Einsatzbereitschaft war jedoch begrenzt, was nicht zuletzt damit zusammenhing, daß sie sich aus Wehrpflichtigen zusammensetzte, deren Einstellung anders als im Milieu der ehemaligen Sicherheitsbataillone nicht ausgeprägt antikommunistisch war. Stellenweise hegten sie sogar versteckte Sympathien für die Partisanen, hatten aber jedenfalls keine sonderliche Neigung, Krieg gegen die eigenen Landsleute zu führen, unter denen nicht selten Verwandte und enge Familienmitglieder waren.

Aus einer Position relativer Stärke heraus formulierte die kommunistische Führung 1947 neue politische Ziele, die weit über die Vereinbarungen von Varkiza hinausgingen. Als solche legte Zachariadis im April des Jahres die Errichtung einer Volksdemokratie nach vorangegangener Befreiung des Landes von Fremdherrschaft und «Monarcho-Faschismus» fest. Letzteres war ein Propagandabegriff mit Langzeitwirkung, der sich darauf bezog, daß der König mittlerweile zurückgekehrt war, nachdem ein im September 1946 unter massiver Wahlbeeinflussung durchgeführtes Plebiszit 69 % Zustimmung zur Monarchie ergeben hatte.

Entsprechend den neuen politischen Vorgaben zielten nunmehr die militärischen Aktionen der DSE darauf ab, eine Stadt mit ausreichendem Umland unter Kontrolle zu bringen, um die territoriale Basis für die Bildung einer eigenen Regierung zu schaffen. Nachdem jedoch mehrere Angriffe auf nordgriechische Provinzstädte gescheitert waren, bildete die kommunistische Führung im Dezember 1947 eine provisorische «Regierung des freien Griechenland» unter Leitung von Vafeiadis, die ihren Sitz in der Gebirgsregion zwischen Epirus und Makedonien hatte, wo die Position der DSE am stärksten war. Ihr dringendstes Anliegen, eine offizielle diplomatische Anerkennung von der Sowjetunion und den übrigen sozialistischen Staaten zu erhalten, wurde indes aus verschiedenen Gründen nicht erfüllt, was einen empfindlichen Rückschlag bedeutete und zugleich den politischen Wendepunkt des

Bürgerkriegs markierte. Militärisch war dieser jedoch noch lange nicht entschieden.

Um die Pattsituation, die sich Anfang 1948 eingestellt hatte, zu überwinden, begann die US-Regierung, die griechische Armee massiv aufzurüsten, und stellte ihr zudem einen Stab von 250 Verbindungsoffizieren an die Seite, die die Kontrolle über ihre Operationen übernahmen. Sie standen unter der Leitung von General James Van Fleet (1892–1992), einem Weltkriegsveteranen, der sich zum Ziel gesetzt hatte, den Krieg noch im selben Jahr zu beenden. Zu diesem Zweck startete er im April eine großangelegte Offensive in Mittelgriechenland und im Juni eine weitere auf der Peloponnes. Beide Angriffe führten aber nur zu Teilerfolgen, da sie die Partisanen zwar zum Rückzug nach Nordgriechenland zwangen, ihre Verbände aber nicht ausschalten konnten. Es folgte eine weitere Offensive im nordgriechischen Bergland, die jedoch nach einem erfolgreichen Gegenangriff der Partisanen im September steckenblieb. Daraufhin wurde Alexandros Papagos, der wegen seines erfolgreichen Kampfes gegen die Italiener 1940 hohes militärisches Ansehen genoß, zum Oberkommandierenden der griechischen Streitkräfte ernannt. Er übernahm diese Funktion im Januar 1949 und schlug die Partisanen im August des gleichen Jahres entscheidend auf den Gebirgszügen von Grammos und Vitsi. Neben der mittlerweile erdrückenden materiellen Überlegenheit der Regierungstruppen trug der Umstand zu diesem Sieg bei, daß infolge des Bruchs zwischen Tito und Stalin im Vorjahr Jugoslawien seine Militärhilfe einstellte und im Juli 1949 auch seine Grenzen schloß, womit die griechischen Partisanen einen wichtigen Nachschub- und Verfügungsraum verloren. Hinzu kam, daß Zachariadis, der schon seit 1947 den Übergang zur regulären Kriegsführung gefordert hatte, sich in diesem Punkt gegen den militärischen Pragmatismus von Vafeiadis durchsetzen konnte, so daß die im Guerillakampf geschulten Partisanenverbände nun auch taktisch entscheidend ins Hintertreffen gerieten. Die besiegten Reste der DSE setzten sich Ende August nach Albanien ab, und im Oktober 1949 gab die kommunistische Führung über ihr Bukarester Exilradio die «einstweilige Einstellung des bewaffneten Widerstandes» bekannt. Das war das Ende des Bürgerkrieges.

Die Bilanz von Besatzungszeit und Bürgerkrieg

Die gewaltigen politischen und gesellschaftlichen Verwerfungen des Zeitraums von 1940 bis 1949 prägten die weitere Entwicklung des Landes zutiefst und wirken in vielerlei Hinsicht bis heute nach. An erster Stelle ist in diesem Zusammenhang der dramatische demographische Aderlaß zu nennen. So lagen die Verluste an Menschenleben allein während der Besatzungsjahre 1941–1944 mit deutlich mehr als einer halben Million, prozentual auf die Gesamtbevölkerung bezogen höher als in den meisten anderen betroffenen Ländern. Der Bürgerkrieg 1946–1949 forderte viele weitere Todesopfer, deren genaue Zahl bis heute nicht feststeht. Hinzu kamen Bevölkerungsverluste durch Flucht und Vertreibung, in deren Folge vermutlich über 100 000 Griechen in die sozialistischen Staaten Mittel- und Osteuropas gingen, darunter etwa 28 000 Kinder, die im Rahmen der sogenannten «Kinderlese» («Paidomazoma») von den kommunistischen Partisanen während des Bürgerkriegs systematisch rekrutiert und ins Ausland verschickt wurden, um dort zu zukünftigen Kämpfern erzogen zu werden. Betroffen waren ferner Angehörige ethnischer Minderheiten, darunter gut 15 000 Çamen in Epirus, die nach Abzug der Deutschen 1944 unter dem Vorwurf der Kollaboration zum größten Teil nach Albanien vertrieben wurden, sowie slawische Makedonen, die während des Bürgerkriegs unter den Generalverdacht kommunistischer Gesinnung gestellt wurden und von denen bis 1949 vermutlich rund 35 000 das Land in Richtung Jugoslawien verließen.

Daneben setzte die wirtschaftliche Not der Kriegsjahre eine Auswanderungswelle in Gang, die sich vor allem nach Übersee richtete und besonders die Inseln betraf. Aber auch auf dem Festland erlebten die ländlichen Gebiete einen starken Bevölkerungsrückgang durch Auswanderung, Zwangsevakuierung und Landflucht in Richtung Athen und Thessaloniki, deren Einwohnerzahl seit Ende der 1940er Jahre stetig zu wachsen begann. Damit erlebte der bereits im Gang befindliche Strukturwandel Griechenlands von einer Agrar- zu einer

Dienstleistungsgesellschaft eine deutliche Beschleunigung. Der Krieg hatte auch eine Veränderung der sozialen Schichtung ausgelöst, die sich unter anderem darin äußerte, daß zu den etablierten Vorkriegseliten nun eine neue Gruppe von städtischen Aufsteigern trat, die während der Besatzungszeit vom Schwarzhandel profitiert hatte und/oder zu Vermögen gekommen war, weil sie sich in der Folgezeit Zugriff auf die angloamerikanischen Hilfsprogramme verschaffen konnte, die damals den einzigen Entwicklungsmotor der griechischen Wirtschaft darstellten.

Neben den humanitären Auswirkungen lag die schwerwiegendste Hinterlassenschaft der 1940er Jahre zweifellos auf politischem Gebiet, denn die Erfahrung von Besatzung und Bürgerkrieg hatte die griechische Gesellschaft nicht allein gespalten, sondern regelrecht zerrissen und ihre verbindenden Elemente extrem geschwächt. Das gilt insbesondere für den Staat, dessen Integrationskraft als Institution durch die dramatischen Entwicklungen stark gelitten hatte. Dabei spielte nicht zuletzt der Umstand eine Rolle, daß der Bürgerkrieg nur durch massive ausländische Intervention hatte beendet werden können und die griechischen Regierungen in dieser Zeit weitgehend von britischen bzw. amerikanischen Vorgaben abhängig waren. Der in Griechenland bis heute lebendige Mythos vom «ausländischen Faktor» («xenos paragontas») als einer dunklen, die Geschicke des Landes aus dem Hintergrund lenkenden Macht erlebte damals eine Hochkonjunktur und schuf ein Legitimitätsdefizit für die Regierungen der Nachkriegszeit. Dieses konnte nur notdürftig durch die Beschwörung der «Nationalgesinnung» («Ethnikofrosyni») kompensiert werden, die in dieser Zeit zum Aushängeschild staatlicher Systemideologie erhoben wurde. Kernbestandteil des ansonsten nebulösen Konstrukts war die Gegnerschaft zum sogenannten «Slawo-Kommunismus», einer Begriffskoppelung, die aktuelle ideologische Konfliktlagen in antislawische Feindbildprojektionen des ausgehenden 19. Jahrhunderts einbettete und ihnen dadurch vermeintliche historische Tiefe verlieh. Dies entsprach durchaus dem Zeitgeist des Kalten Krieges, schrieb aber die Konfrontation des Bürgerkrieges fort, weil es die unterlegene Linke nachhaltig ausgrenzte und stigmatisierte.

Unter den einschneidenden Spuren, die der Zweite Weltkrieg im Land hinterließ, ist abschließend noch ein Aspekt zu nennen, der zwar weniger offensichtlich als die übrigen war, jedoch ebenfalls nachhaltige Wirkung hatte. Krieg und Besatzung waren nicht nur mit dem Verlust zahlreicher Menschenleben und materiellen Zerstörungen verbunden, sondern kompromittierten auch die europäisch-abendländische Kultur als zivilisatorische Orientierungsgröße, die für das neugriechische Selbstverständnis lange Zeit von großer Bedeutung war. Natürlich hatten antiwestliche Ressentiments eine ebenso lange und nicht zu unterschätzende Geschichte, wurden aber in erster Linie von orthodoxen Traditionalisten und vereinzelten intellektuellen Exzentrikern auf Selbstsuche gepflegt. Seit den 1940er Jahren erhielten sie dagegen eine viel breitere und qualitativ neue Argumentationsgrundlage, die nun, ob offen oder – nicht weniger wichtig – unterschwellig, zu einer festen Größe im gesellschaftlichen und politischen Leben des Landes wurde.

8. Vom Bürgerkrieg zur Diktatur (1950–1974)

Die 1950er Jahre bildeten eine Phase gesellschaftlicher Normalisierung, wirtschaftlichen Wiederaufbaus und der Rückkehr zur Demokratie, die allerdings erheblichen Einschränkungen unterlag und stark von den Schatten der jüngsten Vergangenheit überlagert war. In politisch-ideologischer Hinsicht markierte diese Zeit somit weniger einen Neuanfang als vielmehr ein ungebrochenes Fortwirken des Bürgerkriegserbes, dessen Bewältigung erst Jahrzehnte später begann.

So gehörte zu den Grundmerkmalen der griechischen Nachkriegsordnung eine strukturelle Instabilität des politischen Systems, die sich daraus ergab, daß es neben dem Parlament als verfassungsmäßigem Träger der Legislativgewalt noch eine Reihe weiterer Machtfaktoren gab, die teilweise im Hintergrund agierten. Dazu gehörten an erster Stelle der König, der wiederholt Einfluß auf die Regierungspolitik ausübte, sowie das Militär, das enge personelle Verflechtungen mit dem königlichen Hof hatte. Militär und Sicherheitsapparat waren wiederum mit dem sogenannten «Schattenstaat» verflochten, einem wichtigen Instrument zur Beeinflussung und Einschüchterung der Bevölkerung. Darüber hinaus mischten sich auch die USA über Botschafter und Verbindungsoffiziere inoffiziell und zuweilen massiv in die griechische Politik ein.

Liberales Intermezzo 1950–1952

Dies zeigte sich schon im Anschluß an die ersten Parlamentswahlen nach Ende des Bürgerkrieges im März 1950. Die antivenizelistische «Volkspartei» unter Konstantinos Tsaldaris (1884–1970) ging daraus mit knapp 19 % der Stimmen zwar als stärkste Kraft hervor, stand aber drei venizelistischen Formationen gegenüber, von denen zwei nur wenig schlechter abgeschnitten hatten: der «Liberalen Partei» unter Sofoklis Venizelos (1894–1964), einem Sohn des berühmten Kreters, die gut 17 % erreichte, ferner der wenige Monate zuvor von Nikolaos Plastiras gegründeten «Nationalen Progressiven Zentrumsunion» («Ethniki Proodeftiki Enosis Kentrou» bzw. «EPEK») mit 16,5 % sowie schließlich der Partei von Georgios Papandreou mit knapp 11 %. Nur wenig schwächer hatte mit 9,7 % das «Demokratische Lager» («Dimokratiki Parataxis») abgeschnitten, das sich aus verschiedenen EAM-nahen Gruppierungen gebildet hatte und die politische Linke repräsentierte; die griechische KP war zwar 1944 zugelassen, 1947 aber erneut verboten worden.

Das Wahlergebnis machte deutlich, daß einerseits «Volkspartei» und «Liberale» als Vorkriegsparteien nur noch einen Teil ihrer ehemaligen Anhängerschaft um sich sammeln konnten, andererseits aber auch die politische Rechte im Vergleich zu den Wahlen von 1946 in der Wählergunst deutlich abgefallen war. Es zeichnete sich daher eine Regierungsbildung der liberalen Zentrumskräfte um Plastiras und Papandreou ab, die zu diesem Zeitpunkt auch von den USA befürwortet wurde, weil man darin eine Möglichkeit zur Überwindung der Spaltung des Landes sah. Gegen den Widerstand des Hofes, der zunächst die beiden Führer der Vorkriegsparteien mit der Kabinettsbildung beauftragt hatte, setzte der amerikanische Botschafter Henry Grady (1882–1957) daher die Ernennung von Plastiras als Ministerpräsident durch, indem er mit der Aussetzung der US-Wirtschaftshilfe für Griechenland drohte.

Ohne Unterstützung des Hofes konnte Plastiras jedoch keine dauerhaft stabile Regierung bilden, zumal die USA schon im Sommer 1950 wieder von ihm abrückten, erschien ihnen doch angesichts des beginnenden Koreakrieges und der damit verbundenen Perspektive einer globalen Kriegseskalation eine Rechtsregierung in Griechenland sicherer. Im Mai 1951 gab es zudem einen Putschversuch des «Heiligen Bundes Griechischer Offiziere» («Ieros Desmos Ellinon Axiomatikon» bzw. «IDEA»), einer Gruppe antikommunistischer Offiziere, die bereits im Oktober 1944 entstanden war und zahlreiche ideologische wie auch personelle Kontinuitätslinien zur späteren Militärdiktatur von 1967 aufwies. IDEA wollte Alexandros Papagos zum Anführer des Putsches machen, der jedoch abwinkte, weil er es vorzog, auf parlamentarischem Wege an die Macht zu kommen. Im August 1951 gründete er die Partei «Hellenische Sammlung» («Ellinikos Synagermos»), in der er das rechte Spektrum des Landes einschließlich der «Volkspartei», die daraufhin in Bedeutungslosigkeit versank, hinter sich vereinigte. Aus den im Monat darauf abgehaltenen Neuwahlen ging die «Hellenische Sammlung» mit 36,5 % der Stimmen zwar als mit Abstand stärkste Partei hervor, dennoch reichte das Ergebnis noch einmal für eine Koalitionsregierung des liberalen Zentrums unter Plastiras.

Zu ihren wichtigsten politischen Maßnahmen gehörte im Januar 1952 die Verabschiedung einer neuen Verfassung, die den Parlamentarismus betonte und erstmals auch das allgemeine Wahlrecht für Frauen verankerte, jedoch wie ihre Vorgängerin von 1911 Unklarheiten bezüglich der Kompetenzen des Königs bei der Regierungsbildung enthielt, was sich in der Folgezeit als schwerwiegender Systemfehler erwies. Hinzu kam, daß ihr liberaler Charakter in der Praxis durch zahlreiche restriktive Gesetze eingeschränkt wurde, die noch aus der Zeit des Bürgerkrieges stammten und deren Fortbestehen mit dem Argument einer nach wie vor bestehenden kommunistischen Revolte legitimiert wurde. Diese Haltung blieb bis 1962 offizielle Staatsdoktrin, lag damals allerdings auch auf der Linie der griechischen Exilkommunisten, die im Oktober 1949 ja lediglich die «einstweilige Einstellung» des bewaffneten Kampfes erklärt hatten.

Eine außenpolitische Weichenstellung bedeutete der NATO-Beitritt im Februar 1952, denn mit ihm wurde Griechenland erstmals seit seiner Unabhängigkeit fest in eine Großmacht-Bündniskonstellation eingebunden, zugleich aber auch zu einem Frontstaat des westlichen Lagers im Kalten Krieg. Entsprechend dieser neuen Rolle wurde ein engerer Schulterschluß mit der Türkei angestrebt, die ebenfalls der NATO beigetreten war. Diese Annäherung, die im Staatsbesuch König Pauls I. (1901–1964) im Juni 1952 einen diplomatischen Niederschlag fand, wurde jedoch in der Folgezeit zunehmend von der Zypernfrage überschattet, die das Verhältnis der beiden Staaten auf Jahrzehnte belasten sollte.

Innenpolitisch leitete die Regierung Plastiras erste zaghafte Schritte zur gesellschaftlichen Versöhnung ein. Im April 1952 wandelte sie die Todesurteile, die während des Bürgerkrieges zahlreich verhängt, aber seit Oktober 1949 nicht mehr vollstreckt worden waren, per Gesetz in lebenslängliche Haftstrafen um. Vorausgegangen war jedoch noch im März 1952 die Hinrichtung des kommunistischen Untergrundaktivisten Nikos Belogiannis (1915–1952), die internationale Proteste ausgelöst hatte. Darüber hinaus kam es zu umfangreichen Entlassungen von politischen Gefangenen bzw. Verbannten, deren Zahl von etwa 14 000 im Oktober 1951 auf etwa 5000 im Dezember 1952 zurückging. Diese Versöhnungspolitik stieß auf den erbitterten Widerstand der rechten Opposition um Papagos, die der Regierung sogar eine angebliche Kooperation mit den Kommunisten vorwarf. Erheblichen Rückenwind verschaffte ihr dabei ein lancierter Skandal um die angebliche kommunistische Unterwanderung der Luftwaffe, der die antikommunistische Hysterie noch anheizte und zu einem Schauprozeß führte, bei dem im September 1952 zwanzig Offiziere verurteilt wurden, davon zwei zum Tode.

Aus den Wahlen vom November 1952 ging die «Hellenische Sammlung» von Papagos mit 49 % der Stimmen als eindeutiger Sieger hervor und erreichte damit sogar eine Zweidrittelmehrheit im Parlament. Dies war durch eine erneute Wahlrechtsänderung möglich geworden, die der damalige US-Botschafter John Peurifoy (1907–1955) veranlaßt hatte. Sie führte dazu, daß die liberalen Zentrumsparteien deutlich unterrepräsentiert waren und sich die bei knapp 10 % liegende «Vereinigte Demokratische Linke» («Eniaia Dimokratiki Aristera» bzw. «EDA») überhaupt nicht mehr im Parlament wiederfand. Der Sieg von Papagos beendete das sogenannte «liberale Intermezzo» und leitete eine mehr als zehnjährige Phase ungebrochener politischer Dominanz des rechten Lagers ein.

Antikommunismus und Wiederaufbau: Von Papagos zu Karamanlis

Eine strukturelle Voraussetzung dafür war dessen Stärke in ländlichen Gebieten, wo das rechte Lager oftmals mehr als 50 % des Wählerpotentials an sich binden konnte. Spürbar geringer war der Zuspruch dagegen in den Städten, wo die Unterstützung vor allem aus dem neuen Mittelstand kam, von Personengruppen, die während Besatzungszeit und Bürgerkrieg aufgestiegen waren. Hinzu kam, daß die Rechte weitgehende Kontrolle über den Staatsapparat ausübte, den sie zur Unterdrückung der Linken instrumentalisierte. Ein wichtiges Mittel dafür waren persönliche «Dossiers politischer Gesinnung» («Fakeloi politikon fronimaton»), die als Entscheidungsgrundlage nicht nur für die Einstellung in den öffentlichen Dienst, sondern auch für Anträge auf Reisepässe, Führerscheine etc. dienten. Der eigentliche Motor dieses Systems war ein ausgeprägtes Spitzelwesen, das damals Blüten trieb und bis zum Ende der Militärdiktatur 1974 ein Alltagsphänomen bleiben sollte.

Unter Papagos wurde die von seinem Vorgänger begonnene Versöhnungspolitik abrupt beendet und der Antikommunismus fest im Staat verwurzelt. Während seiner Amtszeit blieb die Zahl der politischen Häftlinge unverändert hoch, und mit der Hinrichtung von Nikos Ploumpidis (1902–1954) im August 1954 wurde erneut eine politische Todesstrafe vollstreckt. Bezeichnend für das politische Klima ist auch, daß zur gleichen Zeit die Offiziersorganisation IDEA einen neuen Aufschwung erlebte und einer der Putschisten vom Mai 1951 sogar als Chef des 1953 nach dem Vorbild der CIA gegründeten und von den USA finanzierten Geheimdienstes «Zentrale Informationsagentur» («Kentriki Ypiresia Pliroforion» bzw. «KYP») eingesetzt wurde.

Die Regierung Papagos nahm allerdings auch entscheidende Weichenstellungen für den Wiederaufbau des durch den Krieg zerstörten Landes vor, das zu Beginn der 1950er Jahre weitgehend am Tropf amerikanischer Finanzhilfe hing. Ein wichtiger Schritt dazu war die im April 1953 erklärte Abwertung der inflationsgeschüttelten Drachme um

Alexandros Papagos als Ministerpräsident bei einem Besuch im mittelgriechischen Landstädtchen Livadia

50 % und ihre feste Anbindung an den US-Dollar im Verhältnis 30:1, was in Kombination mit konsequent eingehaltener Haushaltsdisziplin dazu führte, daß die griechische Landeswährung für die folgenden zwanzig Jahre in den Kreis der stabilen europäischen Währungen aufrückte. Auf dieser Grundlage setzte seit Mitte der 1950er Jahre ein wirtschaftlicher Aufschwung ein, der zwar nicht das Ausmaß zeitgleicher Entwicklungen in Westeuropa erreichte, aber alle Konjunkturphasen, die das Land seit seiner Unabhängigkeit erlebt hatte, bei weitem übertraf. Diese Entwicklung wird zu Recht mit dem Namen von Konstantinos Karamanlis (1907–1998) verbunden, den Paul I. im Oktober 1955 als Nachfolger des kurz zuvor verstorbenen Papagos vereidigte. Damit überschritt der König, der sich vorher nicht mit der Regierungspartei verständigt hatte, eindeutig seine Kompetenzen; zugleich bedeutete die Einsetzung aber auch eine Überraschung, da Karamanlis keiner der alteingesessenen Politikerfamilien Athens angehörte, sondern aus Makedonien stammte und somit ein Außenseiter war, ähnlich wie seinerzeit der Kreter Venizelos. Zudem war er auch deutlich jünger als alle seine Amtsvorgänger.

Obwohl sich zunächst Kritik in den eigenen Reihen regte, wurde Karamanlis eine Woche nach seiner Vereidigung mit großer Mehrheit vom Parlament bestätigt. Schon bald setzte er Akzente, die ein Abgehen vom bisherigen politischen Kurs der bedingungslosen Anlehnung an die USA und der Ausgrenzung der Linken signalisierten. Dazu gehörte die Abberufung des griechischen Militärkontingents, das 1950 nach Korea entsandt worden war, die Aufhebung der juristischen Immunität, die Angehörige des amerikanischen Militärs bis dahin in Griechenland genossen, nicht zuletzt aber auch die Wiederaufnahme der seit 1952 ausgesetzten Entlassungen politischer Gefangener, deren Zahl bis Ende 1956 auf etwa 3500 zurückging. Um seine Regierung demokratisch zu legitimieren, rief Karamanlis Neuwahlen für den Februar 1956 aus, zu denen er mit der von ihm neu gegründeten Partei «Nationale Radikale Union» («Ethniki Rizospastiki Enosis» bzw. «ERE») antrat, welche die «Hellenische Sammlung» von Papagos ablöste. Zur Absicherung des Wahlsieges nahm er jedoch eine erneute Wahlrechtsänderung vor, mit der die Regierung zusätzlich begünstigt, zugleich aber das Auftreten von Rechtsparteien jenseits der ERE verhindert wurde. Die Opposition reagierte auf das neue Wahlgesetz mit der Bildung einer Einheitsliste aus den liberalen Parteien und der EDA, was bedeutete, daß erstmals die Linke in ein Bündnis der Zentrumskräfte eingebunden wurde. Damit zeichnete sich eine neue Konstellation im parlamentarischen Gefüge ab, bei der «Rechts» und «Links» die alte Kluft zwischen Royalisten und Venizelisten ablöste.

Dies spiegelte sich bereits im Wahlergebnis vom Februar 1956 wider: Die absolute Mehrheit, welche die ERE von Karamanlis mit 47,5 % der Stimmen erzielte, war nur der vorangegangenen Wahlrechtsänderung zu verdanken, da die vereinigte Opposition mit mehr als 48 % besser als die Regierung abgeschnitten hatte. Noch deutlicher trat die neue Rechts-Links-Polarisierung nach den nächsten Wahlen hervor, die Karamanlis im Mai 1958 anberaumte, weil er wegen innerparteilicher Opposition und Spannungen mit dem Hof unter Druck geraten war. Mit Hilfe eines erneut veränderten Wahlrechts konnte die ERE ihre absolute Parlamentsmehrheit noch ausbauen, obwohl sie mehr als 6 % Stimmenanteil verlor, allerdings mit dem unbeabsichtigten Nebeneffekt, daß die linke EDA mit Abstand mehr Sitze als das liberale Zentrum erhielt und größte Oppositionspartei wurde. Karamanlis war jedoch fürs erste gestärkt und konnte relativ ungestört weiterregieren; die nun beginnende Amtsperiode dauerte bis zum Herbst

1961 und war damit die längste vom Ende des Bürgerkrieges bis zur Errichtung der Militärdiktatur 1967.

In dieser Zeit wurde ein nachhaltiges Aufbauprogramm vorangetrieben, das auf Währungs- und Haushaltsstabilität beruhte, in dessen Rahmen aber zugleich strategische Investitionen zur Schaffung einer modernen Infrastruktur getätigt wurden, die unter anderem den Ausbau des Straßennetzes, die flächendeckende Elektrifizierung des Landes sowie die Energiegewinnung aus Braunkohle umfaßten. Dies ging mit Maßnahmen zur Wachstumsförderung einher, die nicht zuletzt darauf abzielten, das Land schrittweise aus der Abhängigkeit von US-Hilfen zu befreien. Zum wichtigsten Sektor der griechischen Volkswirtschaft entwickelte sich der Tourismus, der seit der zweiten Hälfte der 1950er Jahre beeindruckende Wachstumsraten verzeichnete und zu einer wichtigen Devisenquelle wurde. Dabei profitierte das Land von einer allgemeinen westeuropäischen Konjunkturlage, welche die Entstehung eines in seiner Form neuen Massentourismus ermöglichte. Der zentrale Entwicklungsmotor der Binnenwirtschaft war dagegen die Bauindustrie, die im gleichen Zeitraum ebenfalls stark expandierte und von der bis Mitte der 1970er Jahre rund 50% aller privatwirtschaftlichen Arbeitsplätze direkt oder indirekt abhängen sollten. Diese Entwicklung erfuhr einen entscheidenden Schub durch das sogenannte «Antiparochi»-System, das die Regierung Karamanlis Ende der 1950er Jahre einführte. Dadurch wurde der Tausch von Bauland gegen Wohnraum auf Grundlage privater Vereinbarung zwischen Grundstückseigner und Bauunternehmer möglich, die sich die Besitzrechte am entstehenden Wohnraum daraufhin teilten. Das bedeutete zwar, daß sich der Staat de facto weitgehend aus seiner stadtplanerischen Verantwortung zurückzog, was das Erscheinungsbild griechischer Städte bis heute sichtbar geprägt hat; das System schuf aber andererseits einen gewaltigen Impulseffekt für das Bauwesen, zumal es Vermögensbildung durch Immobilieninvestitionen erleichterte, die in Griechenland traditionell stark ausgeprägt war. Abgesehen davon trug es auch zur Lösung eines akuten sozialen Problems bei, nämlich der Unterbringung von Binnenzuwanderern aus dem ländlichen Raum, die damals scharenweise in die schnell anwachsenden Städte strömten.

Als Wirtschaftsfaktor nicht zu unterschätzen war schließlich die Arbeitsmigration, die nicht nur als Ventil für die Unterbeschäftigung wirkte, sondern durch Auslandsüberweisungen auch eine beachtliche Devisenquelle bildete. Das Phänomen war keineswegs neu, hatte das Land doch seit dem ausgehenden 19. Jahrhundert schon einige Auswanderungswellen mit denselben Effekten erlebt. Ende der 1950er Jahre stellte sich die Situation jedoch in doppelter Hinsicht anders dar, denn unter der Regierung Karamanlis versuchte der griechische Staat erstmals in seiner Geschichte, aktiv Einfluß auf die Auswanderung zu nehmen, indem er als vermittelnde und regulierende Instanz auftrat. Zudem war das Ziel der griechischen Arbeitsmigration im Unterschied zu früheren Zeiten nicht mehr in erster Linie Übersee, sondern Westeuropa und insbesondere der damals gerade entstehende EWG-Raum. Das betraf in besonderem Maße die Bundesrepublik Deutschland, mit der im März 1960 ein Gastarbeiter-Anwerbeabkommen abgeschlossen wurde. Dieses war bereits in einem Vertrag über wirtschaftliche Zusammenarbeit angebahnt worden, den Karamanlis 1958 mit der Regierung Adenauer geschlossen hatte. Beide Abkommen waren Teil einer beharrlich verfolgten Annäherungspolitik an den westeuropäischen Wirtschaftsraum, die mit dem EWG-Assoziierungsabkommen vom Juli 1961 einen Zwischenerfolg von strategischer Bedeutung erzielte. Die Anbindung an Westeuropa bildete einen zentralen Pfeiler des von Karamanlis verfolgten Entwicklungsprogramms und kann rückblikkend als wichtigstes Ergebnis seiner ersten Regierungsära gelten. Sie war jedoch nicht das einzige Thema, das die griechische Außenpolitik damals beschäftigte, denn weiter östlich brodelte schon einige Zeit lang ein Konflikt mit erheblicher Sprengkraft.

Der Zypernkonflikt

Zypern war 1878 vom Osmanischen Reich an Großbritannien übergeben worden, das die Insel aufgrund ihrer strategischen Lage im östlichen Mittelmeer als Stützpunkt nutzte. Unter der griechischen Mehrheitsbevölkerung gab es bereits zu jener Zeit Stimmen, die den

Anschluß («Enosis») an Griechenland forderten. Nach dem Ersten Weltkrieg wurde die Forderung nach «Enosis» unter den griechischen Zyprioten lauter gestellt. Anfang der 1920er Jahre kam es zu Demonstrationen, in denen sich erste Ansätze einer «Enosis»-Bewegung abzeichneten, die breitere Kreise der griechisch-zypriotischen Bevölkerung erfaßte. Für die Eigendynamik dieser Entwicklung spricht, daß sie zu einer Zeit stattfand, in der die allgemeine politische Konjunkturlage dafür eigentlich denkbar ungünstig war, hatte sich Griechenland nach dem Kleinasienfeldzug und dem Lausanner Friedensvertrag von 1923 doch eindeutig von national-irredentistischen Zielen abgewandt. Großbritannien dagegen war fest entschlossen, seine Herrschaft auf Zypern fortzusetzen, und erhob die Insel, die es bis dahin lediglich als Protektorat verwaltet hatte, 1925 zur Kronkolonie. Dieser Statuswechsel ging mit einer Reform der Verwaltung, Investitionen in die Infrastruktur sowie einigen durchaus ernstgemeinten Versuchen zur Verbesserung der wirtschaftlichen und sozialen Situation der Bevölkerung einher. Diese Maßnahmen führten jedoch, anders als erhofft, nicht zu einem Abflauen der «Enosis»-Bewegung; vielmehr erhielt diese in den folgenden Jahren weiteren Zulauf und radikalisierte sich zudem.

1931 spitzte sich die Situation zu, als griechisch-zypriotische Abgeordnete des Legislativrats, des Lokalparlaments der Insel, ihre weitere Mitarbeit aufkündigten und ihre Landsleute zu zivilem Ungehorsam gegen die britische Kolonialherrschaft aufriefen. Im Oktober des Jahres fand eine «Enosis»-Demonstration in der Hauptstadt Nikosia statt, die außer Kontrolle geriet, als einige tausend Teilnehmer zur Residenz des britischen Gouverneurs zogen und sie niederbrannten. Dabei kam zwar niemand ums Leben, jedoch folgten in den nächsten Tagen Krawalle in den größeren Städten der Insel. In Reaktion auf die als «Oktoberereignisse» («Oktovriana») bekannt gewordenen Vorgänge verhängte Großbritannien das Kriegsrecht, verstärkte seine Truppen auf der Insel und schränkte die zivilen Bürgerrechte durch Versammlungs- und Vereinigungsverbote sowie Pressezensur ein. Darüber hinaus wurde ein Teil der politischen Prominenz der griechischen Zyprioten ins Exil deportiert, darunter auch Angehörige des hohen Klerus der Kirche Zyperns, die sich an die Spitze der «Enosis»-Bewegung gestellt und im Vorfeld aufgewiegelt hatten. Auch der Legislativrat, der das einzige Vertretungsorgan der einheimischen Bevölkerung war, wurde aufgelöst und die Insel fortan nur noch per Dekret regiert.

Während des Zweiten Weltkriegs kam es zu einer vorsichtigen Lokkerung der restriktiven Maßnahmen, die auf eine erneute Einbindung der Inselbevölkerung abzielte und ihr ein begrenztes Maß an Mitbestimmung ermöglichen sollte. Der Grund dafür war die veränderte politische Weltlage, denn Zypern war angesichts des Krieges in Nordafrika zu einem frontnahen Gebiet von strategischer Bedeutung geworden. Zudem hatten sich zahlreiche griechische wie auch türkische Zyprioten als Freiwillige bei den britischen Streitkräften gemeldet und kämpften im «Cyprus Regiment» von 1940 bis 1944 an verschiedenen Kriegsschauplätzen gegen die Achsenmächte. Im Zuge der Liberalisierung wurde das Versammlungsverbot auf Zypern aufgehoben und die Gründung von Gewerkschaften sowie Parteien zugelassen. Im März 1943 traten diese erstmals zu Wahlen an, allerdings nur auf Gemeindeebene, da der Legislativrat bis zum Ende der britischen Herrschaft aufgelöst blieb.

Auch die türkischen Zyprioten, die in der Zwischenkriegszeit noch fest in der traditionellen osmanisch-muslimischen Lebenswelt verwurzelt gewesen waren und entsprechend geringes Interesse an der kemalistischen Türkei gezeigt hatten, organisierten sich nun in einer politischen Partei. Als Minderheitenvertretung trat diese für die Beibehaltung des Status quo auf Zypern nach Kriegsende ein, fügte dem allerdings ein weiteres Element hinzu: Für den Fall, daß Großbritannien seine Herrschaft über die Insel in Zukunft beenden würde, sollte ihr Anschluß an die Türkei erfolgen, die nunmehr als «nationales Mutterland» betrachtet wurde. Dies wurde etwas später auf die Forderung nach Teilung, «Taksim», eingeschränkt, die den politischen Zielhorizont der türkischen Zyprioten in der Folgezeit bestimmte.

Demgegenüber erfuhr die «Enosis»-Bewegung Anfang der 1950er Jahre erneuten Aufwind durch Michail Mouskos (1913–1977), einen charismatischen Kleriker, der im Oktober 1950 als Makarios III. zum Oberhaupt der Kirche Zyperns gewählt wurde. Er machte sich zum Vorkämpfer der «Enosis» und begründete damit zugleich einen nahezu unangefochtenen Führungsanspruch unter den griechischen Zyprioten, der in seiner Art durchaus an die Stellung gemahnt, welche die Erzbischöfe der autokephalen Kirche Zyperns als «Ethnarchen» in osmanischer Zeit innegehabt hatten.

Bereits vor seiner Wahl hatte Makarios im Januar 1950 ein Plebiszit organisiert, bei dem sich gut 95 % der Befragten für den Anschluß Zyperns an Griechenland ausgesprochen hatten. Dieses Ergebnis war vorgezeichnet, da die Abstimmung in Kirchen stattgefunden hatte und somit nur griechische Zyprioten befragt worden waren, die zudem vorher am Gottesdienst teilgenommen hatten. Die britischen Stellen sprachen dem Resultat angesichts dessen denn auch jegliche Rechtsgültigkeit ab. Für Makarios bedeutete es dennoch einen wichtigen taktischen Erfolg, denn er hatte im Vorfeld dafür gesorgt, daß es von den internationalen Medien zur Kenntnis genommen wurde, die zu diesem Anlaß Korrespondenten nach Zypern entsandt hatten. Vor diesen hielt Makarios wenig später eine Pressekonferenz ab, in der er sich als politischer Führer des unterjochten zypriotischen Volkes darstellte und die Befreiung der Insel von britischer Kolonialherrschaft forderte. Dies war der Auftakt zur Internationalisierung der Zypernfrage, die Makarios in den folgenden Jahren systematisch und mit großem Eifer vorantrieb. Er verstand es dabei, vor der Weltöffentlichkeit die antikoloniale Stoßrichtung seiner Forderungen in den Vordergrund zu rücken, was ihm breite Solidarität in der blockfreien Welt sicherte. Schwieriger gestaltete sich dagegen sein Werben um Unterstützung bei dem Land, an das er seine Heimatinsel anschließen wollte, denn dieses hatte gerade einen blutigen Bürgerkrieg hinter sich und nur sehr eingeschränkte politische Handlungsspielräume. Georgios Papandreou brachte die Situation 1950 sehr bildhaft auf den Punkt, als er sagte: «*Griechenland atmet mit zwei Lungen, einer englischen und einer amerikanischen, und kann es sich nicht leisten, am Zypernproblem zu ersticken.*»

In der Tat wäre Athen zu diesem Zeitpunkt allenfalls bereit gewesen, auf bilateraler Basis mit Großbritannien über Zypern zu verhandeln, keinesfalls aber in internationalem Rahmen, wie es Makarios wollte, dessen Ziel es war, die Zypernfrage vor die Hauptversammlung der Vereinten Nationen zu bringen. Während die griechische Regierung dies zunächst eindeutig ablehnte, kam es im Lande zu einer zunehmenden öffentlichen Mobilisierung für Zypern, was Makarios, der in dieser Zeit mehrfach Athen besuchte, nach Kräften förderte. Unter den vorherrschenden Bedingungen antikommunistischer Repression erfüllte die Zypernfrage in der griechischen Öffentlichkeit allerdings durchaus eine Ventilfunktion, da sie als nationales Thema – und nur als solches wurde sie hier wahrgenommen – einen systemideologisch legitimierten Rahmen für die Äußerung von politischem Unmut bot.

Der öffentliche Druck, der in den folgenden Jahren stetig zunahm, trug nicht unwesentlich dazu bei, daß die Regierung ihre Zurückhaltung aufgab und sich für Zypern engagierte. Nachdem informelle Verständigungsversuche mit Großbritannien gescheitert waren und der britische Kolonialminister im Sommer 1954 eine Änderung des politischen Status der Insel sogar für alle Zeiten ausgeschlossen hatte, stellte Athen kurz darauf erstmals den Antrag, die Zypernfrage auf die Tagesordnung der Vollversammlung der Vereinten Nationen zu setzen. Bei der Jahrestagung wurde die Verabschiedung einer entsprechenden Resolution indes mehrheitlich abgelehnt. Ironischerweise stimmte Griechenland, obwohl selbst Initiator, ebenfalls dagegen, was bezeichnend für die äußeren Zwänge ist, in denen sich Athen damals befand.

Inzwischen war es auf Zypern zu einer deutlichen Verschärfung der Lage gekommen. Makarios hatte im August 1954 eine spektakuläre Brandrede für die «Enosis» gehalten, die einen kaum verhohlenen Kampfaufruf gegen die britische Herrschaft enthielt. Tatsächlich liefen auf der Insel zu dieser Zeit Vorbereitungen für einen bewaffneten Kampf. Organisator war Georgios Grivas (1898–1974), ein aus Zypern stammender Oberst der griechischen Armee, der während der Besatzungszeit eine berüchtigte antikommunistische Organisation mit dem Namen «Chi» («X») gegründet hatte. Bereits 1951 hatte er mit Makarios Kontakt aufgenommen und ihm Pläne für ein gewaltsames Vorgehen eröffnet, was dieser jedoch ablehnte. Trotzdem begann Grivas damals, heimlich Waffen und Sprengstoff von Griechenland nach Zypern zu schaffen, wobei er Unterstützung aus dem Milieu des rechten «Schattenstaates» erhielt, dem er selbst angehörte.

Am 1. April 1955 sah er seine Stunde gekommen. Unter dem klangvollen Pseudonym «Digenis», der Hauptfigur eines byzantinischen Heldenepos, erklärte er den Beginn des bewaffneten Aufstands der von ihm gegründeten «Nationalen Organisation Zypriotischer Kämpfer» («Ethniki Organosis Kyprion Agoniston» bzw. «EOKA») gegen die britische Herrschaft. Damit war eine neue Eskalationsstufe erreicht, die Zypern in kurzer Zeit in einen Konfliktherd von internationaler Dimension verwandelte. Die EOKA war ihrer Struktur nach weniger eine Guerilla- als eine Untergrundorganisation. Sie verfügte über keine Massenbasis, war jedoch straff organisiert und ging mit terroristischen Methoden vor, die eine ernsthafte Bedrohung der öffentlichen Sicherheit auf der Insel darstellten.

Angesichts dessen ergriff Großbritannien die diplomatische Initiative und lud die Regierungschefs Griechenlands und der Türkei zu einer Konferenz nach London ein, auf der die Zypernfrage diskutiert werden sollte. Erstmals wurde damit die Türkei als beteiligter Akteur einbezogen, was dem britischen Kalkül folgte, ein Gegengewicht zu den griechischen Ansprüchen zu schaffen. Die Regierung in Athen stand dadurch vor einem Dilemma: Es lag zwar kaum in ihrem Interesse, die Türkei offiziell als Verhandlungspartner in dieser Frage anzuerkennen, im Falle des eigenen Fernbleibens befürchtete man jedoch eine britisch-türkische Verständigung ohne Berücksichtigung der griechischen Positionen. Athen sagte daher schließlich seine Teilnahme zu.

Die Londoner Zypernkonferenz begann am 29. August 1955, endete jedoch schon am 7. September ergebnislos mit einem Eklat. Nach einem inszenierten Bombenanschlag auf das türkische Generalkonsulat in Thessaloniki kam es am 6. September zu gewalttätigen Ausschreitungen und Plünderungen gegen die griechische Bevölkerung Istanbuls. Diese als «Septemberereignisse» («Septemvriana») bekannt gewordenen Vorgänge waren von den Behörden lanciert und markierten eine Eskalation systematischer Verfolgungen der griechischen Minderheit in der Türkei, die sich im weiteren Verlauf des Zypernkonflikts noch deutlich verschärften und ihren Höhepunkt 1974 erreichten.

Nach dem Scheitern der Londoner Konferenz versuchte die britische Regierung, die Lage auf Zypern militärisch wieder in den Griff zu bekommen. Zu diesem Zweck wurde John Harding (1896–1989), ein für hartes Durchgreifen bekannter Feldmarschall, zum Gouverneur und zugleich Oberbefehlshaber der britischen Streitkräfte auf der Insel ernannt. Harding leitete sofort intensive Anstrengungen zur Bekämpfung der EOKA ein, verhängte im November 1955 erneut den Ausnahmezustand und verbot darüber hinaus auch die griechisch-zypriotische Linkspartei AKEL. Parallel dazu trat er jedoch in Verhandlungen mit Makarios und bot informell eine Autonomielösung mit zahlreichen Sicherheiten für Großbritannien an. Makarios beharrte dagegen auf «Enosis», wofür er zu dieser Zeit auch Rückenwind aus Athen erhielt; dort war nämlich kurz zuvor die Regierung Karamanlis eingesetzt worden, die aber noch nicht durch Wahlen legitimiert und somit bestrebt war, vor der griechischen Öffentlichkeit nationale Stärke zu demonstrieren.

Nachdem es im Februar 1956 anläßlich eines Besuchs des britischen Kolonialministers auf Zypern zu einer Serie von Bombenanschlägen gekommen war, brach Harding die Verhandlungen ab und ließ Makarios, den er für verantwortlich hielt, ins Exil auf die Seychellen deportieren. Damit glaubte er, die EOKA zu schwächen, was sich jedoch als Fehleinschätzung erwies; denn in Wahrheit operierte ihr Anführer Grivas aus dem Untergrund weitgehend unabhängig und intensivierte nun sogar seine Aktivitäten. Diese richteten sich längst nicht mehr nur gegen die Briten, sondern auch gegen türkische Zyprioten, gegen griechisch-zypriotische Kommunisten und nicht zuletzt gegen sogenannte «Verräter» aus den eigenen Reihen. Auf diese Weise kam eine Gewaltspirale in Gang, die Terror und Blutvergießen auf der Insel zum Alltag machte, darüber hinaus aber auch die Beziehungen zwischen griechischen und türkischen Zyprioten nachhaltig vergiftete. In dem militärisch asymmetrischen Konflikt entstand im Sommer 1956 eine Pattsituation: Zwar konnte die EOKA die Überlegenheit der Briten zu keinem Zeitpunkt gefährden, diesen gelang es aber ebenfalls nicht, sie unter Kontrolle zu bringen oder gar auszuschalten, zumal Grivas niemals gefaßt werden konnte. Erschwerend kam hinzu, daß nach der Entfernung von Makarios kein politischer Ansprechpartner mehr zur Verfügung stand, da der Erzbischof sich jeglichen Verhandlungen verweigerte, solange er in Gefangenschaft war. Das Blutvergießen auf der Insel zog sich somit in die Länge, ohne daß eine Lösung in Sicht war.

Dies führte in der Folgezeit nicht nur zum teilweisen Zusammenbruch der zivilen Ordnung, sondern auch zu einer schleichenden Verschiebung der Konfliktlinien. Dabei trug der Umstand, daß die Briten bei der Rekrutierung ihrer Sicherheitstruppen gern auf türkische Zyprioten zurückgriffen, die dementsprechend häufig Ziel von Anschlägen der EOKA wurden, nicht unerheblich zur Radikalisierung auf deren Seite bei. Anfang 1958 wurde mit der «Türkischen Widerstandsorganisation» («Türk Mukavemet Teşkilatı» bzw. «TMT») eine Formation ins Leben gerufen, die hinsichtlich ihres Extremismus und ihrer terroristischen Methoden ein getreues Spiegelbild der EOKA abgab. In den folgenden Monaten nahmen die Auseinandersetzungen Züge eines Volksgruppenkonflikts an und erreichten bis zum Sommer des Jahres bürgerkriegsähnliche Ausmaße.

Der britische Premierminister Harold Macmillan (1894–1986) ergriff daraufhin die politische Initiative – vorangegangen waren ergebnislose Sondierungen in den beiden Vorjahren sowie eine erste Zypernresolution der Vereinten Nationen im Februar 1957 – und legte einen Lösungsplan vor, der die Autonomie Zyperns vorsah und darüber hinaus die Perspektive einer zukünftigen Teilung der Insel in einen griechischen und einen türkischen Sektor eröffnete. Dies kam der türkischen «Taksim»-Forderung entgegen und setzte die griechische Seite dementsprechend unter Zugzwang. Die Regierung Karamanlis erklärte, daß die Umsetzung des Macmillan-Plans sogar den Verbleib Griechenlands im NATO-Bündnis in Frage stellen würde. Obwohl damit die gesamte Westintegration des Landes aufs Spiel gesetzt worden wäre, war das durchaus ernst gemeint, was den herausragenden Stellenwert deutlich macht, den die Zypernfrage mittlerweile für die griechische Außenpolitik hatte.

Bei Makarios, der 1957 aus dem Exil entlassen worden war und sich seitdem als gefeierter Nationalheld in Athen aufhielt, hatte sich mittlerweile die Erkenntnis durchgesetzt, daß die Forderung nach «Enosis» unter den gegebenen Umständen nicht mehr aufrechtzuerhalten war. Im September 1958 gab er in einem historischen Interview mit der

Londoner «Times» erstmals zu verstehen, daß für ihn auch die Unabhängigkeit Zyperns ohne Anschluß an Griechenland akzeptabel wäre. Dies brachte Bewegung in den festgefahrenen Konflikt, ermöglichte es doch nicht zuletzt der Athener Regierung, die unrealistische «Enosis»-Forderung zugunsten einer Suche nach pragmatischen Lösungen aufzugeben, ohne sich im Inneren dem öffentlichen Vorwurf auszusetzen, nationale Interessen zu verraten.

So begann der diplomatische Prozeß, der zur Gründung der Republik Zypern im August 1960 führte, Anfang Februar 1959 mit einem Treffen zwischen Karamanlis und seinem türkischen Amtskollegen Adnan Menderes (1899–1961) in Zürich. Noch im gleichen Monat gab es eine weitere Zypernkonferenz in London, an der Großbritannien, Griechenland und die Türkei als offizielle Verhandlungsparteien teilnahmen, während Makarios und Fazıl Küçük (1906–1984) als Volksgruppenvertreter der griechischen und türkischen Zyprioten eingeladen wurden. Das Ergebnis dieser Konferenz war ein umfangreiches Vertragswerk, dessen Kern von vier Abkommen gebildet wurde: dem Gründungsvertrag, der die Souveränität der Republik Zypern und die Ausdehnung ihres Territoriums über die ganze Insel mit Ausnahme zweier britischer Militärbasen im Süden festlegte; dem Garantievertrag, der die Unabhängigkeit Zyperns gewährleisten sollte und sowohl den Anschluß an einen anderen Staat als auch die Teilung ausdrücklich verbot; dem Allianzvertrag, der die Schaffung eines gemeinsamen Hauptquartiers der drei Garantiemächte Großbritannien, Griechenland und Türkei auf Zypern vorsah; und schließlich der Verfassung, die vom Grundgedanken der paritätischen Mitbestimmung von griechischen und türkischen Zyprioten bestimmt war.

Demnach mußte der Präsident aus der griechischen Volksgruppe kommen und wurde auch nur von dieser gewählt, während die türkische Volksgruppe den Vizepräsidenten stellte. Dieser war allerdings mit einem Vetorecht ausgestattet, das es ihm ermöglichte, die Regierung jederzeit lahmzulegen. Für Parlament und öffentlichen Dienst wurde ein Proporz von 70:30 zwischen griechischen und türkischen Zyprioten vorgeschrieben, der für die Streitkräfte und die Polizei sogar auf 60:40 festgesetzt wurde. Dies bedeutete eine Überrepräsentierung der türkischen Zyprioten, deren Anteil an der Gesamtbevölkerung der Insel bei weniger als 25 % lag. Man nahm sie jedoch in Kauf, da der Hauptzweck der Bestimmungen darin lag, die Dominanz der griechischen Zyprioten einzudämmen, die rund 75 % der Bevölkerung ausmachten. Angesichts der Konfliktlage auf der Insel mochte diese Überlegung berechtigt sein, erwies sich aber als wenig pragmatisch. Die Verfassung setzte ein hohes Maß an Kooperationsbereitschaft beider Volksgruppen voraus, wofür es nach Jahren des Blutvergießens keine Grundlage mehr gab, wie sich sehr schnell herausstellte. Abgesehen davon wurde ihre Akzeptanz auch dadurch gemindert, daß mit der Londoner Unabhängigkeitsregelung, an der die griechischen und türkischen Zyprioten zudem nur als Zaungäste teilgenommen hatten, deren eigentliche Forderungen nach «Enosis» bzw. «Taksim» nicht nur nicht erfüllt, sondern sogar ausdrücklich ausgeschlossen worden waren.

Die Staatsgründung Zyperns stand somit unter denkbar ungünstigen Vorzeichen. Bereits 1963, gut drei Jahre nach ihrem Inkrafttreten, brach die Verfassungsordnung de facto zusammen, und mit ihr das friedliche Zusammenleben von Griechen und Türken auf der Insel. Es folgte ein über Jahre schwelender Konflikt, der 1974 mit der Besetzung des Nordteils der Insel durch die Türkei einen traurigen Höhepunkt fand. Für diese verhängnisvolle Entwicklung trug auch Griechenland erhebliche Mitverantwortung, das in den 1960er Jahren eine Phase politischer Destabilisierung durchlaufen hatte und 1967 die Errichtung einer Militärdiktatur erlebte.

Politische Gegensätze und Systemkrise 1963–1965

Die vorläufige Beilegung des Zypernkonflikts 1959/60 und der Abschluß des EWG-Assoziierungsabkommens 1961 trugen neben der wirtschaftlichen Aufwärtsentwicklung des Landes zu einer insgesamt recht positiven Bilanz der Regierungsära von Karamanlis bei, die darum später auch als das «goldene Jahracht» («chrysi oktaetia») von 1955 bis 1963 bezeichnet worden ist. Diese Charakterisierung täuscht jedoch

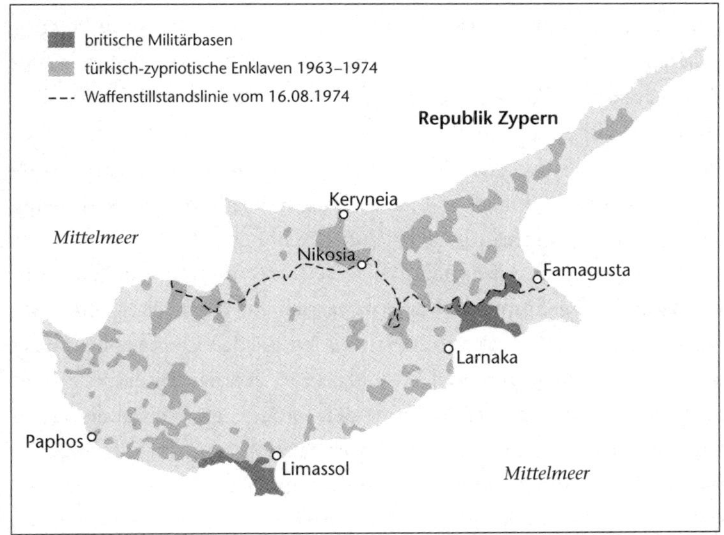

Die Insel Zypern im 20. Jahrhundert

über die innenpolitischen Probleme hinweg, welche diese Periode ebenfalls prägten.

Nach ihrem Wahlsieg vom Mai 1958 gab die Regierung Karamanlis ihre anfänglichen Ansätze zur Aussöhnung mit der Linken auf und fiel sehr bald in Handlungsmuster zurück, die an die Zeit des Bürgerkrieges erinnerten. Dazu gehörte 1959 etwa die Gründung der «Allgemeinen Nationalen Sicherheitsbehörde» («Geniki Diefthynsi Ethnikis Asfaleias»), deren Aufgabe es war, die Bekämpfung der politischen Linken zu koordinieren. Gleichzeitig wurden antikommunistische Organisationen neugegründet bzw. wiederbelebt, die das Wohlwollen und stellenweise auch die Förderung offizieller Stellen genossen und den «Schattenstaat» verstärkten. Zudem gab es gezielte polizeiliche Maßnahmen gegen die oppositionelle Linkspartei EDA, deren führende Vertreter verhaftet und wegen angeblicher Spionage vor Gericht gestellt wurden: so zum Beispiel der damalige Parteisekretär und Herausgeber der linken Tageszeitung «Avgi» Manolis Glezos, der zu dieser Zeit bereits eine Ikone des antifaschistischen Widerstands im Zweiten Weltkrieg war und dessen Prozeß 1959 internationale Empörung auslöste. Die Spaltung der Gesellschaft wurde auf diese Weise fortgeschrieben und in mancher Hinsicht sogar wiederbelebt, was wenig später auch auf Karamanlis selbst zurückschlug.

Nachdem es zu einer merklichen Verschlechterung der Beziehungen zum Hof gekommen war, sah er sich im September 1961 zum Rücktritt veranlaßt, woraufhin Neuwahlen für den Oktober des Jahres ausgerufen wurden. In deren Vorfeld schloß sich das bis dahin in acht Parteien zersplitterte liberale Zentrum zu einer Einheitsliste, der «Zentrumsunion» («Enosis Kentrou») unter der Führung von Georgios Papandreou zusammen, womit ein ernstzunehmender Machtfaktor entstand, der gemeinsam mit der Linkspartei EDA die Vorherrschaft des rechten Regierungslagers bedrohte. Um einen deutlichen Wahlsieg zu sichern, setzte dieses nun drastische Mittel ein. Diese umfaßten Einschüchterung, Gewalt sowie Wahlfälschung und griffen auf den sogenannten «Perikles-Plan» zurück, der bereits Jahre zuvor vom Geheimdienst KYP ausgearbeitet worden war. Tatsächlich erhielt die ERE nicht nur die absolute Mehrheit im Parlament, sondern auch fast 51 % der ausgezählten Stimmen. Allerdings wurde es bald zu einem geflügelten Wort, daß bei diesen Wahlen sogar die Bäume abgestimmt hätten.

Obwohl Beeinflussungen des Wählervotums durch Manipulation des Wahlgesetzes und andere Mittel alles andere als unbekannt waren, ja in gewissem Maße sogar zum politischen Alltagsgeschäft gehörten, hatte das Regierungslager den Bogen dieses Mal offensichtlich überspannt. Die Opposition stellte nicht nur das Wahlergebnis offen in Frage, sondern sprach der neuen Regierung auch ihre Rechtmäßigkeit ab. Aus diesem Grund blieben ihre Abgeordneten der Parlamentseröffnung, bei der der König traditionell seine Thronrede hielt, demonstrativ fern. Papandreou brachte diese entschlossene Haltung auf die programmatische Formel des «unbeugsamen Kampfes» («anendotos agonas»), dessen Ziel die Revision des von ihm als solchen bezeichneten Wahlputsches sowie der Sturz der in seinen Augen illegitimen Regierung war.

Der auf diese Weise unter Druck gesetzte Karamanlis bemühte sich nun um politische Schadensbegrenzung, indem er Maßnahmen zur Versöhnung ergriff. So wurde das berüchtigte Verbannungslager auf der Insel Agios Efstratios aufgelöst und die Zahl der politischen Gefangenen, von denen viele mittlerweile mehr als fünfzehn Jahre in Haft saßen, auf etwa 1400 reduziert. Dieser Kurswechsel kam jedoch spät und war insgesamt halbherzig.

Nachdem sich in der Folgezeit auch seine Beziehungen zum Hof kontinuierlich verschlechtert hatten, wurde Karamanlis durch einen politischen Skandal, der die Öffentlichkeit tief erschütterte, endgültig in die Enge getrieben. Am 22. Mai 1963 wurde Grigoris Lamprakis (1912–1963), ein prominenter Abgeordneter der Linkspartei EDA, während einer Friedensdemonstration in Thessaloniki auf offener Straße ermordet. Die Täter kamen aus dem Umfeld des «Schattenstaates», wobei die Ermittlungen des mutigen Untersuchungsrichters Christos Sartzetakis (1929–2022) sehr bald auch die Verstrickung von Polizei, Militär, Justiz und Politik ans Tageslicht brachten. Eine direkte Beteiligung der Regierung am Mordkomplott konnte zwar nicht nachgewiesen werden, was Papandreou jedoch nicht davon abhielt, Karamanlis als dessen moralischen Urheber anzuprangern. Dieser gab angesichts dieses Drucks auf, trat noch im Juni als Ministerpräsident zurück und begab sich einige Monate später ins selbstgewählte Exil nach Paris, nachdem er seinen Mitarbeitern die Führung der ERE übertragen hatte.

Im November 1963 erlitt die Partei bei Neuwahlen eine klare Niederlage gegen die Zentrumsunion von Papandreou, die stärkste Kraft wurde, aber die absolute Mehrheit zunächst verfehlte. Der Machtwechsel war jedoch vollzogen; aus erneuten Wahlen im Februar 1964 – es waren die letzten vor Errichtung der Militärdiktatur – ging die Zentrumsunion mit über 52 % der Stimmen als triumphaler Sieger hervor, während die ERE, an deren Spitze nach dem Abgang von Karamanlis Panagiotis Kanellopoulos (1902–1986) getreten war, mit 35 % weit abgeschlagen landete.

Die Regierung Papandreou begann ihre Arbeit unter dem Vorzeichen eines Neubeginns, ja sogar eines «politischen Frühlings» nach mehr als einem Jahrzehnt ungebrochener Herrschaft des rechten Lagers. Eines ihrer zentralen Anliegen bestand darin, die gesellschaftliche Spaltung des Bürgerkrieges im Sinne einer Demokratisierung zu überwinden. So wurde die alltägliche Diskriminierung von Sympathisanten der Linken durch den Staatsapparat bekämpft, was sich insbesondere in der Abschaffung der «Dossiers politischer Gesinnung» niederschlug – eine Maßnahme, der jedoch erst nach dem Ende der Diktatur 1974 endgültiger Erfolg beschieden war. Ferner erfolgte die Entlassung der noch verbliebenen politischen Gefangenen sowie ein Programm für die Rückkehr eines Teils der Bürgerkriegsflüchtlinge aus den Ostblockstaaten. Der wirtschaftliche Konsolidierungskurs der Vorgängerregierung wurde fortgeführt, jedoch mit sozialpolitischen Akzenten, die insbesondere die Stärkung von Arbeitnehmerrechten betrafen. Intensive Reformbemühungen unternahm Papandreou im Bildungswesen, einem Bereich, in dem er schon zu Beginn der 1930er Jahre erfolgreich tätig gewesen war. Sie umfaßten unter anderem die Verlängerung der Schulpflicht auf neun Jahre, die Förderung technischer Schulen sowie die längst überfällige Einführung der Volkssprache für den Gymnasialunterricht, eine Maßnahme, die jedoch später von der Militärdiktatur wieder rückgängig gemacht wurde.

Weniger glücklich gestaltete sich dagegen die Außenpolitik, die zunehmend vom Zypernproblem vereinnahmt wurde. Die Insel, auf der seit Ende 1963 ein Volksgruppenkonflikt schwelte, geriet im Sommer 1964 an den Rand eines Krieges, nachdem Griechenland vertragswidrig eine Heeresbrigade dorthin entsandt hatte, was die Türkei mit der Bombardierung zypriotischer Ortschaften und der Androhung einer militärischen Invasion beantwortete. Obwohl letzteres durch entschlossenes amerikanisches Eingreifen verhindert wurde, war damit eine neue Eskalationsstufe erreicht, die nicht nur die Beziehungen zwischen Athen und Ankara schwer belastete, sondern auch Spannungen im griechisch-zypriotischen Verhältnis verursachte, die sich in der Folgezeit stetig verstärkten.

Im weiteren Verlauf des Jahres 1964 zeigten sich zunehmend Risse in der Regierung, wobei deutlich wurde, daß es der Zentrumsunion als Sammlung vormals unabhängiger liberaler Formationen an innerem Zusammenhalt mangelte. Die innerparteiliche Kritik richtete sich unter anderem gegen den Sohn des Ministerpräsidenten, Andreas Papandreou (1919–1996), der im Kabinett seines Vaters das Koordinationsministerium leitete und sich damals als Exponent des linken Flügels profilierte. Die Situation spitzte sich 1965 anläßlich einer Affäre zu, die das Ende der kurzen Regierungsära Papandreous einleitete. Im Mai wurde in der Presse die Existenz einer linksgerichteten Geheimorganisation im Militär gemeldet, die sich «Offiziere Rettet Vaterland Ideale Demokratie Meritokratie» («Axiomatikoi Sosate Patrida Idanika Dimokratia Axiokratia» bzw. «ASPIDA») nenne und angeblich eine Verschwörung vorbereite. Die Nachricht rief einen öffentlichen Skandal hervor, der sich ausweitete, als von verschiedener Seite behauptet wurde, daß Andreas Papandreou ebenfalls in die ASPIDA-Verschwörung verstrickt sei. Unabhängig vom zweifelhaften Wahrheitsgehalt dieser Meldung – die Organisation existierte zwar, war aber ein eher unpolitischer Bund von Offizieren, die ihre Berufsinteressen im Klientelnetz von IDEA nicht hinreichend vertreten sahen – geriet damit der Ministerpräsident als Vater des vermeintlichen Verschwörers direkt ins Schußfeld der Kritik.

Diese kam nicht nur von seiten der oppositionellen ERE, die darin eine willkommene Gelegenheit zur Vergeltung sah, sondern auch aus den Reihen der Zentrumsunion. Das betraf insbesondere Konstantinos Mitsotakis (1918–2017), der schon zuvor als innerparteilicher Gegenspieler von Andreas Papandreou hervorgetreten war, sowie Petros Garoufalias (1901–1984), der an der Spitze des Verteidigungsministeriums stand und zudem vom Hof unterstützt wurde. Im Folgenden verschlechterte sich sein Verhältnis zu Ministerpräsident Papandreou derart, daß dieser ihn Ende Juni 1965 aufforderte, das Kabinett zu verlassen. Garoufalias weigerte sich jedoch, von seinem Ministeramt zurückzutreten, was einen in der griechischen Parlamentsgeschichte bis dahin unerhörten Vorgang darstellte. Deshalb schritt Papandreou zur eigenhändigen Entlassung seines renitenten Ministers und kündigte an, das Verteidigungsressort selbst zu übernehmen, was allerdings angesichts der laufenden Ermittlungen gegen seinen Sohn Mißtrauen hervorrief. Der König verweigerte daraufhin seine Unterschrift unter die entsprechenden Urkunden und warf dem Ministerpräsidenten vor, für die Regierungskrise verantwortlich zu sein. Konstantin II. (1940–2023), der den Thron 1964 im Alter von vierundzwanzig Jahren bestiegen hatte, überschritt damit seine verfassungsmäßigen Kompetenzen als Staatsoberhaupt und versuchte in nachfolgenden Verhandlungen sogar, direkt in die Regierungsbildung einzugreifen. Angesichts dessen reichte Papandreou seinen Rücktritt ein, den der junge König am 15. Juli 1965 in protokollarisch unangemessener Form entgegennahm.

Die sogenannten «Juliereignisse» («Iouliana») von 1965 markieren einen Wendepunkt in der griechischen Nachkriegsgeschichte, trugen sie doch maßgeblich zur Destabilisierung des parlamentarischen Systems bei und ebneten damit der Militärdiktatur von 1967 den Weg. Nach dem Rücktritt Papandreous kam es zur Bildung verschiedener kurzlebiger Regierungen von Politikern der Zentrumsunion, die sich von der ERE unterstützen ließen und daher von ihren ehemaligen Mitstreitern als Abtrünnige bzw. «Apostaten» bezeichnet wurden. Da sie sich jedoch auf keine stabilen Mehrheiten im Parlament stützen konnten, waren sie weitgehend handlungsunfähig. Dennoch beraumte der König keine Neuwahlen an, sondern setzte seine Suche nach Regierungskoalitionen innerhalb der bestehenden Fraktionen fort, was sich jedoch angesichts der heftigen außerparlamentarischen Opposition von Georgios Papandreou und seinen Anhängern als zunehmend schwierig erwies. Erst im April 1967 kündigte Panagiotis Kanellopoulos, der vom König kurz vorher zum Ministerpräsidenten ernannt worden war, in einer innenpolitisch völlig verfahrenen Situation für den Mai des Jahres Wahlen an. Diese fanden jedoch niemals statt, da wenige Tage später das Militär putschte.

Die Militärdiktatur 1967–1974

Bei den Putschisten handelte es sich um eine Gruppe von Offizieren um Georgios Papadopoulos (1919–1999), der zuvor als Verbindungsmann zwischen dem griechischen Geheimdienst KYP und der CIA tätig gewesen war. Sie standen in der militärischen Hierarchie unterhalb der Generalität, in deren Kreisen ebenfalls schon länger Putschpläne geschmiedet wurden. In letztere war auch der König eingeweiht, hatte jedoch bis dahin noch nicht seine Einwilligung dazu gegeben. Dieser «großen Junta» der Generäle kam die «kleine Junta» der Obristen um Papadopoulos zuvor, als sie in den Morgenstunden des 21. April 1967 zuschlug. Der Umsturz verlief unblutig, unter anderem, weil die Putschisten das Überraschungsmoment auf ihrer Seite hatten. Innerhalb kurzer Zeit brachten sie die strategisch wichtigen Positionen in der Hauptstadt unter ihre Kontrolle und leiteten gleichzeitig eine großangelegte Verhaftungswelle gegen Persönlichkeiten des gesamten politischen Spektrums ein. Dabei gaben sie vor, im Auftrag des Königs zu handeln, der zwar von nichts wußte, jedoch noch am selben Tag unter Druck einwilligte, eine sogenannte «revolutionäre Regierung» zu vereidigen. Diese diente als zivile Fassade für das Militärregime, an dessen Spitze Papadopoulos, Stylianos Pattakos (1912–2016) sowie Nikolaos Makarezos (1919–2009) standen. Ihren Staatsstreich bezeichneten die Obristen als «Revolution des 21. April» und rechtfertigten ihn mit einer angeblich bevorstehenden Machtübernahme durch die Kommunisten. Damit griffen sie nicht zufällig ein Motiv auf, das 1936 bereits Metaxas zur Legitimierung seiner Diktatur verwendet hatte.

Nachdem sich die Junta ohne Widerstand durchgesetzt hatte, erließ sie zur Festigung ihrer Macht umgehend eine Reihe restriktiver Gesetze. Dazu gehörten neben der Pressezensur ein Versammlungsverbot und ein Verbot von politischen Parteien, von Gewerkschaften sowie von kulturellen Organisationen. Parallel dazu setzte eine «Säuberungswelle» innerhalb der Streitkräfte und des öffentlichen Dienstes ein, die bald auch auf die Justiz und das Schulwesen ausgeweitet wurde. Diese Repressionspolitik wurde in der Folgezeit mit der Einrichtung von Foltergefängnissen und Verbannungslagern auf Felseninseln wie Gyaros und Leros systematisiert, die sich schnell zu berüchtigten Markenzeichen des Regimes entwickelten.

Im Dezember 1967 unternahm Konstantin II. den Versuch eines Gegenputsches, der jedoch schlecht geplant und schon allein deswegen zum Scheitern verurteilt war, weil der Einfluß des Königs im Offizierskorps durch die vorangegangene «Säuberung», der die meisten seiner treuesten Anhänger zum Opfer gefallen waren, eine nachhaltige Schwächung erfahren hatte. Konstantin verließ daraufhin mit seiner Familie das Land – ein Abschied, der von Dauer sein sollte. Die Position des Regimes im Inneren wurde damit letztlich gestärkt; Papadopoulos ernannte umgehend den ihm ergebenen Generalleutnant Georgios Zoitakis (1910–1996) zum Regenten und machte sich selbst zum Ministerpräsidenten, womit er zugleich die Führung der Junta übernahm. Auch international erfuhr das Regime eine Stabilisierung, als es im Januar 1968 zunächst von den Vereinigten Staaten, dann ebenfalls von Großbritannien sowie der Sowjetunion anerkannt wurde. Nachdem im Mai des Jahres eine Militärbasis auf Kreta an die NATO übergeben worden war, lockerten die USA auch das Waffenembargo, das sie nach dem Aprilputsch verhängt hatten.

Zu dieser Zeit ließ das Regime eine neue Verfassung ausarbeiten, um der Militärdiktatur eine zivile Legitimationsbasis zu verschaffen. Nach einem inszenierten «Plebiszit», bei dem sie mit überwältigender Mehrheit angenommen worden war, trat sie im November 1968 in Kraft. Das von totalitärem Denken durchzogene Dokument spiegelte die ideologische Ausrichtung der Junta wider. Darin dominierten der Antikommunismus und die autoritär-paternalistischen Prinzipien der Metaxas-Diktatur, von der auch die «helleno-christlichen» Kulturprojektionen übernommen wurden. Die aus tendenziell bildungsfernen Milieus stammenden Obristen waren jedoch nicht dazu in der Lage, eine tatsächliche Regimeideologie zu formulieren, so daß sich diese Anleihen weitgehend in diffusen Parolen wie «*Hellas der hellenischen Christen*» («Ellas Ellinon Christianon») erschöpften.

Die griechische Bevölkerung nahm die Diktatur in ihrer Mehrheit stillschweigend hin, was jedoch nicht darüber hinwegtäuschen konnte, daß das Regime außerordentlich unpopulär war. Ein im August 1968 unternommener Attentatsversuch auf Papadopoulos zeigte dies deutlich. Der Täter, Alekos Panagoulis (1939–1976), wurde zum Tode verurteilt, die Strafe jedoch auf internationalen Druck hin in lebenslängliche Haft umgewandelt. Die Beerdigung des im November 1968 verstorbenen Georgios Papandreou, an der Zehntausende Menschen teilnahmen, geriet ebenfalls zu einer Demonstration gegen das Regime. Diesem gelang es auch in den folgenden Jahren nicht, seine Popularität zu steigern; mit Hilfe einer großzügigen Neuverschuldung konnte jedoch der wirtschaftliche Aufschwung der vergangenen Jahre in Gang gehalten und somit zumindest die Bildung einer Massenopposition verhindert werden. Mittelfristig hatte das allerdings verheerende Folgen, weil damit die bis dahin mühsam stabil gehaltene Drachme erneut in eine Abwertungsspirale gestürzt wurde. Außenpolitisch verlor Griechenland unter der Militärherrschaft sehr schnell an Ansehen. Nach dem Putsch war das Assoziierungsabkommen von 1961 umgehend ausgesetzt und der Integrationsprozeß mit der EWG für unbestimmte Zeit auf Eis gelegt worden. Im September 1967 wurde das Land bei der europäischen Menschenrechtskommission in Straßburg angeklagt. Hinzu kam eine gewaltige diplomatische Schlappe in der Zypernfrage. Nachdem griechisch–türkische Gespräche im Oktober 1967 gescheitert waren, kam es im Monat darauf zu gewalttätigen Zusammenstößen auf der Insel, in deren Folge Athen die zuvor vertragswidrig stationierte Heeresbrigade abziehen mußte.

Im Zusammenhang mit dem nachhaltigen internationalen Prestigeverlust, den das Obristenregime erlebte, ist zu berücksichtigen, daß Griechenland in den 1960er Jahren durch den Massentourismus und nicht zuletzt durch die Arbeitsmigration sehr viel näher in den Wahrnehmungshorizont der europäischen Öffentlichkeit rückte, als dies etwa noch in der Zeit vor dem Zweiten Weltkrieg der Fall gewesen war. Dementsprechend größer war das Interesse und die Anteilnahme am Schicksal des Landes, das nicht mehr nur als exotisches Gefilde antiker Stätten, sondern zunehmend auch als europäischer Nachbar betrachtet wurde. So ist es bezeichnend, daß die stärksten Impulse zum Widerstand gegen das Obristenregime zunächst weniger vom Inland als von Westeuropa ausgingen, wo zahlreiche regimekritische Künstler und Intellektuelle aus Griechenland Zuflucht fanden. Zu ihnen gehörte unter anderen der Musiker Mikis Theodorakis (1925–2021), der nach Inhaftierung und Folter 1970 nach Frankreich gegangen war und in der Folgezeit durch seine international berühmt gewordenen Kompositionen zu einer Symbolfigur des antidiktatorischen Kampfes wurde.

Während das Land zunehmend in die Isolation geriet und sich

gleichsam zu einem Paria-Staat entwickelte, gelang es Papadopoulos, seine ehemaligen Mitverschwörer nach und nach kaltzustellen und sich als alleiniger Machthaber zu etablieren. Nachdem im Mai 1973 eine Meuterei königstreuer Marineoffiziere niedergeschlagen worden war, rief er am 1. Juni die «Parlamentarische Fortschrittliche Republik» aus und erklärte sich selbst zum Präsidenten, was er etwas später durch ein erneutes «Plebiszit» bestätigen ließ. Dieser Schritt war durchaus als Auftakt zu einer vorsichtigen Rückkehr zu zivilen politischen Verhältnissen gemeint, die nach der Vorstellung von Papadopoulos in eine «gelenkte Demokratie» münden sollte.

Zur gleichen Zeit begannen sich jedoch die Krisensymptome zu häufen. Bereits seit Februar 1973 war es wiederholt zu Demonstrationen regimekritischer Studenten gekommen, die bei dieser Gelegenheit auch universitäre Einrichtungen besetzten. Ihren Höhepunkt erreichte die studentische Protestbewegung im November mit der Besetzung des Polytechnikums von Athen, durch die Massendemonstrationen gegen die Diktatur ausgelöst wurden. Als diese zu einem Aufstand zu eskalieren drohten, schlug das Militär zu: Am 17. November wurde das Polytechnikum unter Einsatz von Panzern geräumt, wobei es zu Blutvergießen kam.

Der Vorfall bedeutete den moralischen Todesstoß der Diktatur und auch das politische Ende für Papadopoulos, der nur wenige Tage später von General Dimitrios Ioannidis (1923–2010), dem Chef der berüchtigten Militärpolizei, entmachtet wurde. Dieser brach die von Papadopoulos eingeleitete Politik der vorsichtigen Öffnung umgehend ab, verhängte den Ausnahmezustand und verschärfte die Repressionsmaßnahmen. Darüber hinaus schlug er einen aggressiven Kurs in der Zypernpolitik ein, der wenige Monate später zum Sturz der Diktatur führte.

Schon seit längerem waren die Beziehungen zwischen Athen und Nikosia gespannt. Der 1960 zum Präsidenten Zyperns gewählte Makarios war dem Militärregime ein Dorn im Auge, weil er nicht bereit war, sich dessen Führungsanspruch als «nationalem Zentrum» unterzuordnen, sondern seine politische Unabhängigkeit betonte. Daran war an sich nichts Neues, denn der streitbare Erzbischof hatte noch niemals

Athener Polytechnikum, 17. November 1973

eine sonderliche Neigung gezeigt, sich an Vorgaben aus Athen zu halten. Hinzu kam aber, daß Makarios ein demokratisch legitimierter Regierungschef mit internationalem Ansehen war und starke Sympathien bei der griechischen Bevölkerung genoß, somit also eine potentielle Bedrohung für das Obristenregime darstellte, das über keine dieser Eigenschaften verfügte. Um den unbequemen Kleriker aus dem Weg zu räumen, hatte die Junta schon 1970 damit begonnen, verschiedene Wege zu seiner Demontage zu suchen und dafür sogar wiederholt Attentate in Auftrag gegeben. Die Situation spitzte sich zu, als Makarios im Juni 1974 ankündigte, die griechischen Offiziere aus der zypriotischen Nationalgarde zu entfernen, und Maßnahmen zur Verfolgung illegaler Aktivitäten von Anhängern der Junta ergriff. Am 15. Juli veranlaßte die Athener Junta daher die Nationalgarde zu einem Putsch, durch den Makarios gestürzt und der als extremer Türkenfeind verschriene EOKA-Veteran Nikos Sampson (1935–2001) als Präsident eingesetzt wurde. Fünf Tage später, am 20. Juli 1974, entsandte die Türkei unter Berufung auf den Garantievertrag von 1959 Truppen nach Zypern, die zunächst einen Brückenkopf um die Hafenstadt Keryneia an der Nordküste bildeten. Ioannidis befahl nach der türkischen Landung die Mobilmachung, deren chaotischer Verlauf jedoch schnell offenbar werden ließ, daß die griechischen Streitkräfte einem bevorstehenden Krieg in keiner Weise gewachsen waren. Angesichts dessen brach das

Regime zusammen und übertrug die Regierungsverantwortung an Konstantinos Karamanlis, der am 24. Juli 1974 nach mehr als zehnjährigem Aufenthalt im Pariser Exil wieder in Athen eintraf.

9. Die Zeit des Systemwechsels (1974–1989)

Die Wiederherstellung der zivilen Ordnung im Sommer 1974 markiert den Beginn einer Ära politischer Stabilität, wie sie in der krisengeschüttelten Geschichte des Landes im 20. Jahrhundert bis dahin ohne Beispiel war. Der damals einsetzende Systemwechsel, für den sich der Begriff «Metapolitefsi» eingebürgert hat, war innenpolitisch von einer nachhaltigen Demokratisierung von Staat und Gesellschaft sowie außenpolitisch von einer forcierten Wiederaufnahme des Prozesses der europäischen Integration geprägt, der durch die Diktatur unterbrochen worden war.

Rückkehr zur Demokratie und europäische Integration 1974–1980

Beides wurde von Karamanlis vorangetrieben, der sich bei seiner Rückkehr zunächst dem Scherbenhaufen gegenübersah, den die Junta auf Zypern hinterlassen hatte. Mitte August 1974 besetzte die türkische Armee im Zuge der Operation «Attila II» den gesamten Nordteil der Insel, wobei fast 200 000 griechische Zyprioten vertrieben wurden. Dem konnte Athen nur ohnmächtig zusehen, denn ein Krieg hätte angesichts der militärischen Kräfteverhältnisse katastrophale Folgen gehabt. Karamanlis erklärte statt dessen den vorübergehenden Rückzug Griechenlands aus der militärischen Integration der NATO, womit er der antiamerikanischen Stimmung in seinem Land entgegenkam; viele Menschen waren nämlich davon überzeugt, daß die türkische Invasion mit heimlicher Rückendeckung der USA erfolgt war, die sie darüber hinaus als Drahtzieher des Putsches von 1967 ansahen und für die siebenjährige Militärdiktatur mitverantwortlich machten. Dies mochte zwar unbegründet sein, prägte aber auch in der Folgezeit die öffentliche Negativwahrnehmung Amerikas, die zum festen ideologischen Inventar der «Metapolitefsi» gehörte.

Obwohl der im Sommer 1974 akut drohende Krieg im letzten Moment vermieden werden konnte, blieben die Beziehungen zwischen Griechenland und der Türkei in den folgenden Jahren stark angespannt. Neben dem Zypernproblem spielte dabei der Ägäiskonflikt eine wichtige Rolle, der sich aus einem ganzen Bündel von Streitpunkten zusammensetzte. Dazu gehörten die Ausdehnung von nationalen Hoheitsgewässern und Flugkontrollzonen, nicht zuletzt aber wirtschaftliche Nutzungsrechte am Meeresboden. Diese Frage wurde brisant, nachdem 1973, auf dem Höhepunkt der Ölkrise, Erdölvorkommen nahe der Insel Thasos entdeckt worden waren, von denen sich beide Länder die zukünftige Sicherung ihrer Energieversorgung versprachen. Daraus entstand ein schwelender Dauerstreit, der in der Folgezeit wiederholt eskalierte, so etwa im Sommer 1976, als die Entsendung des türkischen Erkundungsschiffes *Sismik I* beide Seiten an den Rand eines bewaffneten Zusammenstoßes brachte. Wegen der permanenten Spannungen mit der Türkei begann Griechenland seit Mitte der 1970er Jahre, die Rüstungsausgaben erheblich zu steigern mit der Folge, daß diese regelmäßig den größten Einzelposten im griechischen Staatshaushalt ausmachten und prozentual innerhalb der NATO an zweiter Stelle hinter den Vereinigten Staaten lagen. Damit wurde eine strukturelle Entwicklungsbremse für die Volkswirtschaft geschaffen, die nach sieben Jahren Mißwirtschaft durch die Obristen ohnehin schwächelte. Der von der Junta erneut in Gang gebrachte Verschuldungs- und Inflationskreislauf wurde weitergeführt, während gleichzeitig dadurch, daß der Staat vermehrt Banken und Großunternehmen aufkaufte, die Zahl der indirekt im öffentlichen Dienst Beschäftigten stetig anwuchs.

Die Rückkehr zur parlamentarischen Demokratie wurde mit den Wahlen vom November 1974 vollzogen, die in tadelloser Form durchgeführt wurden. Erstmals seit dem Krieg nahm auch die Kommunistische Partei daran teil, die zuvor legalisiert worden war. Die Wahlen, die von dem Motto «*Karamanlis oder die Panzer*» beherrscht wurden, bescherten der «Neuen Demokratie» («Nea Dimokratia» bzw. «ND»), die Karamanlis in Nachfolge der ERE gegründet hatte, einen überwältigenden Sieg. Während die Zentrumsparteien spürbar an Stimmen verloren, trat eine neue Formation hervor, die in den folgenden Jahren einen rasanten Aufstieg erleben sollte: die «Panhellenische Sozialistische Bewegung» («Panellinio Sosialistiko Kinima» bzw. «PASOK») von Andreas Papandreou, die auf eine Oppositionsgruppe zurückging, die dieser 1968 im Stockholmer Exil gegründet hatte.

Einen Monat darauf stimmten in einem Plebiszit über die Zukunft der Monarchie mehr als 69 % gegen die Rückkehr des Königs. Damit wurde ein historischer Schlußstrich unter die griechische Monarchie gezogen, die sich im 20. Jahrhundert wiederholt als Faktor politischer Instabilität erwiesen hatte. 1975 kam es zur Verabschiedung einer neuen Verfassung, die eine relative Stärkung der Exekutive vorsah, was Karamanlis gegen die Stimmen der Opposition durchsetzen konnte, da er über eine bequeme Zweidrittelmehrheit im Parlament verfügte.

Während die Demokratisierung auf institutioneller Ebene somit rasch voranschritt, erwies es sich als größere Herausforderung, sie auch in die staatlichen Strukturen zu tragen, die noch von Anhängern der Junta durchsetzt waren. Das galt insbesondere für das Militär, von dem nach wie vor ein Gefahrenpotential ausging; so kam es Anfang 1975 zu einem Putschversuch, den die Regierung jedoch vereiteln konnte. Noch im selben Jahr begannen Prozesse gegen die führenden Köpfe der Junta sowie gegen die Verantwortlichen für Folter und Mißhandlungen von Regimegegnern und die blutige Niederschlagung der Polytechnikum-Besetzung. Sie endeten mit Urteilen, die streng genug waren, um dem legitimen Wunsch der Öffentlichkeit nach Bestrafung der Schuldigen Rechnung zu tragen, jedoch maßvoll genug, um keine Märtyrer zu schaffen. So wurden gegen Papadopoulos, Pattakos und Makarezos zwar Todesurteile verhängt, diese jedoch umgehend in lebenslängliche Haftstrafen umgewandelt. Die Entfernung von Regimefunktionären aus dem öffentlichen Dienst wurde auf behutsame, mittelfristig aber durchaus effiziente Weise angegangen, wobei Seilschaften aus der Zeit der Diktatur ausgeschaltet oder zumindest nachhaltig geschwächt wurden.

Neben der Demokratisierung im Inneren lag die eindeutige politische Priorität der Regierung Karamanlis in der Beschleunigung des Beitrittsprozesses zur Europäischen Gemeinschaft. Im Juni 1975 beantragte Athen die Vollmitgliedschaft bereits für 1981, drei Jahre früher, als im Assoziierungsabkommen von 1961 ursprünglich vorgesehen war. Obwohl es in Brüssel Zweifel an der Wettbewerbsfähigkeit der griechischen Wirtschaft gab, konnte Karamanlis sich nach hartnäckigen Verhandlungen schließlich durchsetzen, woraufhin im Mai 1979 das Aufnahmeabkommen in Athen unterzeichnet wurde. Bei dieser Entscheidung kamen von seiten der EG weniger ökonomische als politische und bis zu einem gewissen Grade auch idealistische Überlegungen zum Tragen. Abgesehen von dem Wunsch nach Festigung der jungen Demokratie, kreisten diese insbesondere um Vorstellungen von Griechenland als historischer Wiege der europäischen Kultur, die in der damaligen Beitrittsrhetorik einen starken Niederschlag fanden.

Der EG-Beitritt Griechenlands am 1. Januar 1981 kann als Krönung des Lebenswerks von Karamanlis gelten, dessen politisches Credo «*wir gehören zum Westen*» («anikomen eis tin Dysin») lautete. Die vorbehaltlose Identifizierung mit Westeuropa, die in dieser Formel zum Ausdruck kam, war im Lande jedoch keineswegs unumstritten. Heftige Kritik an der Europaorientierung der Regierung wurde von der politischen Linken geäußert, neben der moskautreuen KP vor allem von der PASOK. Diese konnte in den Wahlen von 1977 ihren Stimmenanteil nahezu verdoppeln und wurde mit 25 % stärkste Oppositionspartei. Die regierende ND verlor dagegen mehr als 12 %, wobei sich zeigte, daß sie den rechten Rand nicht mehr einband; dort hatte sich in Gestalt des «Nationalen Lagers» («Ethniki Parataxis») ein Sammelbecken für Royalisten und Junta-Nostalgiker formiert, das immerhin fast 7 % der Stimmen erreichte.

Der beeindruckende Wahlerfolg der erst drei Jahre zuvor ins Leben gerufenen PASOK war zweifellos maßgeblich auf ihr programmatisches Profil zurückzuführen, das in vieler Hinsicht den Zeitgeist der «Metapolitefsi» traf. Es richtete sich in den Worten ihres Parteichefs Andreas Papandreou ausdrücklich an den «nichtprivilegierten» Griechen, eine Klassifizierung, mit der sich naturgemäß fast jedermann identifizieren konnte. Inhaltlich handelte es sich um eine spezifische Mischung aus Linkspopulismus und einer neuartigen nationalen Rhetorik, die im Unterschied zur antikommunistisch geprägten «Nationalgesinnung» der Nachkriegsära eine dezidiert antiamerikanische und im weiteren Sinne antiwestliche Komponente enthielt. Bei den folgenden Wahlen im Herbst 1981 konnte die PASOK, die mit der Forderung nach Austritt aus der NATO und Annullierung des EG-Beitritts angetreten war, ihren Stimmenanteil mit mehr als 48 % nochmals nahezu verdoppeln. Dieser Erdrutschsieg wurde unter anderem dadurch begünstigt, daß Karamanlis im Jahr zuvor das Amt des Staatspräsidenten übernommen und Ministerpräsidentschaft wie Parteivorsitz der ND dem zwar geachteten, jedoch farblosen Georgios Rallis (1918–2006) übergeben hatte, der dem charismatischen Papandreou im Wahlkampf wenig entgegenzusetzen hatte. Allerdings war der Sieg nicht allein ein persönlicher Erfolg des Parteichefs, denn die PASOK war der nunmehr abgelösten Regierungspartei auch im Hinblick auf ihre straffe Organisationsstruktur überlegen; anders als die ND – und alle anderen Parteien mit Ausnahme der KP – verfügte sie über ein landesweites Netz von örtlichen Vertretungen, die zentralistisch aufgebaut waren und autoritär geführt wurden.

Die Regierungsära Papandreou 1981–1989

Diese Organisationsstruktur bildete die Grundlage eines Parteiklientelsystems, dessen Aufbau unmittelbar nach dem Regierungsantritt der PASOK begann. Für sich genommen, mochte daran zunächst nichts ungewöhnlich erscheinen, waren und sind doch Parteien in Griechenland wie überall auf der Welt immer auch Klientelverbände. Qualitativ neu war jedoch die Umleitung und Konzentration von traditionell personenbasierten Klientelbeziehungen auf die Partei, die damit zum zentralen Träger von Patronage wurde. Eine neue Dimension erreichte ferner die Durchdringung des öffentlichen Dienstes; sie beruhte nicht allein auf der auch schon in früheren Zeiten praktizierten Postenvergabe an eigene Anhänger, sondern darüber hinaus auf einer grundsätzlichen Neubestimmung des Verhältnisses von Staat und Partei, was viel weitreichendere Konsequenzen hatte. Der Staatsapparat war bis dahin trotz der Einflüsse von Parteiinteressen ein Machtgefüge mit eigenen Regeln gewesen. Diese innere Autonomie wurde nun weitgehend aufgehoben, indem man die bestehenden Hierarchien durch die Schaffung von Gremien durchbrach, deren Zusammensetzung nach Parteikriterien erfolgte, was zwar kein PASOK-Monopol begründete, aber bedeutete, daß technokratische Entscheidungsstrukturen durch politische ersetzt wurden. Die Folge war eine drastische Effizienzminderung des öffentlichen Dienstes, die noch dadurch verstärkt wurde, daß Leistungskriterien unter anderem durch die Abkoppelung der Gehaltsklassen von Dienstgradstufen gezielt ausgehebelt wurden. Diese Umstrukturierung, die nicht nur die öffentliche Verwaltung, sondern auch die Staatsbetriebe und nicht zuletzt die Gewerkschaften betraf, zielte auf eine Stärkung der Arbeitnehmerbeteiligung und stand somit unter dem Zeichen der Demokratisierung, die das programmatische Aushängeschild der Regierung war.

Dabei handelte es sich jedoch nicht nur um leere Rhetorik, denn der von Karamanlis zuvor eingeleitete Demokratisierungsprozeß wurde in den 1980er Jahren tatsächlich entscheidend vorangetrieben. Das betraf etwa die vollständige rechtliche Gleichstellung von Mann und Frau, die Einführung der Zivilehe gegen den Widerstand der Kirche sowie die Reform des Familienrechts. Nachdem bereits 1975 die Dimotiki zur offiziellen Amtssprache erklärt worden war, wurde 1982 auch die Rechtschreibung mit der Einführung des Einakzentsystems («monotoniko») deutlich vereinfacht. Ein historisches Verdienst der Regierung Papandreou bedeutete zweifellos ihre Politik der nationalen Aussöhnung, welche die Überwindung des Bürgerkriegserbes zum Ziel hatte. Sie umfaßte die offizielle Anerkennung des nationalen Widerstandes während der Besatzungszeit, die 1982 gegen wütende Proteste der Opposition beschlossen wurde, sowie das allgemeine Rückkehrrecht für griechische Bürgerkriegsflüchtlinge aus den Ostblockländern. Im Vorfeld der Wahlen von 1985, die das Regierungsmandat der PASOK trotz leichter Verluste bestätigten, kam es zudem zu einer Verfassungsänderung, mit der das Parlament gegenüber dem Staatspräsidenten, der in der Vorgängerversion von 1975 mit weitreichenden Kompetenzen ausgestattet worden war, gestärkt wurde. Die dadurch hervorgerufene Kritik seitens der Opposition nahm noch zu, als Papandreou bei den im selben Jahr anstehenden Präsidentschaftswahlen überraschend die Kandidatur von Christos Sartzetakis unterstützte. Damit wurde Karamanlis, der schon fest mit einer zweiten Amtszeit gerechnet hatte, ausgebootet, was eine besondere persönliche Note ob der Tatsache erhielt, daß Sartzetakis 1963 die Hintergründe des Lamprakis-Mordes aufgeklärt und damit nicht unwesentlich zum Sturz von Karamanlis beigetragen hatte.

Ein zentrales Projekt der Sozialpolitik von Papandreou bildete die Schaffung eines modernen staatlichen Gesundheitssystems, ein Vorhaben, das jedoch trotz spürbarer Verbesserungen in diesem Bereich nur teilweise gelang; denn der Erfolg sozialstaatlicher Maßnahmen hing letztlich von der wirtschaftlichen Gesamtentwicklung ab, die schwerwiegende Probleme aufwies. Das betraf an erster Stelle den ungebremsten Verschuldungs- und Inflationskreislauf, der um die Mitte des Jahrzehnts beängstigende Ausmaße annahm. Vorsichtige Korrekturversuche wurden vom damaligen Wirtschaftsminister Kostas Simitis (*1936) zwar eingeleitet, jedoch angesichts des sofort aufkommenden öffentlichen Unmuts schnell wieder fallengelassen. Darüber hinaus erlebte der öffentliche Dienst eine Aufblähung, die bis dahin beispiellos war; von 1982 bis 1988 wuchs die Zahl seiner Beschäftigten um mehr als 82 000 Personen an, was nahezu 60 % der gesamten Beschäftigungszunahme im selben Zeitraum ausmachte, ein historischer Höchstwert, der niemals vorher oder nachher auch nur annähernd erreicht wurde. Erschwerend kam hinzu, daß gleichzeitig die Bezüge und Vergünstigungen kontinuierlich anschwollen, womit Versorgungsbedingungen geschaffen wurden, die im umgekehrten Verhältnis zur stetig abnehmenden Leistungsfähigkeit des öffentlichen Sektors standen. Ein weiterer Negativfaktor lag schließlich in der wettbewerbsfeindlichen Grundtendenz der Wirtschaftspolitik, die sich unter anderem in einem ausgeprägten Hang zur Verstaatlichung maroder Unternehmen äußerte und durchaus ideologische Dimensionen hatte. Dies fand seinen Ausdruck im sogenannten «dritten Weg», den die PASOK in den 1980er Jahren als Leitbild propagierte. Das Schlagwort stand für ein Gesellschaftsmodell, das sich sowohl vom westlichen Kapitalismus als auch vom Realsozialismus der Ostblockländer unterschied; auf die Bedürfnisse des Landes zugeschnitten, sollte es dieses einerseits vor «neokolonialer Ausbeutung» schützen, andererseits aber dem «Individualismus» seiner Bewohner Rechenschaft tragen. Dieses sozialromantische Konstrukt verortete Griechenland gern in einer Mittlerrolle zwischen «Ost» und «West», was sich auch außenpolitisch niederschlug.

So suchte die Regierung Papandreou die Nähe zu Linksregimen der blockfreien Welt und unterstützte Palästinenserführer Arafat, während sie gleichzeitig darum bemüht war, die Eigenständigkeit Griechenlands im westlichen Bündnis zu betonen. Diese publikumswirksam inszenierte Politik des «nationalen Stolzes» nahm nicht selten schrille Töne an, wie etwa bei der Weigerung, sich an den EG-Sanktionen gegen das polnische Militärregime zu beteiligen, dem Papandreou 1984 sogar einen förmlichen Staatsbesuch abstattete. Mit derartigen Manövern geriet das Land bald in den Ruf, ein schwieriger Partner zu sein, ohne daß dabei freilich seine Zugehörigkeit zum westlichen Bündnissystem ernsthaft in Frage gestellt worden wäre. Die PASOK mochte 1981 zwar die Wahlen mit der Forderung nach Austritt aus NATO und EG gewonnen haben, jedoch wurde dies in Wirklichkeit niemals als realistische politische Option betrachtet; um so weniger, als sich die EG-Mitgliedschaft nicht zuletzt auch ökonomisch auszahlte, flossen doch europäische Strukturfördermittel ins Land, die im Zeitraum von 1981 bis 1988 bereits 3 % des Bruttoinlandsprodukts ausmachten.

Die Außenpolitik Griechenlands war im übrigen stark vom schwierigen Verhältnis zur Türkei geprägt. 1983 verschlechterten sich die Beziehungen weiter durch die Ausrufung der «Türkischen Republik Nordzypern» im besetzten Nordteil der Insel, die zwar keine internationale Anerkennung erhielt, aber die völkerrechtswidrige Teilung Zyperns zementierte. Hinzu kam eine erneute Eskalation im Ägäiskonflikt, die 1984 zu einer akuten Krise führte, in deren Folge die offizielle Verteidigungsdoktrin neu bestimmt wurde: Als Hauptbedrohung für das Land galt demnach nicht mehr der Warschauer Pakt, sondern der NATO-Verbündete Türkei. Im Frühjahr 1987 kam es nach einem Grenzzwischenfall am Fluß Evros sowie einem erneuten Versuch der Türkei, in umstrittenen Seegebieten auf Ölsuche zu gehen, zur Mobilmachung der Streitkräfte beider Länder, wobei Athen in gezielter Brüskierung der NATO sogar Kontakte zum sozialistischen Bulgarien aufnahm. Angesichts dieser Entwicklungen können die Gespräche, die Papandreou im Januar 1988 mit seinem türkischen Amtskollegen Turgut Özal (1927–1993) im schweizerischen Davos aufnahm, als historischer Durchbruch in den griechisch-türkischen Beziehungen gelten. Die Verhandlungen mündeten in ein Abkommen, in dem sich beide Seiten zum Verzicht auf kriegerische Mittel sowie zu regelmäßigen Kontakten verpflichteten, die der Verbesserung des Verhältnisses beider Länder auf allen Ebenen dienen sollten. Dies ging mit einigen konkreten Maßnahmen einher, darunter etwa der Aufhebung des Visazwangs für griechische Staatsbürger in der Türkei, führte aber nicht zu einer dauerhaften Entspannung, da der Ägäiskonflikt weiterhin schwelte.

Die griechisch-türkische Annäherung im «Geist von Davos» wurde zunehmend von einem gewaltigen Finanzskandal überschattet, der 1988 ans Licht kam und im Jahr darauf zum Sturz der Regierung führte. Der Unternehmer Giorgos Koskotas (*1953) hatte innerhalb kurzer Zeit ein riesiges Zeitungs- und Bankenimperium aufgebaut und dabei im großen Umfang auf öffentliche Gelder zurückgegriffen, in deren Veruntreuung hohe und höchste PASOK-Funktionäre verstrickt waren, wie sich bald herausstellte. Papandreou, der ebenfalls unter Verdacht geriet, sprach in diesem Zusammenhang von vermeintlichen Machenschaften «dunkler reaktionärer Kräfte» und «ausländischer Kreise», die angeblich auf die politische Destabilisierung des Landes hinarbeiteten; über das moralische Fiasko seiner Regierung konnte dies indes kaum hinwegtäuschen. Als sich 1989 das Ende der Legislaturperiode näherte, zeichnete sich eine Wahlniederlage der PASOK und die Regierungsübernahme durch die ND ab, an deren Spitze seit 1984 Konstantinos Mitsotakis, der alte Gegenspieler Papandreous aus den 1960er Jahren, stand. Mitsotakis ging zwar als klarer Sieger hervor, verfehlte aber die absolute Mehrheit, was nicht zuletzt darauf zurückzuführen war, daß Papandreou zuvor das Wahlgesetz zu Ungunsten der stärksten Partei geändert hatte. Der Versuch der PASOK, die einen angesichts der Umstände erstaunlich geringen Stimmenverlust hatte hinnehmen müssen, mit dem «Bündnis der Linken und des Fortschritts» («Synaspismos») eine Regierung zu bilden, scheiterte nach kurzer Zeit. In dieser festgefahrenen Situation kam es zu einer unerwarteten und historisch beispiellosen Koalition zwischen der ND und einem Teil des «Synaspismos», der sich aus der KP und der eurokommunistischen «Griechischen Linken» zusammensetzte. Ausgehandelt wurde sie zwischen Mitsotakis und dem Generalsekretär der KP, Charilaos Florakis (1914–2005), einem kommunistischen Widerstandskämpfer, der im Bürgerkrieg ein ranghoher Offizier der Partisanenarmee gewesen war. Die von ihnen gebildete Regierung trat unter dem Motto der «Reinigung» («katharsis») an, die sie sogar zu ihrem einzigen Ziel erklärte. Konkret war damit die strafrechtliche Verfolgung der in den Skandal verwickelten PASOK-Abgeordneten gemeint, die nur auf diesem Wege ermöglicht werden konnte, da diese bei Ausrufung von Neuwahlen weiterhin parlamentarische Immunität genossen hätten – denn keiner der Beschuldigten war bereit, diese von sich aus aufzugeben. Obwohl die daraufhin eingeleiteten Verfahren schließlich zu einer Reihe von Verurteilungen führten, war der moralische Schaden, den der Skandal verursacht hatte, nicht zu unterschätzen. Der mit ihm verbundene Glaubwürdigkeitsverlust traf nicht nur die Regierungspartei, sondern die politische Klasse als Ganzes, war doch das Klischee des korrupten, von maßloser Gier getriebenen Politikers nur allzu deutlich bestätigt worden.

Die politische Aufbruchsstimmung, welche die Rückkehr zur Demokratie 1974 ausgelöst hatte und die durch die Fortschrittsversprechen der PASOK zu Beginn der 1980er Jahre gefördert worden war, wich am Ende des Jahrzehnts einer allgemeinen Ernüchterung und dem Gefühl, daß die Zukunft möglicherweise schon stattgefunden hatte. Jenseits der Landesgrenzen vollzog sich derweil ein politischer Umbruch von weltgeschichtlicher Tragweite, dessen Auswirkungen bald auch Griechenland erfaßten.

10. Nach der Osteuropäischen Wende

Die Wende von 1989 hatte weitreichende politische und gesellschaftliche Folgen für Griechenland. Die Auflösung des Warschauer-Pakt-Systems ging mit einer Destabilisierung des Balkanraums einher und führte zu einer deutlichen Verschiebung der Koordinaten, welche die regionale Position des Landes in der Epoche des Kalten Krieges bestimmt hatten. In diesem Zusammenhang kam es zu einer erneuten Hochkonjunktur nationalistischer Reflexe, die sich unter anderem in einem Namensstreit mit der ehemaligen jugoslawischen Republik Makedonien niederschlugen, der die Außenpolitik der 1990er Jahre dominierte und erst 2019 formal beigelegt wurde. Der Zusammenbruch der realsozialistischen Systeme löste zudem Migrationswellen aus, die das bis dahin vorherrschende Bild Griechenlands als eines klassischen Auswanderungslandes ins Gegenteil verkehrten und sein Bevölkerungsprofil sichtbar veränderten. Zugleich beschleunigte sich der bereits in der Zeit des Systemwechsels begonnene Prozeß des Aufbrechens traditioneller, patriarchalisch geprägter Gesellschaftsstrukturen, was sich in einem Wandel der Geschlechterbeziehungen sowie im Bedeutungsverlust der Großfamilie als sozialer Bezugsgröße niederschlug. In diesen Entwicklungen zeichnete sich die Ausformung einer pluralistischen Zivilgesellschaft ab, zu deren äußeren Merkmalen auch eine zunehmend globalisierte und entsprechend konsumorientierte Alltagskultur gehörte.

Der makedonische Namensstreit

Im Herbst 1991 erklärte die vormals Sozialistische Republik Makedonien ihre Unabhängigkeit von der zerfallenden Jugoslawischen Föderation. Dies führte zu heftigen Reaktionen in Griechenland, wo man die Verwendung des Namens «Makedonien» als Usurpation der eigenen nationalen Geschichte und Identität betrachtete. Schon bei Gründung

Makedonien-Demonstration vor der Kirche des Hl. Dimitrios in Thessaloniki. Die Flagge zeigt den sogenannten Stern von Vergina (auf blauem Grund), der von 1991–1995 auf der Staatsflagge der «Früheren Jugoslawischen Republik Makedonien» abgebildet war (auf rotem Grund).

Makedoniens als jugoslawischer Teilrepublik im Jahre 1944 hatte dieses Thema das Verhältnis der beiden Staaten belastet, ohne jedoch die griechisch-jugoslawischen Beziehungen im Kalten Krieg nachhaltig zu stören. Inzwischen hatte sich die Situation aber gründlich verändert. Die Regierung in Athen versuchte die internationale Anerkennung des neuen Staates unter dem Namen «Makedonien» mit dem Argument zu verhindern, daß damit ein makedonischer Irredentismus gefördert würde, der die sensiblen Grenzen in der Region bedrohen könnte. Bei den europäischen Bündnispartnern, die den Zerfall Jugoslawiens mit Besorgnis verfolgten, stieß dies auch durchaus auf Verständnis. Als pragmatische Lösung wurde daher die Anerkennung unter einem Doppelnamen wie z. B. «Vardar-» oder «Nord-Makedonien» vorgeschlagen, was jedoch schnell daran scheiterte, daß der damalige Außenminister Antonis Samaras (*1951) sich auf eine Maximalposition versteifte: Eine Anerkennung des nördlichen Nachbarstaates käme nur unter der Voraussetzung in Frage, daß dieser den Namen «Makedonien» in keiner Form, weder allein, noch in Kombination mit einem weiteren Wort, verwende. Mit dieser Forderung, die von europäischer

Seite als weit übertrieben angesehen wurde und keine Unterstützung fand, waren die Verhandlungen bereits in eine Sackgasse geraten, bevor sie richtig begonnen hatten.

In Griechenland erhob sich zur gleichen Zeit eine beispiellose Welle nationaler Empörung, die von den Medien massiv gefördert und bis zu einem gewissen Grade auch gesteuert wurde. Dabei kam nicht zuletzt der Umstand zum Tragen, daß die Einführung des Privatfernsehens 1989 die Medienlandschaft stark verändert und bis dahin ungeahnte Möglichkeiten der öffentlichen Mobilisierung geschaffen hatte. In Thessaloniki fand im Februar 1992 eine Massendemonstration statt, die bald zahlreiche Neuauflagen in Athen und anderen Städten des Landes erfuhr.

Die Heftigkeit der öffentlichen Reaktion, die von auswärtigen Beobachtern mit Überraschung und auch Unverständnis zur Kenntnis genommen wurde, hatte vielschichtige Ursachen. Vordergründig schien der Namensstreit ein Konflikt um miteinander unvereinbare Monopolansprüche auf das historische Erbe Makedoniens zu sein, was sich unter anderem im häufig erhobenen Vorwurf äußerte, die Gegenseite betreibe «Geschichtsfälschung».

Dahinter verbarg sich jedoch eine tiefer liegende Identitätsproblematik, die nicht zuletzt damit zusammenhing, daß nationale Zugehörigkeiten in dieser zutiefst multiethnisch geprägten Region in Wahrheit keine tiefen historischen Wurzeln hatten, sondern ein brüchiges Konzept darstellten, das erst zwei oder drei Generationen zuvor eingeführt worden war. Vor dem Hintergrund des Zerfalls Jugoslawiens rief dies zugleich die Tatsache ins Gedächtnis zurück, daß die politischen Grenzen in Südosteuropa historisch rezent waren und ihr zukünftiger Bestand keineswegs als selbstverständlich betrachtet werden konnte; so war die territoriale Integrität Griechenlands erst knapp fünfzig Jahre zuvor während des Zweiten Weltkriegs in Frage gestellt worden. Solche Überlegungen schufen Unsicherheit und förderten die Entstehung von Bedrohungswahrnehmungen, in denen Feindbilder des ausgehenden 19. Jahrhunderts und der Bürgerkriegszeit wiederbelebt wurden.

Zu diesen traten neue Drohbilder von einem vermeintlichen «islamischen Bogen» in Südosteuropa, der sich von Bosnien und Albanien über Kosovo bis zur Türkei erstrecke und gegen Griechen und Serben als «orthodoxe Brudervölker» gerichtet sei. Dies sollte später insbesondere während des Bosnienkriegs 1992–1995 und des Kosovokriegs 1998–1999 relevant werden, als die griechische Medienöffentlichkeit sich fast einhellig und weitgehend unkritisch hinter Serbien unter Slobodan Milošević (1941–2006) stellte.

1992 führte die starre Haltung Athens im makedonischen Namensstreit nicht nur zur internationalen Isolierung des Landes, sondern trug auch zum vorzeitigen Ende der Regierung Mitsotakis bei, die im April 1990 mit einer sehr knappen Koalitionsmehrheit an die Macht gekommen war. Mitsotakis vertrat in der Namensfrage eine elastischere Haltung als Außenminister Samaras, der sich indes mit seiner harten Linie hatte durchsetzen können, was ihm in der Öffentlichkeit einen entsprechenden Prestigegewinn als unnachgiebiger Verfechter nationaler Interessen einbrachte. Im April 1992 kam es zum Bruch zwischen den beiden: Mitsotakis entließ Samaras, der im Jahr darauf eine eigene Partei gründete, die den Namen «Politischer Frühling» («Politiki Anoixi») trug und deren Programm im wesentlichen aus der Forderung nach Kompromißlosigkeit in der Namensfrage bestand. Aus dieser Position heraus begann er, alte Gefährten aus der ND abzuwerben und auf diese Weise die Regierung zu untergraben.

Diese war ohnehin unpopulär, hatte sich Mitsotakis doch einer wirtschaftlichen Reformpolitik unter neoliberalen Vorzeichen verschrieben und Sparmaßnahmen eingeleitet, die in der Bevölkerung erheblichen Unmut hervorriefen und mit ausgedehnten Streikserien quittiert wurden. Da er im Parlament nur über eine Mehrheit von einer Stimme verfügte, kündigte er, als ihm drei Abgeordnete der Regierungspartei die Unterstützung entzogen, für den Herbst 1993 Neuwahlen an. Diese führten zu einem klaren Sieg der PASOK und zur triumphalen Wiederwahl des mittlerweile allerdings gesundheitlich schwer angeschlagenen und zusehends vergreisenden Papandreou.

Im festgefahrenen Namensstreit schlug Griechenland kurze Zeit später eine härtere Gangart ein, indem es im Februar 1994 ein Wirtschaftsembargo gegen die «Frühere Jugoslawische Republik Makedonien» verhängte, die im Jahr zuvor unter dieser Bezeichnung in die

Vereinten Nationen aufgenommen worden war. Nach einer Beschwerde der EU-Staaten beim Europäischen Gerichtshof wurde dieses im September 1995 auf Grundlage eines Interimsabkommens wieder aufgehoben, das mit amerikanischer Vermittlung zustande gekommen war. Abgesehen von rein kosmetischen Erfolgen – namentlich die Entfernung des national aufgeladenen Sternsymbols von Vergina aus der makedonischen Staatsflagge sowie des Weißen Turms, des Wahrzeichens von Thessaloniki, von einem Geldschein – konnte die griechische Seite dabei ihre Positionen nicht durchsetzen. Immerhin brachte das Abkommen eine gewisse Beruhigung in den Konflikt, in dem Griechenland in der Folgezeit eine Blockadehaltung einnahm, die darauf abzielte, die Westintegration des Nachbarlandes zu behindern. So machte Athen die 2004 beantragte Aufnahme der «Früheren Jugoslawischen Republik Makedonien» in die EU von der Lösung der Namensfrage abhängig und legte 2008 auch ein Veto gegen dessen NATO-Beitritt ein, das allerdings zu einer Verurteilung durch den Internationalen Gerichtshof in Den Haag 2011 führte. Eine Lösung des Konflikts, der Griechenland nicht nur außenpolitisch isolierte, sondern auch wirtschaftlichen Schaden verursachte, wurde erst mit dem 2019 in Kraft getretenen Prespa-Abkommen erreicht, das mit der bereits bei Ausbruch des Streits diskutierten Namenslösung «Nordmakedonien» eine Perspektive zur Normalisierung der Beziehungen beider Länder eröffnete.

Einwanderung als neue Erfahrung

Bis zum ausgehenden 20. Jahrhundert hatte Griechenland mit Ausnahme des Flüchtlingsstroms von 1922 niemals Zuwanderung in größerem Ausmaß erlebt. Erst in den 1980er Jahren war ein leichter Anstieg der Zahl von Immigranten zu beobachten, was jedoch häufiger politische als wirtschaftliche Ursachen hatte. So kamen damals etwa Griechen aus der Sowjetunion ins Land, bei denen es sich teils um Bürgerkriegsflüchtlinge handelte, die 1982 das Rückkehrrecht erhalten hatten, teils aber auch um Angehörige der alten griechischen Diaspora des Schwarzmeer- und Kaukasusraums, die unter Stalin größtenteils in die zentralasiatischen Sowjetrepubliken zwangsumgesiedelt worden waren und in den 1980er Jahren griechische Pässe erhielten. Auch einige Angehörige der griechischen Minderheit in Südalbanien kamen zu dieser Zeit ins Land. Darüber hinaus gab es Regimeflüchtlinge aus Polen, Zuwanderer aus dem arabischen Raum sowie eine kleine Gruppe von Gastarbeitern aus Pakistan und den Philippinen.

Diese insgesamt überschaubare Zahl schoß zu Beginn der 1990er Jahre rapide in die Höhe, als nach dem Fall der Grenzen in Osteuropa Arbeitsmigranten ins Land zu strömen begannen. Den größten Anteil hatten Einwanderer aus Albanien, darunter auch Angehörige der griechischen Minderheit, die bis Mitte des Jahrzehnts etwa 400 000 ausmachten. Die meisten Albaner kamen illegal ins Land und wurden schnell als billige Arbeitskräfte in die florierende Schattenwirtschaft eingegliedert, wo sie bald eine feste Größe bildeten. Mit einiger Verzögerung reagierte der Staat auf die neue Situation, indem er 1998 durch die Ausgabe von Aufenthaltsgenehmigungen einen großen Teil der bereits im Lande lebenden Zuwanderer (65 % Albaner) legalisierte. Während die albanische Arbeitsmigration männlich dominiert war und weitgehend vom Bausektor und insbesondere der Landwirtschaft absorbiert wurde, handelte es sich bei den Immigranten aus dem übrigen südost- und osteuropäischen Raum – vor allem aus Bulgarien, Rumänien, Moldawien und der Ukraine – überwiegend um Frauen, die zum größten Teil im Dienstleistungssektor tätig wurden. Einen besonderen Fall stellen die Rußlandgriechen dar, die insbesondere zwischen 1991 und 1994 ins Land kamen und mit knapp 100 000 Menschen die zweitgrößte Zuwanderergruppe hinter den Albanern bildeten. Obwohl griechische Staatsbürger, waren sie mit denselben Integrationsproblemen konfrontiert wie die übrigen Gruppen, da die Mehrzahl von ihnen bei ihrer Ankunft außer Russisch allenfalls den pontosgriechischen Dialekt sprachen, der sich stark von der Standardsprache unterscheidet und in der Praxis ebenso große Verständigungsprobleme schafft wie eine Fremdsprache.

Die durch die osteuropäische Wende ausgelöste Zuwanderungswelle flaute gegen Ende der 1990er Jahre etwas ab. Gleichzeitig erweiterte sich im Zuge der fortschreitenden Globalisierung der Kreis der Herkunftsländer der Arbeitsmigranten. Diese kamen bald nicht mehr allein aus den vormals kommunistischen Staaten, sondern auch aus den Ländern des indischen Subkontinents, aus Ostasien und insbesondere aus China sowie seit der Jahrtausendwende zunehmend aus dem schwarzafrikanischen Raum. Die Finanzkrise von 2009 bedeutete in dieser Hinsicht einen Einschnitt und führte dazu, daß viele Arbeitsmigranten zurückkehrten oder in andere Länder weiterzogen. Dagegen wurde Griechenland aufgrund seiner geographischen Lage an der Südostperipherie Europas zunehmend zum Anlaufpunkt einer Durchgangsmigration, deren eigentliches Ziel der zentrale EU-Raum ist. Diese wird verstärkt durch Flüchtlingsbewegungen aus verschiedenen Krisengebieten der Welt, mit deren Bewältigung die staatliche Infrastruktur vielfach überfordert ist. Dagegen begann nach Ausbruch der Krise eine erneute Auswanderung junger und meist gut qualifizierter Griechen nach Westeuropa und in den transatlantischen Raum, die zwischenzeitlich auf die vorangegangenen Emigrationswellen des 20. Jahrhunderts zu verweisen schien.

Ankunft im 21. Jahrhundert

Diese Entwicklung hätte um die Mitte der 1990er Jahre kaum ein Zeitgenosse für möglich gehalten, schien Griechenland damals doch mit der Aussicht auf Mitgliedschaft in der Europäischen Währungsunion gleichsam vor einem historischen Durchbruch zu stehen. Der Beitritt verhieß die Befreiung vom chronischen Devisenproblem des Landes, während der mit der Einführung des Euros entstehende Wirtschaftsraum in vieler Hinsicht positive Entwicklungsperspektiven für die Volkswirtschaft eröffnete. Anders als der EG-Beitritt 1981 war der Beitritt zur Währungsunion darum politisch weithin unumstritten, wenn man von der Kommunistischen Partei absieht, deren ideologische Festlegung vom Ende des real existierenden Sozialismus bis heute weitgehend unberührt geblieben ist.

Bereits Papandreou hatte in den beiden letzten Jahren seiner Amtszeit einen Kurswechsel in der Wirtschaftspolitik begonnen, der die Er-

Die Trikoupis-Brücke (Blick von Süden)

füllung der Konvergenzkriterien zum Ziel hatte. Dieser wurde entschlossen von Kostas Simitis fortgeführt, der nach Papandreous Tod 1996 die Regierung übernahm und bis 2004 Ministerpräsident blieb. Simitis drosselte die Neuverschuldung, senkte öffentliche Ausgaben und schritt dabei auch zur Privatisierung von Staatsunternehmen, was in der ersten Regierungsära der PASOK noch fast ein Tabu gewesen wäre. Diese Maßnahmen trugen dazu bei, daß die griechische Wirtschaft in der zweiten Hälfte der 1990er Jahre Wachstumsraten verzeichnen konnte, die über dem EU-Durchschnitt lagen. Damit zeichnete sich eine positive Entwicklungstendenz ab, die letztlich die Aufnahme in die Eurozone im Jahr 2000 ermöglichte, nachdem das Land auch die formalen Konvergenzkriterien zu erfüllen schien. Wie später bekannt wurde, entsprach das nicht ganz den Tatsachen, wurde jedoch nur allzugern geglaubt: denn bei der Aufnahme Griechenlands spielten – wie beim Europrojekt überhaupt – politische Motive mindestens eine ebenso wichtige Rolle wie wirtschaftliche.

Der Beitritt zur Währungsunion eröffnete Entwicklungsperspektiven für das Land, die günstiger waren als jemals zuvor in seiner Geschichte, jedoch mittelfristig mit erheblichen Anforderungen im Hinblick auf die Umstrukturierung der Wirtschaft verbunden waren. Kurzfristig ermöglichte er allerdings den Zugang zu internationalen Krediten in bis dahin völlig undenkbaren Größenordnungen, womit zugleich eine Versuchung geschaffen wurde, der in der Folgezeit keine griechische Regierung widerstehen konnte. Ein Überschuldungskreislauf kam in Gang, der in nicht allzu ferner Zukunft zum Kollaps führen mußte, wie kritische Beobachter bereits damals prognostizierten. Natürlich gab es von Beginn an auch hinreichend Gelegenheit zum Geldausgeben im großen Stil, zumal Griechenland die Ausrichtung der Olympischen Sommerspiele von 2004 übernommen hatte. Allein deren Vorbereitung, die man weitgehend an internationale Firmen übertragen hatte, verschlang Unsummen. Immerhin hatten die Spiele aber den Nebeneffekt, daß wichtige Infrastrukturprojekte abgeschlossen wurden, die – wie etwa der Bau der Athener Metro – teilweise schon seit Mitte der 1990er Jahre überfällig waren. Neben großräumigen Umgehungsstraßen und modernen Autobahnen gehörte zu den spektakulärsten Bauprojekten sicherlich die 2004 pünktlich zum Beginn der Spiele eröffnete Schrägseilbrücke über den Korinthischen Golf. Sie wurde nach Charilaos Trikoupis benannt, dem Reformpolitiker des ausgehenden 19. Jahrhunderts, der bereits damals die Vision einer solchen Brücke entwickelt hatte – allerdings war er es auch, der 1893 den Staatsbankrott erklären mußte.

Die Infrastrukturprojekte waren äußere Symbole eines beschleunigten Wandels, den das Land zu Beginn des neuen Jahrtausends durchlief. Damit einhergehend verschwand beispielsweise auch der Anblick von klapprigen Überlandbussen und beschaulichen Kaffeehäusern, deren pittoresker Charme vergangener Zeiten ein Teil des touristischen Aushängeschilds war, nach und nach aus dem Alltagsleben. Ebenfalls unübersehbar wurde dieser Wandel im Bereich des Individualkonsums, den der geliehene Wohlstand für eine Zeitlang ermöglichte.

Die Modernisierung spielte sich jedoch keineswegs nur äußerlich an der Oberfläche materieller Bedürfnisbefriedigung ab, sondern reichte tiefer. Sie zeigte sich ebenso in einer wachsenden Bereitschaft der Gesellschaft, überkommene Werte und Anschauungen zu hinterfragen,

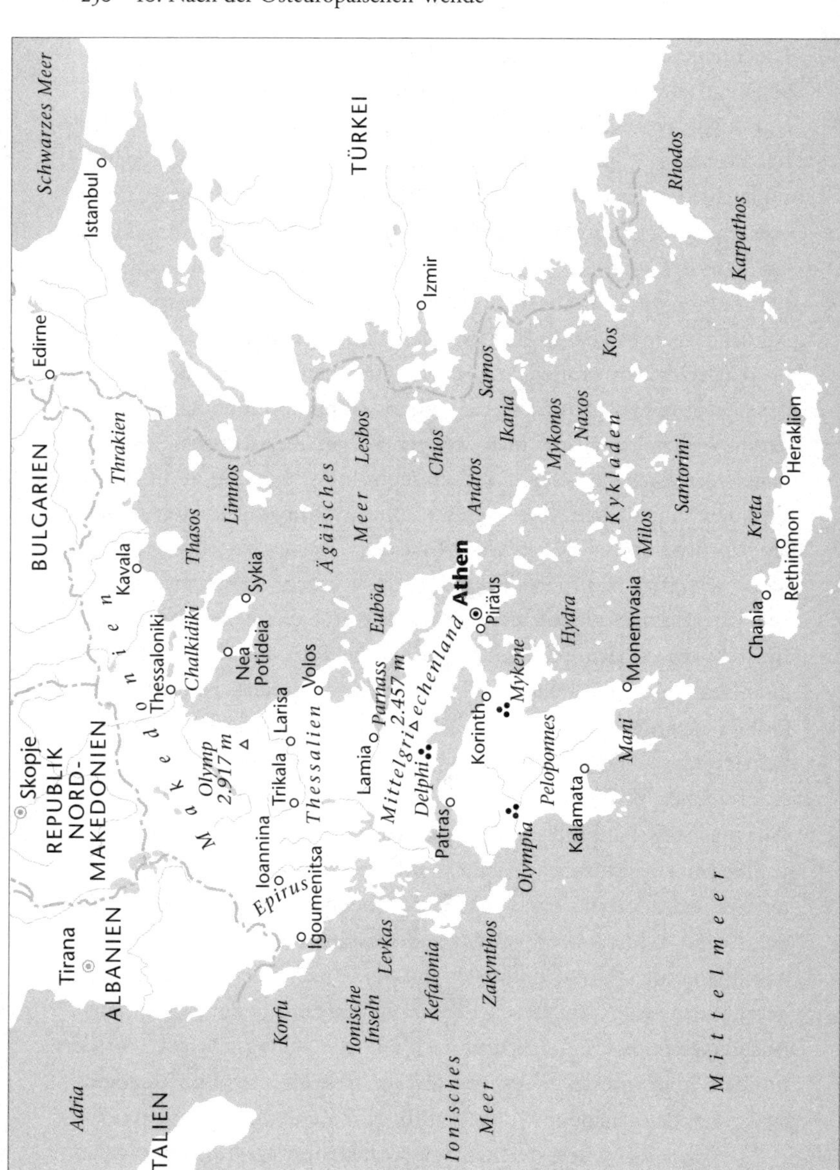

Griechenland heute

wozu nicht zuletzt auch die kritische Auseinandersetzung mit der eigenen Vergangenheit gehörte. Das betraf insbesondere den Bürgerkrieg, der jahrzehntelang ein Tabu gewesen war. Zu seiner kollektiven Verarbeitung hatten bis dahin fast nur Memoirenschreiber und Schriftsteller wie etwa Aris Alexandrou (1922–1978) beigetragen, der mit seinem 1974 erschienenen Roman «To kivotio» («Die Kiste») allerdings ein epochales Meisterwerk moderner Prosa schuf. Seit den 1990er Jahren wurde dagegen mit systematischen historischen Forschungen begonnen, die sich seit der Jahrtausendwende in einer wachsenden Zahl wissenschaftlicher Publikationen über die Besatzungszeit und den Bürgerkrieg niederschlugen. Diese haben mittlerweile zu einer lebendigen Diskussion geführt, in der sich die endgültige Überwindung des Bürgerkriegserbes abzeichnet.

Die in den 1990er Jahren einsetzende Neuorientierung eines Teils der griechischen Geschichtswissenschaft beschränkte sich jedoch nicht allein auf diese traumatische Epoche, sondern führte auch zur Entlarvung nationaler Mythen, die bis dahin weitgehend unhinterfragt tradiert worden waren. War dies anfangs nur auf den akademischen Raum beschränkt, wurden bald auch weitere Kreise der Gesellschaft erreicht, wobei es allerdings zuweilen zu heftigem öffentlichen Widerstand kam. Ein Beispiel ist der 2006 ausgebrochene Streit um ein neues Schulbuch für die höheren Gymnasialklassen, in dem die bis dahin vorherrschende griechisch-türkische Erbfeindschaftserzählung zugunsten einer stärkeren Betonung des friedlichen Zusammenlebens beider Völker in der Geschichte ersetzt wurde. Dies erregte so große Kritik in der Medienöffentlichkeit, daß die Regierung sich bald darauf entschied, das Buch zurückzuziehen, obwohl es von der Athener Akademie, einer ausgeprägt staatstragend-konservativen Institution, akkreditiert worden war.

Der Vorfall trug nicht unwesentlich zur medialen Profilierung einer rechtspopulistischen Partei bei, die 2000 unter dem Namen «Orthodoxe Volkssammlung» («Laikos Orthodoxos Synagermos» bzw. «LAOS») gegründet worden war und der 2007 erstmals der Einzug ins Parlament gelang. Dies war seit dreißig Jahren nicht mehr geschehen und deutete auf eine neue Konjunktur des Rechtspopulismus, der später eine radikalere Fortsetzung in Gestalt der «Goldenen Morgenröte» («Chrysi Avgi») fand. Dabei handelt es sich um eine bereits Mitte der 1980er Jahre entstandene, lange Zeit jedoch politisch unbedeutende und stets am Rande der Legalität operierende Splitterpartei, die sich offen zu den Ideen des Nationalsozialismus bekennt und 2012 einen überraschenden Wahlerfolg verzeichnen konnte. Ob vom Rechtspopulismus dauerhaft eine ernsthafte Bedrohung für die Demokratie ausgeht, läßt sich nicht sicher voraussagen; inzwischen sprechen jedoch einige Hinweise dagegen, denn mit den Parlamentswahlen von 2019 versank die «Goldene Morgenröte» wieder in politischer Bedeutungslosigkeit und ihre Führungsriege sitzt heute zu einem guten Teil im Gefängnis. Die griechische Zivilgesellschaft scheint gegenwärtig stark genug, um mit dem Rechtsradikalismus, der im übrigen ein gesamteuropäisches Problem darstellt, fertig zu werden.

Nach dem Ausbruch der Finanzkrise 2009 stellte der damalige Ministerpräsident Giorgos Papandreou (*1952) fest, daß Griechenland vor seiner größten Herausforderung seit dem Zweiten Weltkrieg stehe, eine Aussage, die bald zum Topos der inländischen politischen Rhetorik wurde. Sie beschrieb sachlich richtig den Ernst der Lage, ließ allerdings auch Raum für Optimismus, wies sie doch darauf hin, daß das Land in seiner Geschichte auch schon größere Krisen überstanden hat.

11. Das Krisenjahrzehnt (2009 bis heute): Ein Drama mit offenem Ende?

Der katastrophale Zustand der griechischen Staatsfinanzen trat erstmals offen zutage, als Giorgos Papandreou kurz nach seinem Wahlsieg im Oktober 2009 erklären mußte, daß das öffentliche Haushaltsdefizit mit über 12 % des Bruttoinlandsprodukts mehr als doppelt so hoch war als von der Vorgängerregierung angegeben, und daß eine drastische Reduzierung in absehbarer Zeit illusorisch erschien. Genau dies hatte nur wenige Monate zuvor der seit 2004 amtierende Ministerpräsident Kostas Karamanlis (* 1956) angekündigt, dann allerdings vorgezogene Neuwahlen ausgerufen, um sich seiner zunehmend unbequem werdenden Regierungsverantwortung zu entledigen. Papandreou kündigte Sparmaßnahmen an, die voraussehbaren Unmut hervorriefen, zumal er seinen eigenen Wahlkampf noch mit großzügigen Versprechen auf Rentenerhöhungen und weitere soziale Wohltaten bestritten hatte. In der Öffentlichkeit gab es zunächst noch keine klare Vorstellung vom ganzen Ausmaß der griechischen Finanzmisere, die von den Regierenden jahrelang systematisch verschleiert worden war.

Böses Erwachen und Reformversuche

Das änderte sich jedoch, als gegen Ende des Jahres internationale Ratingagenturen die Kreditwürdigkeit des Landes massiv herabstuften und sich gleichzeitig Warnungen vor einem unmittelbar drohenden Staatsbankrott mehrten. Da sich bald abzeichnete, daß Griechenland diesen aus eigenen Kräften nicht mehr verhindern konnte, vereinbarte die Regierung im Frühjahr 2010 ein Hilfspaket mit der EU, der Europäischen Zentralbank (EZB) sowie dem Internationalen Währungsfonds (IWF) im Umfang von 110 Milliarden Euro mit einer Laufzeit von drei Jahren. Griechenland verpflichtete sich im Gegenzug zu einem strikten Sparprogramm, mit dem das Haushaltsdefizit bis 2014 auf unter 3 % des Bruttoinlandprodukts gesenkt werden sollte. Wie sich bald zeigte, war diese Zielvorgabe unrealistisch. Sie beruhte auf einer Fehleinschätzung der Wirksamkeit des Sparprogramms und seiner Folgen für die griechische Volkswirtschaft, deren Strukturprobleme mit dem Euro nicht etwa verschwunden waren, sondern eher noch zugenommen hatten. Zweifeln an den Erfolgsaussichten des Programms begegnete man jedoch mit einem entschlossenen Zweckoptimismus, der sich auf seiten der EU vor allem darauf stützte, daß angesichts des Fehlens von Präzedenzfällen und Regularien die Risiken eines griechischen Ausfalls für die Eurozone nicht kalkulierbar waren. Dies beunruhigte um so mehr, als inzwischen auch andere Mitgliedsländer der Währungsunion ins Fadenkreuz der internationalen Finanzmärkte gerieten.

Im Rahmen dieses ersten sogenannten «Memorandums» führte die griechische Regierung eine Verwaltungsreform durch, kürzte Gehälter im öffentlichen Dienst und erhöhte die Mehrwertsteuer. Mit diesen Maßnahmen wurden die vorher getroffenen Sparvereinbarungen nur teilweise erfüllt. Sie trugen aber dazu bei, daß die seit 2008 ohnehin schrumpfende Wirtschaft noch weiter in die Rezession rutschte. Dies schlug sich rasch in einer deutlichen Zunahme privater Betriebsinsolvenzen und einem entsprechenden Anstieg der Arbeitslosenquote nieder. Im Hinblick auf die erklärten Reformziele entstand zudem ein regelrechter Teufelskreis, denn die Überschüsse, die man mit der Austeritätspolitik erzielte, wurden vom Einbruch der Wirtschaftsleistung mehr als absorbiert. Dadurch nahm aber die prozentuale Gesamtverschuldung des Staates nicht etwa ab, sondern kletterte im Gegenteil auf bis dahin unerreichte Höhen. Schon nach einem Jahr wurde offensichtlich, daß die bisher eingesetzten Mittel bei weitem nicht ausreichten und ein weiteres Hilfspaket nötig sein würde, wenn man einen Staatsbankrott vermeiden und das Land in der Eurozone halten wollte. Ein solches wurde bereits im Juli 2011 beschlossen und in den Folgemonaten weiter ausgearbeitet, um schließlich im März 2012 in Kraft zu treten. Es enthielt weitere Kreditzusagen in Höhe von 130 Milliarden Euro, deutliche Senkungen der Zinssätze bei gleichzeitiger Verlängerung der Laufzeiten sowie einen Schuldenschnitt von über 50 % auf griechische Staatsanleihen. Athen mußte dafür schärfere Kontrollen durch die aus Europäischer Kommission, EZB und IWF bestehende «Troika» sowie empfindliche Einschränkungen seiner Finanzhoheit akzeptieren.

Die Vorgaben dieses zweiten Memorandums hatten schon im Vorfeld erhebliche politische Verwerfungen in Griechenland hervorgerufen, denn der unter wachsendem öffentlichen Druck stehende Papandreou hatte Anfang November 2011 überraschend angekündigt, ein Plebiszit über das geplante Reformprogramm abhalten zu wollen. Damit wurde das nur kurz vorher in zähen Verhandlungen erreichte Übereinkommen wieder in Frage gestellt. Die europäischen Partner reagierten sofort mit Aussetzung der Zahlungen aus dem ersten Hilfspaket und zitierten den griechischen Ministerpräsidenten nach Brüssel, wo er gemaßregelt wurde. Das Plebiszit wurde daraufhin abgesagt und Papandreou übergab die Amtsgeschäfte einer Übergangsregierung unter Loukas Papadimos (* 1947). Mit seiner offensichtlichen Verzweiflungstat hatte Papandreou nicht nur das vorzeitige Ende seiner Ministerpräsidentschaft besiegelt, sondern auch eine tektonische Verschiebung im griechischen Parteiengefüge ausgelöst, wie es sich nach 1974 herausgebildet hatte. Die beiden großen Volksparteien ND und PASOK, die sich seit damals praktisch ein Regierungsmonopol geteilt hatten, erlitten in den Parlamentswahlen vom Mai und Juni 2012 erdrutschartige Verluste, während einige teils neugegründete, teils schon länger existierende Formationen erhebliche Zugewinne verzeichnen konnten. Das betraf neben der faschistischen «Goldenen Morgenröte» und den rechtspopulistischen «Unabhängigen Griechen» («Anexartitoi Ellines» bzw. «ANEL») vor allem die «Koalition der Radikalen Linken» («Synaspismos Rizospastikis Aristeras» bzw. «SYRIZA»), die 2004 aus dem eurokommunistischen «Synaspismos» hervorgegangen war und von ihrem bis dahin nur knapp über der Dreiprozenthürde liegenden Stimmanteil schlagartig zur zweitstärksten Kraft im Parlament aufstieg. Die Wahlen von 2012 brachen das etablierte Zweiparteiensystem auf, führten aber zunächst zu keinem politischen Umschwung, da die beiden abgestraften Altparteien eine gemeinsame Regierungskoalition bildeten. Neuer Ministerpräsident wurde der bereits aus dem makedonischen Namensstreit bekannte Antonis Samaras, der 2004 in die ND zurückgekehrt war und nach dem unrühmlichen Abgang von Karamanlis 2009 auch die Führung der Partei übernommen hatte.

Als Regierungschef sah sich Samaras mangels Alternativen dazu gezwungen, eben jene Austeritätspolitik fortzuführen, die er als Oppositionsführer noch heftig kritisiert hatte, um von der öffentlichen Verdrossenheit zu profitieren. Letztere speiste sich nicht zuletzt daraus, daß die Sparmaßnahmen in erster Linie als ein von außen aufgezwungenes Diktat betrachtet wurden und weniger als notwendiges Übel im eigenen Interesse. Diese Wahrnehmung war in der Bevölkerung weit verbreitet und wurde parteiübergreifend auch von den meisten Politikern des Landes nach Kräften gefördert. So waren die Rahmenbedingungen für nachhaltige Reformen denkbar ungünstig, zumal sich die Krise in der Folgezeit noch weiter zuspitzte. Während sich die Talfahrt der Wirtschaft unverändert fortsetzte, diskutierte man in Kreisen der Troika erstmals die Perspektive eines «Grexit», eines zeitweiligen oder dauerhaften Austritts Griechenlands aus der Eurozone. Das verschlimmerte die Lage zusätzlich, da es neue Unsicherheitspotentiale schuf. Aufgrund wachsender Zweifel an der Erreichbarkeit der vereinbarten Reformziele kam es im Herbst 2012 zu einer Anpassung des zweiten Hilfspakets in Form von weiteren Zinssenkungen und Laufzeitverlängerungen, wofür Griechenland seinerseits das mittlerweile fünfte Sparprogramm auflegte, auf das im April 2013 noch ein sechstes folgte. Dennoch kam keinerlei Entspannung in Sicht, sondern eher das Gegenteil: Die Wirtschaftsleistung erreichte nur noch drei Viertel des Standes von 2008, während der Gesamtschuldenstand auf über 170 % des Bruttoinlandsprodukts anstieg und die Arbeitslosenquote dauerhaft bei über 25 % festsaß. Gleichzeitig machten sich die sozialen Auswirkungen der Sparpolitik immer stärker bemerkbar, denn abgesehen von Gehalts- und Rentenkürzungen zielte diese vor allem auf die öffentliche medizinische Versorgung und bewirkte faktisch eine weitgehende Demontage des staatlichen Gesundheitssystems. Von seiten der Gläubiger wurde wiederholt geltend gemacht, daß das Lohn- und Rentenniveau trotz der Kürzungen immer noch deutlich über dem EU-Durchschnitt lag. Das mochte rechnerisch korrekt sein, berücksichtigte aber nicht, daß die reale Kaufkraft in Griechenland sich kaum von der in den stärksten Euroländern unterschied und trotz anhaltender Rezession nicht zunahm. Angesichts solcher Befunde stellte der IWF im Sommer 2013 fest, daß bei der bisherigen Rettungspolitik Fehler gemacht worden seien, da man falsche Entwicklungsprognosen für die griechische Volkswirtschaft zugrunde gelegt habe. Unklar blieb jedoch, welche Korrekturen notwendig bzw. möglich waren, denn die Meinungen darüber gingen weit auseinander und widersprachen sich zum Teil sogar grundlegend. Dies hing unter anderem damit zusammen, daß man das Problem nicht isoliert betrachten konnte, betraf es doch mittelbar das Schicksal der gesamten Eurozone und hatte im Hinblick auf deren Zukunft eine weit über die griechischen Staatsschulden hinausreichende Dimension.

Medienecho und Stereotypenbildung

Je mehr die Griechenlandkrise zum festen Bestandteil des internationalen Nachrichtenalltags wurde, desto stärker wuchs der Bedarf nach einer Untersuchung ihrer Hintergründe. Das galt nicht zuletzt für Deutschland, das als wirtschaftliche Führungsmacht der Eurozone besonders eingebunden war und wo man stärker als in den meisten anderen Mitgliedsländern dazu neigte, den griechischen Finanzkollaps in Kategorien einer moralischen Verfehlung zu deuten. Den Stoff für solche Interpretationen lieferten Journalisten in Zusammenarbeit mit mehr oder weniger ausgewiesenen Experten, die nun Gelegenheit bekamen, «Griechenland zu erklären», dabei aber nicht selten der Versuchung erlagen, persönliche Urlaubsimpressionen mit fundierter Sachkenntnis zu verwechseln. Auf diese Weise kam es, neben der Aufdeckung von echten Mißständen, auch zu einer beachtlichen Produktion von Halbwissen über die Unzulänglichkeiten des griechischen Staatswesens, das sich in der öffentlichen Wahrnehmung schnell verfestigte. So prangerte man etwa das Fehlen eines zentralen Katasteramtes an und suggerierte damit, daß es in Griechenland angeblich keinerlei amtliche Registrierung von Grund und Boden gebe; oder man empörte sich über die weitgehende Steuerfreiheit griechischer Reeder und ignorierte dabei, daß solche aufgrund der Besonderheiten dieses Gewerbes praktisch überall auf der Welt besteht.

Diese Art von Berichterstattung beförderte die Skandalisierung des Themas und schuf die Grundlage für ein Narrativ, das die Ursachen der Krise weniger in den Mechanismen von internationalem Finanzkapitalismus und globalisierter Marktwirtschaft sowie strukturellen Entwicklungsgefällen innerhalb des Euroraumes verortete, sondern sie in erster Linie auf die politische Kultur des Landes und die Mentalität seiner Bewohner zurückführte. Da jedoch substantielle Kenntnisse über Geschichte und Kultur des neueren Griechenland rar waren, kam es dabei zur Wiederbelebung von uralten Klischees des europäischen Orientalismus aus der Kolonialzeit. In vulgärer Form, die von Kritikern zu Recht als «Griechen-Bashing» gebrandmarkt wurde, äußerte sich das in Darstellungen der Griechen als eines Volkes von betrügerischen Faulenzern, die sich mit levantinischer List Zugang zum Euroraum erschlichen hatten, um in parasitärer Weise an einem Wohlstand teilzuhaben, den sie schlichtweg nicht verdienten. In akademisch verbrämter Version geschah es mit kulturologischen Projektionen von einem vermeintlich «orientalischen» Charakter des griechischen Volkes, der durch die jahrhundertelange osmanische Fremdherrschaft noch verstärkt worden sei und nach der Unabhängigkeit die Entwicklung eines «europäisch» funktionierenden Staatswesens verhindert habe – wobei man freilich die erheblichen Integrations- und Modernisierungsleistungen Griechenlands im 20. Jahrhundert bewußt übersah. In diesem Zusammenhang wurde insbesondere der Klientelismus, den man in konsequenter Nichtbeachtung der internationalen Forschung über dieses Thema als Kulturspezifikum deklarierte, zu einem regelrechten Mantra für die Deutung sämtlicher Defizite der griechischen Gesellschaft erhoben. Da klientelistische Praktiken in Griechenland tatsächlich weit verbreitet sind und ein Hindernis für das Funktionieren der staatlichen Institutionen bilden, erschien das zunächst auch plausibel – jedenfalls solange man ausblendete, daß es im europäischen Gesamtvergleich eher die Regel als die Ausnahme darstellt. Somit schien eine einfache Erklärung für das offensichtlich komplexe Problem vorzuliegen. Das war zweifellos bequem, erwies sich aber bei näherer Betrachtung als wenig hilfreich, denn der allgemeine Verweis auf einen angeblich kulturbedingten und entsprechend veränderungsresistenten Klientelismus ist nicht nur analytisch fragwürdig, sondern bietet auch keinerlei konstruktive Lösungsansätze. Im Ergebnis trug das Klientelismus-Mantra daher weniger zum Verständnis der Krise bei, als daß es die emotionale Aufladung des Themas befeuerte. Diese war vor allem in den deutschen Medien zu beobachten, wo das Land inzwischen nicht mehr nur als schwarzes Schaf in der Eurozone, sondern gar als «Failed State» («gescheiterter Staat») stigmatisiert wurde. Griechenland erhielt gewissermaßen die Rolle einer «Bad Bank» für das symbolische Kapital eines Europas der wohlgeordneten und ökonomisch stabilen Gemeinwesen just zu einer Zeit, da eben dieses Bild in der Realität immer tiefere Risse bekam.

Mediale Stereotypenbildungen als Begleitmusik der Krise wurden aber auch in Griechenland eifrig betrieben. Hier schlugen sie sich in der Konstruktion von Feindbildern nieder, zu deren plastischer Untermauerung man mit Vorliebe auf Nazivergleiche zurückgriff. Daran war an sich nichts Neues, denn derartige Vergleiche gehörten schon seit Jahrzehnten zum Repertoire politischer Straßenpolemik, so etwa während des Kosovo-Krieges 1999 gegen die USA und die NATO, oder auch schon während des Zypernkonflikts der 1950er Jahre gegen die britische Kolonialherrschaft. Wie diese Beispiele zeigen, waren die dabei artikulierten Ressentiments durchaus nicht deutschlandspezifisch, sondern hatten eher eine allgemein antiwestliche Stoßrichtung. In der aktuellen Konstellation der Krise änderte sich das jedoch, da die Verantwortung für die von der Troika überwachten Sparprogramme vor allem auf Deutschland projiziert wurde, das seine rigide Haltung in dieser Sache auch tatsächlich offener zeigte als die übrigen europäischen Partner. Damit erhielt es die Rolle eines Sündenbocks für die griechische Misere, was seinen augenfälligsten Ausdruck in der Darstellung deutscher Spitzenpolitiker in NS-Uniformen fand. Diese Entwicklung war schon 2012 zu beobachten, sollte aber drei Jahre später noch eine deutliche Verschärfung erleben.

Regierungswechsel 2015 und Eskalation der Krise

Allen Unkenrufen zum Trotz setzte Anfang 2014 eine leichte Erholung der griechischen Wirtschaft ein, womit sich nach Jahren des ununterbrochenen Niedergangs erstmals ein zarter Hoffnungsschimmer abzeichnete. Tatsächlich gelang es Griechenland im April des Jahres, wieder an die internationalen Kapitalmärkte zurückzukehren und eine Staatsanleihe mit akzeptabler Rendite aufzulegen. Ministerpräsident Samaras verkündete daraufhin sogleich, daß die Talsohle nunmehr durchschritten sei und damit auch die Zeit der Memoranden zu Ende gehe. Diese Prognose war angesichts des in Wahrheit noch sehr fragilen Aufschwungs voreilig. Die Regierung beließ es zudem nicht bei euphorischen Ankündigungen, sondern begann bald, ihre unpopuläre Austeritätspolitik zu lockern. Dadurch geriet das Reformprogramm, das bei all seinen Unzulänglichkeiten endlich die erwünschte Wirkung zu zeigen schien, in der zweiten Jahreshälfte aus dem Tritt, und die bis dahin erzielten Stabilisierungserfolge wurden wieder aufs Spiel gesetzt. Dieser Kurswechsel beruhte nicht nur auf übertriebenem Optimismus, sondern folgte vor allem machtpolitischen Erwägungen. Samaras wollte damit dem gewaltigen Popularitätszuwachs der SYRIZA und ihres Vorsitzenden Alexis Tsipras (* 1974) entgegenwirken, der sich spätestens seit den Europawahlen vom Mai 2014 deutlich abzeichnete. Der Versuch war jedoch zwecklos. Tsipras konnte als Führer der stärksten Oppositionsfraktion die im Dezember des Jahres anstehende Wahl des Staatspräsidenten scheitern lassen und damit vorgezogene Parlamentswahlen erzwingen. Diese gewann er im Januar 2015 erwartungsgemäß mit großem Vorsprung, womit der nächste Akt im griechischen Drama eröffnet wurde.

Als jüngster Ministerpräsident in der Geschichte des Landes verkündete Tsipras in seiner Regierungserklärung vollmundig, daß er die durch die «Barbarei der Reformagenda» verletzte Würde des griechischen Volkes wiederherstellen werde und damit zugleich den Auftakt zur Befreiung der übrigen unter Finanzknechtschaft stehenden Völker Europas setzen wolle. Daher kündigte er kurzerhand die Zusammenarbeit mit der Troika auf und ächtete sogar ihren Namen. Dies ließ er publikumswirksam durch seinen Finanzminister Yanis Varoufakis (* 1961) mitteilen, einen Wirtschaftsprofessor und passionierten Selbstdarsteller, der in der Folgezeit auf diesem Gebiet weit größeres Talent an den Tag legte als in der diplomatischen Kommunikation mit seinen europäischen Amtskollegen. Für die Vertretung griechischer Interessen erwies sich das als unvorteilhaft und sogar gefährlich, denn das Laufzeitende des zweiten Hilfsprogramms stand kurz bevor und das Land befand sich nach Aufkündigung der Zusammenarbeit mit der Troika finanziell im freien Fall, zumal auch die Wirtschaftsdaten wieder eingebrochen waren.

Die neue Regierung nahm dies jedoch billigend in Kauf, weil sie darauf spekulierte, daß die europäischen Partner es schon nicht zum Äußersten, also zu einem unkontrollierten Staatsbankrott kommen lassen würden. Auf Basis dieses Kalküls verfolgte die Tsipras-Administration eine Strategie, die weniger auf eine direkte Einigung mit den Gläubigern abzielte als auf die Mobilisierung öffentlicher Unterstützung, um dadurch indirekten Druck auf die Regierungen der Partnerländer auszuüben. Dies versuchte sie durch emotionale Eskalation des Themas zu erreichen und zog dafür sämtliche Register. Im europäischen Ausland verwies man vor allem auf die Ideale von Demokratie und Solidarität der Völker, die von EU-Technokraten zugunsten eines zynischen, neoliberalen Finanzkapitalismus verraten worden seien. Man sprach sogar von einer humanitären Krise als Folge der unmenschlichen Sparpolitik, für die man die mittlerweile in «Institutionen» umgetaufte Troika verantwortlich machte. Innerhalb Griechenlands legte man den Akzent dagegen eher auf Botschaften, die sich an das Nationalgefühl der Bürger richteten. Die Sparpolitik wurde hier nicht nur als grausam dargestellt, sondern auch als perfides Mittel zur Unterdrückung und Demütigung des griechischen Volkes. Mit der Unterzeichnung der Memoranden hätten sich die korrupten Vorgängerregierungen zu Handlangern ausländischer Interessen gemacht und die Souveränität Griechenlands aufgegeben, welche es nun wiederzugewinnen gelte. In diesem Narrativ erschienen die europäischen Verbündeten weniger als Partner, sondern vielmehr als feindliche Mächte, die es auf die Knechtung der Nation abgesehen hatten. Das betraf insbesondere die wirtschaftlich starken Euroländer und folglich an erster Stelle Deutschland, das ohnehin schon einen prominenten Platz in der Galerie der nationalen Feindbilder einnahm.

Die Regierung beförderte in den ersten Monaten nach ihrem Amtsantritt gezielt antideutsche Ressentiments, indem sie unter anderem Wiedergutmachungsansprüche aus dem Zweiten Weltkrieg geltend machte, die auch schon in der Vergangenheit immer wieder Spannungen im griechisch-deutschen Verhältnis hervorgerufen hatten. Es handelt sich dabei um ein moralisch sensibles und juristisch komplexes Thema, das entgegen der offiziellen Position der Bundesrepublik bis heute nicht als endgültig geklärt gelten kann. Zumindest im Hinblick auf eine Besatzungsanleihe, die im März 1942 auf deutsches Betreiben erhoben wurde, läßt sich die grundsätzliche Berechtigung griechischer Ansprüche kaum bestreiten, wenn es auch schwierig werden dürfte, deren Höhe exakt zu berechnen; denn diese Anleihe war eine in keinem anderen von den Achsenmächten besetzten Land praktizierte Ausbeutungsmaßnahme, die den Charakter eines Zivilvertrags hatte und als solcher weder der Verjährung unterliegt noch als Wiedergutmachung oder Reparation zu behandeln ist.

Ohne derartige Details näher zu diskutieren, präsentierte die SYRIZA-Regierung im Frühjahr 2015 eine auf zweifelhafter Datengrundlage erstellte Gesamtrechnung deutscher Besatzungsschulden, die sie zudem mit der aktuellen Finanzproblematik koppelte. Dieses Vorgehen wurde zu Recht als deplaziert kritisiert und ließ erkennen, daß es ihr dabei offenbar weniger um eine sachliche Klärung als um eine effektvolle Inszenierung ging.

Der öffentlichen Zustimmung im Lande war diese Art von Politik durchaus zuträglich, denn tatsächlich stiegen die Popularitätswerte von Tsipras deutlich an. Auf europäischem Verhandlungsparkett war die Wirkung allerdings gegenteilig, da man das populistische Getöse aus Athen dort als zunehmend strapaziös empfand und um so weniger bereit war, sich gegenüber Griechenland nachgiebig zu zeigen. Abgesehen davon hatte die Regierung, nachdem das zweite Hilfsprogramm im Februar vorläufig verlängert worden war, wiederholt Zusagen gebrochen, was einen erheblichen Vertrauensverlust bewirkte und dazu führte, daß ihre Glaubwürdigkeit bald auch ganz offen in Frage gestellt wurde. So verstrich die Zeit mit ergebnislosen Verhandlungen in schärfer werdender Tonlage, während das Ende der Fristverlängerung und mit ihr die Perspektive eines unkontrollierten Staatsbankrotts immer näher rückte. Der schon länger diskutierte «Grexit» wurde damit zu einer akuten Gefahr und hätte zweifellos fatale Folgen gehabt, denn ohne Devisen war das Land nicht in der Lage, eine tragfähige eigene Währung auszugeben.

In dieser Situation entschloß sich Tsipras zu einem Manöver, das einen neuen Höhepunkt populistischer Dramaturgie markieren sollte. Ende Juni brach er die Verhandlungen mit der EU ab und kündigte überraschend ein Plebiszit an, das zehn Tage später stattfinden sollte und in dem die Bürger aufgerufen wurden, über die Forderungen der europäischen Gläubiger abzustimmen. Dieses erste Referendum seit dem Monarchie-Plebiszit von 1974 war verfassungsrechtlich höchst bedenklich, da die Kürze der anberaumten Frist und der Mangel an Informationen es den Wählern praktisch unmöglich machten, sich eine qualifizierte Meinung über die Materie zu bilden, deren Komplexität sogar einige Berufspolitiker überforderte. Überdies verletzte Tsipras das Neutralitätsgebot, indem er dazu aufrief, mit «Nein» zu stimmen und damit das «Ultimatum» der Gläubiger abzulehnen. Von einem Ultimatum konnte zwar in Wirklichkeit gar keine Rede sein, aber in Kombination mit dem «Nein» entfaltete dieser Begriff eine erhebliche emotionale Wirkung, verwies er doch für jeden Griechen unübersehbar auf das legendäre «Ochi» («Nein»), das Griechenland 1940 dem Ultimatum der faschistischen Achsenmächte entgegnet hatte. Das Plebiszit wurde damit zu einer Frage der nationalen Ehre erhoben, und es entsprach dieser Wahrnehmung, daß Befürworter eines «Ja» gelegentlich sogar als «Germanotsoliades», eine Bezeichnung für Kollaborateure der Deutschen im Zweiten Weltkrieg, beschimpft wurden. Die Abstimmung brachte mit 61 % eine deutliche Mehrheit der Nein-Stimmen. Dieses Ergebnis wurde als Triumph der Demokratie gefeiert, stellt sich bei nüchterner Betrachtung aber eher als ein Punktsieg des Hurrapatriotismus dar. Auch blieb es politisch folgenlos, wenn man einmal davon absieht, daß es Tsipras Gelegenheit gab, sich von Varoufakis zu trennen, was ein wichtiger Schritt für die Wiedererlangung der diplomatischen Handlungsfähigkeit Griechenlands war. Tatsächlich vollzog der Initiator des Plebiszits nur eine Woche später eine radikale Kehrtwende, die dem Votum der Wähler geradezu Hohn sprach.

Allerdings hatte sich die finanzielle Lage inzwischen dramatisch zugespitzt. Seit Anfang Juli galt das Land offiziell als zahlungsunfähig, und der Geldverkehr wurde nur noch mit europäischen Überbrückungskrediten und Not-Liquiditätshilfen aufrechterhalten. Ferner hatte man Kapitalverkehrskontrollen einrichten müssen, um die massive Geldflucht zu stoppen, die seit Monaten im Gang war und in merkwürdigem Widerspruch zu den hohen Popularitätswerten der Regierung stand. Nach einem nervenaufreibenden Verhandlungsmarathon wurde Mitte Juli in Brüssel eine Einigung im Sinne der Gläubiger erzielt, bei der sich Tsipras zu umfangreichen Reformmaßnahmen bereiterklärte. Diese wurden tags darauf vom griechischen Parlament verabschiedet, was freilich nur mit den Stimmen der Opposition ermöglicht wurde, da die SYRIZA-Fraktion sich darüber spaltete. Einen Monat später wurde ein drittes Hilfsprogramm in Höhe von 86 Milliarden Euro mit dreijähriger Laufzeit unterzeichnet, das teilweise härtere Bedingungen enthielt als das vorangegangene, welches wegen des griechischen Abbruchs der Verhandlungen nicht beendet worden war. Durch den Verlust ihrer Mehrheit sah sich die Regierung jedoch zum Rücktritt und zur Ausrufung von Neuwahlen gezwungen, die im September 2015 stattfanden. Die zuvor abgespaltenen Kräfte der SYRIZA gingen dabei eigene Wege und kehrten in die ihnen vertraute parlamentarische Bedeutungslosigkeit zurück. Der Regierungsauftrag für Tsipras wurde hingegen eindeutig bestätigt, was in Anbetracht der Leistungsbilanz seiner vorangegangenen Amtsperiode durchaus erstaunen mag. Es zeigt jedoch, daß die Frustration über die jahrzehntelange Mißwirtschaft der Altparteien noch sehr tief saß und schwerer wog als die Enttäuschung über das Platzen der linkspopulistischen Illusionen. Mancher zog es wohl auch vor, der von Tsipras angebotenen Heldenerzählung zu folgen, er habe in ungleichem Kampf gegen übermächtige Gegner das Bestmögliche erreicht, als sich mit der schlichten Erkenntnis abzufinden, daß seine Vabanquepolitik gescheitert war und dem Land sehr geschadet hatte.

Von der griechischen zur europäischen Krise

Durch die Eskalation der griechischen Finanzkrise in der ersten Jahreshälfte 2015 geriet ein anderes Problem aus dem Blickfeld der öffentlichen Aufmerksamkeit, mit dem das Land zur selben Zeit konfrontiert war. Das betraf den gewaltigen Zustrom von Flüchtlingen über die Ägäis, der bis zum Sommer einen beispiellosen Anstieg erlebte. In Kombination mit der fortgesetzten wirtschaftlichen Misere schuf dies denkbar ungünstige Voraussetzungen für eine nachhaltige Flüchtlings- und Einwanderungspolitik, wie sie SYRIZA bei Regierungsantritt angekündigt hatte. Vielmehr zeigte sich, daß die staatliche Infrastruktur nicht einmal über die Kapazitäten verfügte, um elementare Dienstleistungen wie die Registrierung und humanitäre Versorgung der in die Hunderttausende gehenden Neuankömmlinge hinreichend zu gewährleisten. Das wurde auch in der Folgezeit nicht besser, obwohl sich mit der zeitweiligen Öffnung der Grenzen im Herbst 2015 die Lage vorübergehend etwas entspannte, denn die meisten Menschen zogen nun über die sogenannte Balkanroute in Richtung Nordwesten weiter. Damit kam die Flüchtlingskrise physisch wie auch mental im Zentrum Europas an, womit dort zugleich die Einsicht an Boden gewann, daß sie nicht nur ein «geographisches Problem» der Länder an der Südperipherie darstellte, sondern eine gesamteuropäische Herausforderung von globaler Dimension. Sie ist von einer Bewältigung noch weit entfernt, zumal sich das im März 2016 zwischen der EU und der Türkei abgeschlossene Flüchtlingsabkommen in der Praxis nur sehr bedingt bewährt hat und im Februar 2020 von Ankara offen gebrochen wurde. Die massenhafte Zuwanderung als Teil weltweiter Migrationsbewegungen liefert zudem Zündstoff für das Wiedererstarken fremdenfeindlicher Nationalismen rechtsautoritärer Prägung, die sich offen gegen das Projekt der europäischen Integration stellen und langfristig sogar den Bestand der EU gefährden könnten.

Vor dem Hintergrund dieser Entwicklungen wurde Griechenland von vielen Beobachtern nur als eines der vielen Probleme wahrgenommen, mit denen Europa aktuell zu kämpfen hat. Diese Betrachtungsweise mochte in mancherlei Hinsicht berechtigt sein, übersah aber, daß die griechische Gesellschaft in den Jahren der Krise auch große Stärken gezeigt hat, die für die Frage der zukünftigen Entwicklung Europas durchaus von Bedeutung sind. Dazu gehört etwa die Tatsache, daß sich die Fremdenfeindlichkeit in Griechenland insgesamt in vergleichsweise engen Grenzen hält. Das ist unter den gegebenen Umständen keineswegs selbstverständlich und erscheint um so bemerkenswerter, als anderswo in Europa heute schon die bloße Perspektive eines Zuzugs fremder Menschen gewalttätige Reaktionen in der Bevölkerung auslöst. Auch hat der Islamismus in dem Land, in dem seit seinem Bestehen Muslime als Minderheit leben, offensichtlich keine Chance. Ferner läßt sich zehn Jahre nach Einzug einer faschistischen Partei ins Parlament feststellen, daß der Rechtsradikalismus zwar auch in Griechenland stärker geworden ist, aber anders als seinerzeit befürchtet sicherlich keine ernsthafte Bedrohung für die freiheitliche Zivilgesellschaft und das demokratische System darstellt. Diese erweisen sich vielmehr als stabil und widerstandsfähig, was gegenwärtig nicht von allen Staaten der EU und ihrer direkten Nachbarschaft gesagt werden kann. Während der Populismus heute weltweit große Erfolge feiern kann, erlebte er in Griechenland nach den Septemberwahlen von 2015 einen spürbaren Konjunkturverfall, was nicht zuletzt mit der Ernüchterung zusammenhing, die auf die Entzauberung der radikalen Linken folgte. Ebenso besteht in der Bevölkerung trotz aller Frustrationen nach wie vor eine breite, wenn auch leicht zurückgegangene Zustimmung zur EU. Angesichts der unverändert schwierigen wirtschaftlichen Lage läßt sich dies kaum noch allein mit der Wohlstandsperspektive erklären, für die die Union in den Augen vieler Menschen einmal stand; vielmehr dokumentiert es die tiefe Verwurzelung der europäischen Werte in der griechischen Gesellschaft. Mittlerweile gibt es deutliche Zeichen dafür, daß das Land aus der Finanzkrise der 2010er Jahre letztlich gestärkt hervorgegangen ist und das Potential hat, seinen Beitrag für die Zukunft Europas zu leisten.

Weiterführende Literatur

Nikos Alivizatos: Το σύνταγμα και οι εχθροί του στη νεοελληνική ιστορία 1800–2010. Athen 2011

Christina Argiantoni: Οι απαρχές της εκβιομηχανοποίησης στην Ελλάδα τον 19ο αιώνα. Athen 1986

Gerasimos Augustinos: Consciousness and History. Nationalist Critics on Greek Society 1897–1912. New York 1977

Efi Avdela / Raymondos Alvanos u.a. (Hgg.): Η Ελλάδα στο Μεσοπόλεμο. Μετασχηματισμοί και διακυβεύματα. Athen 2017

Manos Avgeridis / Efi Gazi / Kostis Kornetis (Hgg.): Μεταπολίτευση. Η Ελλάδα στο μεταίχμιο δύο αιώνων. Athen 2015

Lars Baerentzen / Giannis Iatridis / Ole Smith (Hgg.): Μελέτες για τον εμφύλιο πόλεμο 1945–1949. Athen 2002

Roderick Beaton: Greece. Biography of a Modern Nation. London 2019

Martin Blinkhorn / Thanos Veremis (Hgg.): Modern Greece: Nationalism and Nationality. Athen 1990

David Brewer: Greece. The Hidden Centuries. Turkish Rule from the Fall of Constantinople to Greek Independence. London 2010

Philip Carabott (Hg.): Greek Society in the Making, 1863–1913. Realities, Symbols and Visions. Aldershot 1997

Philip Carabott / Thanasis Sfikas (Hgg.): The Greek Civil War. Essays on a Conflict of Exceptionalism and Silences. London 2004

Menelaos Charalampidis: Δεκεμβριανά 1994. Η μάχη της Αθήνας. Athen 2014

Ioannis Chasiotis: Επισκόπηση της ιστορίας της νεοελληνικής διασποράς. Thessaloniki 1993

Christos Chatziiosif (Hg.): Ιστορία της Ελλάδας του 20ού αιώνα. 8 Bde. Athen 2000–2009

Richard Clogg (Hg.): The Movement for Greek Independence 1770–1821. A collection of documents. London 1976

Richard Clogg (Hg.): Greece, 1981–89: The Populist Decade. New York 1993

Richard Clogg (Hg.): The Greek Diaspora in the Twentieth Century. London 2001

Richard Clogg (Hg.): Minorities in Greece. Aspects of a Plural Society. London 2001

Douglas Dakin: The Greek Struggle in Macedonia 1897–1913. Thessaloniki 1966

Georgios Dertilis: Ιστορία του ελληνικού κράτους 1830–1920. 8. Auflage Heraklion 2014

Evdoxios Doxiadis: State, Nationalism, and the Jewish Communities of Modern Greece. London 2018

Hagen Fleischer: Im Kreuzschatten der Mächte. Griechenland 1941–1944 (Okkupation – Resistance – Kollaboration). 2 Bde. Frankfurt/M. 1986

Alexis Frangiadis: Ελληνική οικονομία, 19ος–20ός αιώνας. Από τον Αγώνα της Ανεξαρτησίας στην Οικονομική και Νομισματική Ένωση της Ευρώπης. Athen 2007

George Frangos: The Philike Etaireia, 1814–1821: A Social and Historical Analysis. PhD Columbia University 1971

Charles Frazee: The Orthodox Church and Independent Greece 1821–1852. Cambridge 1969

Thomas Gallant: The Edinburgh History of the Greeks, 1768 to 1913. The Long Nineteenth Century. Edinburgh 2015

Basil Gounares / Ioannis Stefanidis (Hgg.): Demon Entrepreneurs: Refashioning the ‹Greek Genius› in Modern Times. London 2022

Gelina Harlaftis: A History of Greek Owned Shipping: the Making of an International Tramp Fleet, 1830 to the Present Day. London 1996

Evanthis Hatzivassiliou: Greece and the Cold War. Frontline State 1952–1967. London 2006

Gunnar Hering: Die politischen Parteien in Griechenland (1821–1936). 2 Bde. München 1992

Robin Higham / Thanos Veremis (Hgg.): Aspects of Greece 1936–1940. The Metaxas Dictatorship. Athen 1993

Renée Hirschon (Hg.): Crossing the Aegean. An Appraisal of the 1923 Compulsory Population Exchange between Greece and Turkey. New York 2004

Nicole Immig: Zwischen Partizipation und Emigration. Muslime in Griechenland 1878–1897. Wiesbaden 2015

Halil Inalcik / Donald Quataert (Hgg.): An Economic and Social History of the Ottoman Empire 1300–1914. Cambridge 1994

Chryssoula Kambas / Marilisa Mitsou (Hgg.): Die Okkupation Griechenlands im Zweiten Weltkrieg. Griechische und deutsche Erinnerungskultur. Wien 2015

Paschalis Kitromilides: Enlightenment, Nationalism, Orthodoxy. Studies in the Culture and Political Thought of South-Eastern Europe. Aldershot 1994

Paschalis Kitromilides: Νεοελληνικός Διαφωτισμός. Οι πολιτικές και κοινωνικές ιδέες. Athen 1996

Paschalis Kitromilides (Hg.): Eleftherios Venizelos. The Trials of Statesmanship. Edinburgh 2006

Paschalis Kitromilides (Hg.): Adamantios Korais and the European Enlightenment. Oxford 2010

Paschalis Kitromilides / Constantinos Tsoukalas (Hgg.): The Greek Revolution: A Critical Dictionary. Cambridge/Mass. 2021

Ulf-Dieter Klemm / Wolfgang Schultheiss (Hgg.): Die Krise in Griechenland. Ursprünge, Verlauf, Folgen. Frankfurt/M. 2015

John Koliopoulos: Brigands with a Cause: Brigandage and Irredentism in Modern Greece 1821–1912. Oxford 1987

John Koliopoulos / Thanos Veremis: Modern Greece. A History since 1821. Oxford 2010

Paraskevas Konortas: Οθωμανικές θεωρήσεις για το Οικουμενικό Πατριαρχείο. Βεράτια για τους προκαθήμενους της Μεγάλης Εκκλησίας (17ος–αρχές 20ού αιώνα). Athen 1998

Kostas Kostis / Sokratis Petmezas (Hgg.): Η ανάπτυξη της ελληνικής οικονομίας κατά τον 19ο αιώνα (1830–1914). Athen 2006

Kostas Kostis: Τα κακομαθημένα παιδιά της ιστορίας. Η διαμόρφωση του νεοελληνικού κράτους 18ος–21ος αιώνας. Athen 2013

Dimitris Kousouris: Δίκες των δοσίλογων 1944–1949. Δικαιοσύνη, συνέχεια του κράτους και εθνική μνήμη. Athen 2014

Dimitris Kousouris: L'histoire des procès des collaborateurs en Grèce (1944–1949). Paris 2017

Katerina Kralova: Das Vermächtnis der Besatzung. Deutsch-griechische Beziehungen seit 1940. Wien 2016

John Lampe / Marvin Jackson: Balkan Economic History, 1550–1950. From Imperial Borderlands to Developing Nations. Bloomington 1982

Cay Lienau: Griechenland. Geographie eines Staates an der europäischen Südperipherie. Darmstadt 1989

Michalis Lymperatos: Μετά τον εμφύλιο. Πολιτικές διαδικασίες και κοινωνική πόλωση στις απαρχές της προδικτατορικής περιόδου. Athen 2015

Peter Mackridge: Language and National Identity in Greece: 1766–1976. New York 2009

Nikos Marantzidis (Hg.): Οι άλλοι καπετάνιοι. Αντικομμουνιστές ένοπλοι στα χρόνια της κατοχής και του εμφυλίου. Athen 2005

Giorgos Margaritis: Ιστορία του Ελληνικού Εμφυλίου Πολέμου 1946–1949. 2 Bde. Athen 2000–2001

Giorgos Margaritis: Ανεπιθύμητοι συμπατριώτες. Athen 2005

George Mavrogordatos: Stillborn Republic. Social Coalitions and Party Strategies in Greece, 1922–1936. Los Angeles 1983

Giorgos Mavrogordatos: 1915. Ο Εθνικός Διχασμός. Athen 2015

Mark Mazower: Greece and the Inter-War Economic Crisis. Oxford 1991

Mark Mazower: Inside Hitler's Greece. The Experience of Occupation, 1941–1944. New Haven 1993

Mark Mazower (Hg.): After the War was over. Reconstructing the Family, Nation and State in Greece, 1943–1960. Princeton 2000

Mark Mazower: Salonica. City of Ghosts. Christians Muslims and Jews 1430–1950. London 2004

Mark Mazower (Hg.): Networks of Power in Modern Greece. Essays in Honour of John Campbell. London 2008

Marc Mazower: The Greek Revolution. 1821 and the Making of Modern Europe. London 2021

Meletis Meletopoulos: Η δικτατορία των συνταγματαρχών. Κοινωνία, ιδεολογία, οικονομία. Athen 2008

Anestis Nessou: Griechenland 1941–1944. Deutsche Besatzungspolitik und Verbrechen gegen die Zivilbevölkerung – eine Beurteilung nach dem Völkerrecht. Göttingen 2009

Ilias Nikolakopoulos: Η καχεκτική δημοκρατία. Κόμματα και εκλογές, 1946–1967. Athen 2001

Takis Pappas: Λαϊκισμός και κρίση στην Ελλάδα. Athen 2015

Demetrios Pentzopoulos: The Balkan Exchange of Minorities and its Impact on Greece. London 2002

Marina PETRAKIS: The Metaxas-Myth. Dictatorship and Propaganda in Greece. London 2006

John PETROPOULOS: Politics and Statecraft in the Kingdom of Greece 1833–1843. Princeton 1968

Alexis POLITIS: Ρομαντικά χρόνια. Ιδεολογίες και Νοοτροπίες στην Ελλάδα του 1830–1880. Athen 1993

Heinz RICHTER: Kurze Geschichte des modernen Zypern, 1878–2009. Mainz 2010

David RICKS / Paul MAGDALINO (HGG.): Byzantium and the Modern Greek Identity. London 1998

Oliver SCHULZ: Ein Sieg der zivilisierten Welt? Die Intervention der europäischen Großmächte im griechischen Unabhängigkeitskrieg (1826–1832). Berlin 2011

Elli SKOPETEA: Το «πρότυπο Βασίλειο» και η Μεγάλη Ιδέα. Όψεις του εθνικού προβλήματος στην Ελλάδα (1830–1880). Athen 1988

Elli SKOPETEA: Η Δύση της Ανατολής. Εικόνες από το τέλος της Οθωμανικής Αυτοκρατορίας. Athen 1992

Adamantios SKORDOS: Griechenlands Makedonische Frage. Bürgerkrieg und Geschichtspolitik im Südosten Europas 1945–1992. Göttingen 2012

Dimitris SOTIROPOULOS: Η κορυφή του πελατειακού κράτους. Οργάνωση, στελέχωση και πολιτικοποίηση των ανώτερων βαθμίδων της Κεντρικής Διοίκησης στην Ελλάδα. 1974–2000. Athen 2001

Susanne-Sophia SPILIOTIS: Transterritorialität und nationale Abgrenzung. Konstitutionsprozesse der griechischen Gesellschaft und Ansätze ihrer faschistoiden Transformation, 1922/24–1941. München 1998

Ioannis STEFANIDIS: Stirring the Greek Nation. Political Culture, Irredentism and Anti-Americanism in Post-War Greece, 1945–1967. Ashgate 2007

Anna TRIANTAFYLLIDOU / Thanos MAROUKIS (HGG.): Η μετανάστευση στην Ελλάδα του 21ου αιώνα. Athen 2010

Anna TRIANTAFYLLIDOU / Ruby GROPAS / Hara KOUKI (HGG.): The Greek Crisis and European Modernity. Basingstoke 2013

Pavlos TZERMIAS: Geschichte der Republik Zypern. Mit Berücksichtigung der historischen Entwicklung der Insel während der Jahrtausende. 4. Auflage Tübingen 2004

Dimitris TZIOVAS (HG.): Greece and the Balkans. Identities, Perceptions and Cultural Encounters since the Enlightenment. Aldershot 2003

Dimitris Tziovas (Hg.): Greek Diaspora and Migration since 1700. Society, Politics and Culture. Ashgate 2009

George Tzogopoulos: The Greek Crisis in the Media. Stereotyping in the International Press. Ashgate 2013

Thanos Veremis: The Military in Greek Politics. From Independence to Democracy. London 1997

Giannis Voulgaris: Η Ελλάδα της Μεταπολίτευσης, 1974–1990. Σταθερή δημοκρατία σημαδεμένη από την μεταπολεμική ιστορία. Athen 2008

Anastasia Yiangou / George Kazamias / Robert Holland (Hgg.): The Greeks and the British in the Levant, 1800–1960s. Between Empires and Nations. London 2016

Katerina Zacharia (Hg.): Hellenisms. Culture, Identity and Ethnicity from Antiquity to Modernity. Ashgate 2008

Ioannis Zelepos: Die Ethnisierung griechischer Identität 1870–1912. Staat und private Akteure vor dem Hintergrund der «Megali Idea». München 2002

Ioannis Zelepos: Orthodoxe Eiferer im osmanischen Südosteuropa. Die Kollyvadenbewegung (1750–1820) und ihr Beitrag zu den Auseinandersetzungen um Tradition, Aufklärung und Identität. Wiesbaden 2012

Bild- und Kartennachweis

Die Karten wurden von cartomedia, Angelika Solibieda, gefertigt.
S. 28, 105: American School of Classical Studies at Athens, Gennadius Library (Photo S. 105: Jean Leune)
S. 33: Aus Georgios Chatzopoulos / Ioannis Bastias (Hgg.): Ιστορία του Ελληνικού Έθνους. Bd. 11, Athen 1975, S. 434
S. 47: Aus Georgios Chatzopoulos / Ioannis Bastias (Hgg.): Ιστορία του Ελληνικού Έθνους. Bd. 12, Athen 1975, S. 415; Pinakothek der Gemeinde Messolongi
S. 78: Georgios Chatzopoulos / Ioannis Bastias (Hgg.): Ιστορία του Ελληνικού Έθνους. Bd. 14, Athen 1977, S. 71 Συλλογή της Νέας Εταιρείας Διώρυγας Κορίνθου (Sammlung der Neuen Gesellschaft des Kanals von Korinth)
S. 118: Aus Christos Chatziiosif (Hg.): Ιστορία της Ελλάδας του 20ού αιώνα. Ο Μεσοπόλεμος 1922–1940. Bd. 2/1, Athen 2002, S. 11: C.D. Morris, The National Geographic, November 1925
S. 129: Aus Georgios Chatzopoulos / Ioannis Bastias (Hgg.): Ιστορία του Ελληνικού Έθνους. Bd. 15, Athen 1978, S. 295
S. 139: Aus Christos Chatziiosif (Hg.): Ιστορία της Ελλάδας του 20ού αιώνα. Ο Μεσοπόλεμος 1922–1940. Bd. 2/2, Athen 2003, S. 344.
S. 149: Aus Christos Chatziiosif (Hg.): Ιστορία της Ελλάδας του 20ού αιώνα. Ο Μεσοπόλεμος 1922–1940. Bd. 2/2, Athen 2002, S. 115; Album des Amts für Presse und Tourismus «4. August 1938–1939» (Λεύκωμα του Υφυπουργείου Τύπου και Τουρισμού «4η Αυγούστου, 1938-1939») Nr. 30, Verlag des Vierten August (Εκδόσεις 4ης Αυγούστου), Athen 1939
S. 161: Aus Christos Chatziiosif (Hg.): Ιστορία της Ελλάδας του 20ού αιώνα.Β' Παγκόσμιος Πόλεμος. Κατοχή – Αντίσταση 1940–1945. Bd. 3/1, Athen 2007, S. 136; Spyros Meltetzis «Με τους αντάρτες στα βουνά» (Album, o.O., o.J.)
S. 166: Christos Chatziiosif (Hg.): Ιστορία της Ελλάδας του 20ού αιώνα.Β' Παγκόσμιος Πόλεμος. Κατοχή – Αντίσταση 1940–1945. Bd. 3/2, Athen 2007, S. 192; Fotoarchiv ΑΣΚΙ (Αρχεία Σύγχρονης Κοινωνικής Ιστορίας / Archive für Jüngere Sozialgeschichte)
S. 186: Ilias Nikolakopoulos: Η καχεκτική δημοκρατία. Κόμματα και εκλογές, 1946-1967. Athen 2001, S. 177 (Photo: K. Megalokonomou)
S. 209: Vasilis Panagiotopoulos (Hg.): Ιστορία του Νέου Ελληνισμού 1770–2000. Νικητές και ηττημένοι, 1949–1974. Bd. 9, Athen 2003, S. 149, Fotoarchiv ΔΟΛ (Δημοσιογραφικός Οργανισμός Λαμπράκη / Journalistische Organisation Lamprakis)
S. 222: Vasilis Panagiotopoulos (Hg.): Ιστορία του Νέου Ελληνισμού 1770–2000.Η Ελλάδα της ομαλότητας, 1974–2000. Bd. 10, Athen 2003, S. 40, Fotoarchiv ΔΟΛ (Δημοσιογραφικός Οργανισμός Λαμπράκη / Journalistische Organisation Lamprakis)
S. 228: WikiVoyage / Balou 46

Leider war es nicht in allen Fällen möglich, die Inhaber der Bildrechte zu ermitteln. Der Verlag ist selbstverständlich bereit, berechtigte Ansprüche abzugelten.

Personenregister

Abdulhamid II. 92
Adenauer, Konrad 189
Alexander I. 110, 113
Alexandrou, Aris 231
Ali Pascha Tepedelenli 33, 34, 41, 43
Androutsos, Odysseas 34
Antypas, Marinos 81
Arafat, Jassir 218
Aris Velouchiotis (Athanasios Klaras) 159, 171, 172
von Armansperg, Joseph Ludwig 56
Atatürk, Mustafa Kemal 112, 115, 116

Baltatzis, Evangelis 81
Belogiannis, Nikos 184
Brâncoveanu, Grigori 35
Brüning, Heinrich 144
Lord Byron 48

von Chamisso, Adelbert 44
Churchill, Winston 168, 169
Cornaro, Vincenzo 24

Damaskinos, Erzbischof von Athen 169
Danglis, Panagiotis 108
Delacroix, Eugène 44
Deligeorgis, Epameinondas 76
Diligiannis, Theodoros 78, 82–85
Dimaras, Konstantinos 139
Dragoumis, Ion 90–92
Drakoulis, Platon 69

Elytis, Odysseas 139, 140
Empeirikos, Andreas 139
Eynard, Jean-Gabriel 57

Filippidis, Daniil 30
Florakis, Charilaos 220
Foscolo, Ugo 69

Galatis, Nikolaos 36
Garoufalias, Petros 203
Georg I. von Griechenland 68, 69, 77, 102
Georg II. von Griechenland 125, 147, 169
Prinz Georg von Griechenland 86
Germanos Karavangelis 90
Glezos, Manolis 159, 200
Gonatas, Stylianos 122
Gounaris, Dimitrios 106, 122
Grady, Henry 182
Gregor V., Patriarch von Konstantinopel 39
Grivas, Georgios 193, 195

Harding, John 195
von Heideck, Carl Wilhelm 56
Hitler, Adolf 151, 152, 154, 156
Hugo, Victor 44

Ibrahim Pascha 46, 49
Ignatios, Metropolit von Ungarn und der Walachei 35
Ioannidis, Dimitrios 208, 209

Kafantaris, Georgios 130, 141
Kalvos, Andreas 69
Kanellopoulos, Panagiotis 201, 204
Kantakouzinos, Michail (Şeytanoğlu) 20, 21
Kapodistrias, Ioannis 35, 36, 50–52, 56, 57, 76
Kapodistrias, Avgoustinos 52
Karađorđe (Đorđe Petrović) 38
Karamanlis, Konstantinos 186–189, 195–201, 210–217
Karamanlis, Kostas 233, 236
Karantonis, Andreas 139
Karyotakis, Kostas 138

Katharina II. von Rußland 36
Katsimpalis, Giorgos 139
Kavafis, Konstantinos 139, 140
Kondylis, Georgios 125, 126, 128, 129, 146, 147
Kolettis, Ioannis 45, 46, 49, 52, 58, 61
Kolokotronis, Theodoros 43, 46, 49, 52, 58
Konstantas, Grigorios 30
Konstantin I. von Griechenland 102–107, 109–111, 113–115, 122, 125
Konstantin II. von Griechenland 204–206
Korais Adamantios 31–33
Koumoundouros, Alexandros 76–78
Koskotas, Giorgos 219
Kote Kristof / Kapetan Kotas 90
Kountouriotis, Pavlos 108
Küçük, Fazıl 197

Lamprakis, Grigoris 201, 217
Ludwig I. von Bayern 55, 56

Macmillan, Harold 196
Maison, Nicolas-Joseph 52
Makarezos, Nikolaos 205, 213
Makarios III., Erzbischof von Zypern (Michail Mouskos) 191–193, 195–197, 208, 209
Makrygiannis 42
Maria Theresia von Österreich 27
von Maurer, Georg Ludwig 56
Mavromichalis, Petrobey 51
Mavrokordatos, Alexandros 58, 60
Mehmet II. 17
Melas, Pavlos 91
Menderes, Adnan 197
Merkouris, Georgios 150
Metaxas, Ioannis 109, 125, 127, 135–137, 148–151, 153, 154, 158, 159, 173, 205, 206
Milošević, Slobodan 224
Mitsotakis, Konstantinos 203, 219, 220, 224
Muhammad Ali 46
Mussolini, Benito 153, 155
Napoleon Bonaparte 25, 31
Napoleon III. 68
Nikodimos Agioreitis 28
Nikousios, Panagiotis 22

Obrenović, Miloš 38
Özal, Turgut 219
Osman Pazvantoğlu 33
Otto I. von Griechenland 53, 55, 56, 59–61, 65, 67

Paisij Chilendarski 72
Palamas, Kostis 87, 88
Panagoulis, Alekos 206
Pangalos, Theodoros 125–128, 131, 144
Papadimos, Loukas 235
Papadopoulos, Georgios 204–206, 208, 213
Papagos, Alexandros 154, 155, 177, 183–187
Papanastasiou, Alexandros 125, 126, 128, 136
Papandreou, Georgios 142, 165, 167–169, 182, 192, 200–204, 206
Papandreou, Andreas 203, 213–219, 224, 227, 228
Papandreou, Giorgos 232, 233, 235
Paparrigopoulos, Konstantinos 63
Pattakos, Stylianos 205, 213
Paul I. von Griechenland 183, 186
Peter I. von Rußland 36
Petsalis-Diomidis, Thanasis 139
Peurifoy, John 184
Plastiras, Nikolaos 122, 145, 162, 169, 172, 182–184
Ploumpidis, Nikos 185
Politis, Kosmas 139
Psarros, Dimitrios 163, 164
Psycharis, Giannis 88
Rallis, Georgios 215
Rallis, Ioannis 164
Rigas Velestinlis (Feraios) 30–33, 38, 62, 92
von Rudhart, Ignaz 60

Samaras, Antonis 222, 224, 236, 240
Sampson, Nikos 209

Santas, Lakis 159
Sartzetakis, Christos 201, 217
Seferis, Giorgos 139, 140
Siantos, Georgios 171
Simitis, Kostas 217, 228
Skoufas, Nikolaos 35
Solomos, Dionysios 69
Stalin, Josef 154, 177, 225
Syngros, Andreas 81

Terzakis, Angelos 139
Theodorakis, Mikis 207
Theotokas, Giorgos, 139
Theotokis, Georgios 93
Tito, Josip Broz 177
Trikoupis, Charilaos 77–84, 93, 228, 229
Tsakalof, Athanasios 35
Tsaldaris, Konstantinos 181
Tsaldaris, Panagis 145–147
Tsipras, Alexis 240–244
Tsolakoglou, Georgios 155
Tuckerman, Charles 71

Vafeiadis, Markos 175–177
Van Fleet, James 177
Varoufakis, Yanis 241, 244
Venezis, Ilias 139
Venizelos, Eleftherios 95–98, 103–106, 108–111, 113, 114, 117, 124, 125, 130, 135–137, 141–146, 151, 186
Venizelos, Sofoklis 182
Vladimirescu, Tudor 38
Voulgaris, Dimitrios 67, 68, 76, 77

Wilhelm II. von Deutschland 102
Woodhouse, Christopher Montague 160

Xanthos, Emmanouil 35
Xefloudas, Stelios 139

Ypsilantis, Alexandros 37, 38

Zachariadis, Nikolaos 154, 172, 173, 176, 177
Zaimis, Thrasyvoulos 76
Zampelios, Spyridon 63
Zervas, Napoleon 162, 163
Zoitakis, Georgios 206
Zorbas, Nikolaos 93

Anmerkung zur Transliteration und Aussprache

Die Wiedergabe griechischer Eigennamen erfolgt nach der internationalen Transliterationstabelle ISO 843: 1997 (E), die von der Republik Griechenland offiziell verwendet wird. Sie stellt einen pragmatischen Kompromiß zwischen Rechtschreibung und Aussprache dar. So werden etwa die Doppelvokale «οι» und «ει» zu «oi» und «ei», während die gleichlautend gesprochenen Vokale «η» und «ι» einheitlich mit «i» wiedergegeben werden. Das «ου» wird zu «ou» (nicht zu «u», aber so gesprochen, wie in fast allen Sprachen, die das lateinische Alphabet verwenden). Das «φ» wird zu «f» (nicht zu «ph»). Das «δ» wird zu «d» (als weiches «th» gesprochen), das «θ» dagegen zu (hartem) «th». Ebenso wird das «γ» zu «g» (nicht zu «y», «gh» o.ä.), jedoch die Doppelkonsonanten «γκ» und «γγ» einheitlich zu «ng». Das «χ» wird zu «ch» (nicht zu «h», «kh» o.ä.). Das «σ» bzw. «ς» wird zu «s» (immer scharf gesprochen), das «ζ» wird zu «z» (immer als weiches «s» gesprochen, wie in fast allen Sprachen, die das lateinische Alphabet verwenden). Eventuell gewöhnungsbedürftig ist die Wiedergabe des «β» mit «v», die ein klares Zugeständnis an die Aussprache darstellt.